U0817241

广东金融学院成人高等教育系列教材编委会名单

主　任：马龙海

副主任：陈绍波

委　员：（按姓氏笔画排列）

甘寿国　刘连生　刘社期　刘志玲　刘志梅

李基雄　杨海青　杨　林　肖茂盛　吴国平

吴立平　吴　养　余信红　张友凯　陈国君

陈冉曦　陈尹立　范忠宝　罗明忠　岳　龙

周建民　莫照宁　夏建业　徐润萍　黄河清

黄庆雄　傅　耀　赖志成　廖振亮

广东金融学院成人高等教育系列教材

会计学基础

（第二版）

kuaijixue jichu

主　编　岳　龙
副主编　江金锁

暨南大学出版社
JINAN UNIVERSITY PRESS

中国·广州

图书在版编目（CIP）数据

会计学基础／岳龙主编；江金锁副主编．—2版．—广州：暨南大学出版社，2012.8
（广东金融学院成人高等教育系列教材）
ISBN 978-7-5668-0282-8

Ⅰ.①会… Ⅱ.①岳… ②江… Ⅲ.①会计学—成人高等教育—教材 Ⅳ.①F230

中国版本图书馆CIP数据核字（2012）第184188号

出版发行：暨南大学出版社

地　址：中国广州暨南大学
电　话：总编室（8620）85221601
营销部（8620）85225284　85228291　85228292（邮购）
传　真：（8620）85221583（办公室）　85223774（营销部）
邮　编：510630
网　址：http://www.jnupress.com　http://press.jnu.edu.cn

排　版：广州市天河星辰文化发展部照排中心
印　刷：广州百思得彩印有限公司

开　本：787mm×960mm　1/16
印　张：16.25
字　数：295千
版　次：2009年8月第1版　2012年8月第2版
印　次：2012年8月第2次
印　数：6501—10500册

定　价：32.50元

（暨大版图书如有印装质量问题，请与出版社总编室联系调换）

总 序

经济的全球化发展，使得国际竞争的实质在很大程度上是各国科学技术力量的竞争、人才的竞争。发展教育事业，不断完善人们的知识结构、提高人们的知识水平已成为时代的要求。随着我国经济的迅速发展、产业结构的不断调整、传统产业部门的改造、新兴产业部门的建立，数以千万计的各种岗位劳动者需要通过边工作边学习的方式来调整自己的知识结构和提高自己的知识水平，以适应这种现代经济与社会发展的要求。我国成人高等教育的发展面临着可贵的机遇，也肩负着重大的历史使命。

为了适应成人高等教育事业蓬勃发展的需要，打造我院成人高等教育品牌，实现“规模扩大、结构合理、效益显著”的奋斗目标，在学校领导和有关部门的大力支持下，经过周密筹划和积极准备，我院继续教育学院正式启动“成人高等教育系列教材”编写工作，计划用三年时间，聘请学校各专业长期从事成人教育的专家、学者，在总结我院成人教育教学经验的基础上，编写公共基础课和专业基础课教材及学习辅导书十五本左右，力求使这批教材从内容到形式真正符合成人学习的特点和要求。

2008 年，第一批推出的“广东金融学院成人高等教育系列教材”包括以下七种：《计算机应用基础》、《计算机应用基础习题解答与上机实验》、《微积分》、《微积分辅导》、《中国特色社会主义理论体系论纲》、《经济应用文写作》、《经济应用文写作范例与练习》。

2009 年，第二批将推出的“广东金融学院成人高等教育系列教材”包括以下六种：《统计学》、《会计学基础》、《会计学基础习题集》、《西方经济学》、《西方经济学习题集》、《管理学原理》。

本系列教材吸收了同类教材的优点，具有简明扼要、条理清晰、深入浅出、通俗易懂的特点。在内容的选择上，本教材注意面向大多数学生，既确保落实教学大纲的基本要求，又具有适当的弹性，能够适应学生进一步提高的要求，也给授课教师留有较大的选择和发挥空间。

本系列教材的使用对象主要为成人高等教育的专科学生，同时，本系列教材也可作为其他层次成人教育学生的参考书。

广东金融学院成人高等教育系列教材编委会

2008 年 5 月

第二版前言

本书第一版是按照高等职业教育财经类专业教学计划和教学规律的要求，为满足培养应用型财会人才的目标要求而编写的成人高等职业教育教材。第一版出版后，已投入教学使用三年，在成人高等职业教育教学中发挥了应有的作用。

为更好地适应成人高等职业教育的教学规律，我们以全新的会计法规、准则和制度为依据，在保持第一版体例风格的基础上，增加了“财产清查”一章，并对相关内容进行了进一步的修订完善。

本书仍由广东金融学院岳龙教授任主编，由广东金融学院江金锁教授任副主编。各章编写的具体分工为：第一、二、三章和第九、十、十一章由岳龙编写；第四、五、六、七、八章由江金锁编写。全书由岳龙进行体例设计，并进行最后的修改、总纂、定稿。

一部成熟的教材需要在教学中进行反复的检验和锤炼，加之我们编写人员的水平有限，因此，尽管我们对第一版进行了系统的修订，但书中的不足和错误仍在所难免，恳请读者不吝赐教，批评指正。

编　者

2012 年 6 月

前言

本书是按照高等职业教育财经类专业的教学计划和教学规律的要求，为满足培养应用型财会人才的目标要求而编写的成人高等职业教育教材。

全书以现行的会计法规和准则制度为依据，在充分借鉴和吸收相关已有教材和最新理论成果的基础上，要而不烦、深入浅出地阐述了会计学的基本理论、基本方法和基本技能。

本书的编写，力求遵循成人高等职业教育的教学规律和管理类教材体例特征，在内容体系上以"应知应会、够用实用"为度，力求行文简练，尽量压减章节数量，突出了会计学的基础理论知识和企业会计核算的基本方法、基本原理。

为方便阅读和学习，本书每章均按照学习要点、正文、本章小结、关键术语和概念、复习思考题和练习题六部分构造编写体例。在教材定稿后，我们又组织编写了配套的习题集，与本教材同时出版和使用。这样既便于理解和消化本教材的相关知识，节约教学时数，又便于组织和指导复习考试，取得良好的教学效果。

本书由广东金融学院岳龙教授任主编，由广东金融学院江金锁副教授任副主编。各章编写的具体分工为：第一、二、三章和第九、十章由岳龙编写；第四、五、六、七、八章由江金锁编写。岳龙对全书进行了体例设计，并最后修改、总纂、定稿。

本书的编写，得到了广东金融学院继续教育学院和暨南大学出版社领导和同仁的大力支持和帮助，在此谨致由衷的谢意。

由于我国财会体制变革正日益深化，加之编写人员水平有限，编写时间仓促，书中的不足和错误之处在所难免，恳请读者不吝赐教。

编　者

2009 年 6 月

目　录

第一章　总　论

【本章学习要点】

1. 分析理解会计产生和发展的原因，了解会计及会计学发展情况。
2. 重点理解和掌握会计的定义、特点和职能。
3. 理解和掌握会计的四个基本前提和基础。
4. 理解会计目标的内涵，掌握会计信息八条质量要求。

第一节　会计的产生和发展

一、会计产生和发展的原因

（一）会计是社会生产发展到一定阶段的产物

人类的生产活动一方面创造出物质资料，另一方面又要发生劳动时间和生产资料的耗费。在社会生产发展的初始阶段，人们只是在进行生产活动的同时，附带地把劳动成果和劳动耗费以及发生的日期进行计量和记录，会计在其产生的初期还只是“生产职能的附带部分”，还不是一项独立的、专职的工作。随着社会生产发展到一定程度，生产规模的日益扩大和复杂，劳动成果有了剩余以后，人们开始关心劳动成果和劳动耗费的比较，更关心对剩余劳动产品的管理和分配。这时仅仅靠人们在劳动过程中附带地进行记录和计算，显然满足不了需要。为了合理地安排劳动时间，减少生产资料的消耗，生产出尽可能多的物质资料，必然要对劳动时间和生产资料的耗费和所取得的劳动成果——物质资料进行观察、计量、记录和比较，以便取得必要的数据及其变化的资料，借以了解和控制生产活动，力求以较少的生产耗费获得较多的生产成果。为了满足生产发展的需要，适应对劳动成果和劳动耗费进行管理的要求，会计逐渐从生产职能中分离出来，独立成为一项具有特定职能的专职管理活动，这就产生了最早的会计。

（二）会计随着社会生产的发展，为适应经济管理的客观需要而不断发展、完善

会计是随着生产力的发展、生产关系的变革和生产经营管理的需要而产生、发展并不断完善起来的。随着社会生产的日益发展和生产规模的日益扩

大，生产、分配、交换、消费活动日益纷繁复杂，会计也经历了一个由简单到复杂、由低级到高级、由不完善到完善的发展过程。主要表现为：①由单式记账发展到复式记账；②由简单的记录、计算和考核钱物收支发展到以货币为计量工具对经济活动全过程进行核算和监督；③会计处理从手工记录发展到计算机网络传输；④会计信息从满足内部管理需要发展到满足社会公众需要的通用商业语言。会计产生和发展的历史表明：经济越发展，会计越重要。正如马克思所说的："过程越是按照社会的规模进行，越是失去纯粹个人的性质，作为对过程进行控制和观念总结的簿记就越是必要。因此，簿记对资本主义生产，比对手工业和农民的分散生产更为必要；对公有制生产，比对资本主义生产更为必要。"①

二、会计在我国的产生和发展

会计在我国有悠久的发展历史。早在西周时期就设置"司会"官职，主管朝廷财政收支的核算；在西周《孟子正义》一书中提到"零星算之为计，总合算之为会"，首次出现了"会计"二字构词连用，其基本含义是：既有日常的零星核算，又有岁末的总合核算，用来考核朝廷的年度财政收支。秦始皇统一中国后，社会经济得到发展，也促进了会计的发展，出现了用竹简木牌刻写的被称为"籍书"或"簿书"的账簿，用"入"、"出"作为记录符号反映各种财物的收支事项，这实际上是我国会计账簿的雏形。到了宋朝，官府在办理钱粮报销和移交手续时，一般都采用"四柱清册"进行结算。所谓"四柱"，即"旧管"、"新收"、"开除"、"实在"，其含义分别相当于现代会计中的"期初结存"、"本期收入"、"本期支出"、"期末结存"。"四柱"之间的结算关系可用会计方程式表示为"旧管＋新收－开除＝实在"。明、清两代统一了账簿格式，以货币为计量单位，账页分收入、支出两部分，上收下支，这种格式一直为中式记账沿用。当时的会计工作者又设计了"龙门账"的会计核算方法。在这种会计核算方法下，把全部账目划分为"进"、"缴"、"存"、"该"四个类，"进"指全部收入，"缴"指全部支出，"存"指全部资产（含债权），"该"指全部负债（含业主投资）。"进"、"缴"、"存"、"该"之间的结算关系可用会计方程式表示为"进－缴 ＝ 存－该"。1905 年（光绪三十一年），出任美国、秘鲁、日本的使者蔡畅勇编著《连环账谱》一书，把意大利的借贷会计传入国内。1908 年，清政府创办大清银行时，从日本把借贷记账法全盘引进。我国的一些会计学者在借鉴外国会计学术成就，总结我国会计实

① 马克思恩格斯全集（第 24 卷）. 北京：人民出版社，1972. 152

践经验的基础上，在清末逐步建立起我国的现代会计学科。

中华人民共和国成立后，财政部主管全国会计事务，管理全国的会计工作，普遍实行复式记账法，制定并推行全国统一的会计制度。十一届三中全会后，我国进入了新的历史时期。随着经济体制改革的深入和对外开放的扩大，会计所处的环境不断地变化。1985 年，我国颁布了第一部《中华人民共和国会计法》，标志着我国会计工作进入了法制化时期；1992 年，我国颁布了《企业会计准则》和《企业财务通则》，并从 1993 年 7 月 1 日起开始施行，推出 12 个行业会计制度，改变了我国 40 多年来以计划经济为基础的会计模式，改革了会计平衡公式，规范了会计要素体系，确立了明确的会计假设和会计原则，改革了会计报表体系，使我国会计制度初步实现了与国际会计惯例的协调与接轨，标志着我国适应社会主义市场经济体制的会计体系得以初步确立。2000 年后，继新《中华人民共和国会计法》、《企业财务会计报告条例》的实施，我国又相继推出并实施了《企业会计制度》、《金融企业会计制度》和《小企业会计制度》三项统一会计制度，加之 1997 年至 2002 年陆续推出的 16 个具体会计准则，使我国逐步推出和执行了打破行业的统一会计制度准则，进一步实现了我国会计与国际会计惯例的充分协调和接轨。2006 年 2 月 15 日，我国推出《企业会计准则——基本准则》和 38 条具体会计准则，2011 年 10 月 18 日，财政部又发布了《小企业会计准则》，建立起与我国社会主义市场经济相适应并与国际财务报告准则充分协调的会计准则体系，使会计准则体系成为与我国国情相适应，同时又充分与国际财务报告准则趋同，涵盖各类企业、各项经济业务，独立实施的会计准则体系。

三、会计在国外的产生和发展

在国外，早在印度原始公社时期，已经出现记账员，负责登记农业账目和与此相关的事项。在奴隶和封建社会里，由于商品经济不发达，当时的会计主要是政府部门用来记录、计算和考核钱物出纳等财务收支情况的。从 13 世纪到 15 世纪，地中海沿岸某些城市的商业和手工业快速发展，从而产生了科学的复式记账法。1211 年意大利佛罗伦萨银行已用借贷复式记账方法记账，当时人们称这种记账方法为“威尼斯簿记法”。1494 年意大利数学家卢卡 · 帕乔利（Luca Pacioli）在其所著《算术、几何、比及比例概要》一书中，用数学原理对当时出现在意大利沿海商业发达城市的借贷记账法的记账原理及其运用，进行了详细介绍并加以理论概括。一般认为，这是借贷复式记账法形成的重要标志，标志着近代会计的开端。1581 年威尼斯“会计学院”的建立，表明会计已作为一门学科在学校里传授。以后，借贷复式记账法先后传至世界各国，并得到世界各国会计学者在理论上和技术上的不断完善和发展，为世界各国普遍采用。

在20世纪二三十年代，为适应市场竞争的需要，西方一些发达资本主义国家的会计学者又创造了标准成本会计制度，并分别开展会计准则的研究和制订。1973年6月，澳大利亚、英国、美国、加拿大、法国、日本、荷兰、联邦德国、墨西哥等九个国家的会计职业组织集合于伦敦，成立了国际会计准则委员会，并陆续颁布了《国际会计准则》，促进了会计准则的国际化。20世纪20年代末，特别是第二次世界大战后，随着现代化大生产的发展，各种先进科学和技术被广泛应用于管理方面，会计也全面着眼于管理，形成了以成本管理为中心内容的管理会计，极大地丰富了会计学的内容，扩充了会计的传统职能，标志着现代会计科学体系的确立。20世纪50年代后，计算机技术成功地运用到会计领域，继续引发会计方法、会计理论的重大变革，在各国会计学者和实务工作者的不断努力下，会计学科的内容正日益丰富和完善，人类进入了一个现代会计科学充满活力的崭新时代。

四、会计学体系的形成和发展

会计学是研究会计理论和方法的一门经济管理科学，是人们对会计实践活动进行科学总结，找出其内在规律所形成的系统化的知识体系。会计学源自于会计实践，又反作用于会计实践工作，从而使会计工作不断趋于完善。会计工作实践的历史悠久，而会计学的形成则相对较晚。1494年，卢卡·帕乔利所著《算术、几何、比及比例概要》一书也只是第一部研究近代簿记方法的理论著作；直到20世纪初的1903年，英国出版了劳伦斯·狄克西的《高等会计学》和乔治·利司尔的《会计学全书》，才标志着真正意义上的会计学的产生，而有组织的深入研究会计理论则是在20世纪30年代以后。

会计实践是不断发展和不断丰富的，会计实践的发展和丰富推动了会计学的发展和完善。随着会计学研究的深入发展，会计学分化出许多分支，每一分支都形成了一个独立的学科。这些学科相互促进、相互补充，构成了一个完整的会计学科体系。会计学按研究的空间范围，可分为宏观会计学和微观会计学，微观会计学又按研究客体的性质不同分为企业会计学和预算会计学，企业会计学又按研究内容一般分为会计学基础、财务会计学、成本会计学、管理会计学、审计学、财务管理学等。

（1）会计学基础。它主要阐述会计的基本理论、基本知识和基本方法；主要研究会计的基本概念、记账原理、账务处理程序和方法、会计凭证、账簿以及报表，介绍会计要素的确认、计量、记录和报告的基本知识等。它为进一步学习会计学科体系的其他内容奠定了基础。

(2) 财务会计学。它主要阐述处理各项会计要素的基本理论和方法以及财务报表的编制方法；主要研究如何根据企业已发生的经济业务，通过对会计要素的确认、计量、记录和报告，提供其财务状况、经营成果和现金流量信息，以满足会计信息使用者的需要。

(3) 成本会计学。它主要阐述企业成本核算和成本管理的理论和方法，研究成本管理及降低成本的途径，为企业经营管理决策提供所需的各种成本信息。主要研究成本计划的编制、实际成本的计算、成本分析、成本预测、成本控制及成本决策的方法等。

(4) 管理会计学。管理会计学以现代管理科学为基础，以改善企业管理为目的，所提供的信息主要面向企业内部管理人员。它主要阐述企业如何利用会计信息和其他有关信息对企业进行经营管理，使企业进行最优预测决策的基本理论和方法。主要研究预测决策会计、控制会计、责任会计等。

(5) 审计学。它主要阐述对经济活动的合法性、合理性、效益性进行监督检查的基本理论和方法；主要研究审计的基本理论与方法、财务审计、责任审计、经济效益审计等。

(6) 财务管理学。它主要阐述企业如何筹集资金和运用资金的理论和方法；主要研究筹资、投资、融资、财务分析、财务预测、企业兼并重组、企业清算等。

会计学的内容并不是一成不变的，它将随人类文明的进步，现代化生产条件、经营管理理念的更新，新科学技术的出现而不断丰富和发展。近代会计学的研究领域和范围进一步扩大，出现了一些新的特殊领域的会计学科，诸如国际会计、人力资源会计、法务会计、自然环境会计等。

第二节 会计的定义和职能

一、会计的定义

会计是以货币为主要计量单位，运用确认、计量、记录和报告等专门的技术方法，对企事业单位的经济活动进行全面、连续、系统的核算和监督，并进行分析预测、参与经营决策的一种经济管理活动。

尽管会计发展源远流长，但是到底什么是会计？对会计本质的认识历来在国内外会计界存在着不同的看法。综观会计界对会计本质的认识，主要存在两种具有代表性的观点：“信息系统论”和“管理活动论”。

"信息系统论"，就是把会计的本质理解为一个经济信息系统，认为会计是一个收集、处理和输送经济信息的信息系统。最早提出这个观点的是美国会计学家 A. G. 利特尔顿，他在 1953 年编写的《会计理论结构》一书中指出："会计是一种特殊门类的信息服务"，"会计的显著目的在于对一个企业的经济活动提供某种有意义的信息"。20 世纪 60 年代以后，随着信息论、系统论和控制论等管理理论的发展，该观点在西方发达国家会计界广泛流行。比如 1966 年美国会计学会在其发表的《会计基本理论说明书》中明确指出："实质地说，会计是一个信息系统"。我国持这种观点的人认为会计是旨在提高经济效益，加强经营管理，在每个企业、事业、机关等单位范围内建立的一个以提供财务信息为主的信息系统。这个系统主要用于处理各单位经济活动所产生的可以用货币量度的数据或资料，而后把它加工成有助于经营决策的财务信息和其他信息。

"管理活动论"，就是认为会计的本质是一种经济管理活动，认为会计是通过收集、处理和利用经济信息，对经济活动进行组织、协调、控制，促使人们权衡利弊得失、讲求经济效果的一种管理活动。这是因为：其一，会计对企业的经济活动进行核算并提供会计信息的最终目的是提高企业的经济效益；其二，包含管理会计在内的现代会计利用财务信息直接参与了企业的管理决策活动。会计既为管理提供信息，又直接履行了管理的职能。

对会计本质的不同理解，必然导致对会计定义的不同概括。目前在会计界，"管理活动论"仍是主流观点。因此，本书对会计的定义是建立在"管理活动论"基础之上的。

二、会计的特点

会计的本质属性是一种管理活动，是企业经营管理的重要组成部分。从系统论角度看，经济管理是个大系统，它把人、财、物、信息等有限的资源合理配置、有效利用，以实现经营目标。这个系统一般是由生产管理子系统、销售管理子系统、质量管理子系统、会计管理子系统、人事管理子系统等若干个子系统组成的。会计管理子系统作为一种价值管理活动，与其他子系统的区别在于它能够收集用货币计量的全部经济信息，经过加工处理后形成对经济管理有用的财务信息。这些信息一方面能反映经营者经济责任的履行情况；另一方面又为经营者今后的决策提供依据。与企业的其他管理系统的管理活动相比，会计具有以下基本特点：

（一）会计是以货币为主要计量尺度所进行的一种价值管理活动

对任何一种经济活动的计量和记录，都必须应用一定的计量单位，否则就无法进行数量反映。人们经常采用的计量单位主要有三种：实物量度、劳动量度和货币量度。

实物量度，如千克、米、件等，是为了计量各种不同物资的实物数量而采用的，它对于提供经营管理所需的实物指标，保护各种物资的安全和完整具有重要意义。但是，实物量度的局限性在于它只能用于总计同一种类的物资，而不能用来总计各种不同种类的物资，更无法用来综合反映各种不同的经济活动。

劳动量度，如工日、工时，是为了核算企业经营活动中消耗的劳动者工作时间的数量而采用的一种计量单位。应用劳动量度，可以具体确定某一工作过程的劳动耗费，这在商品经济条件下非常必要且具有特定作用。但是，由于价值规律是商品经济下的基本经济规律，社会再生产过程中所消耗的劳动量，还不能广泛利用劳动量度来进行记录和计算，仍需要间接地利用价值形式进行计算，即必须借助于价值形式才能把各种经济性质相同或不同的生产经营业务加以综合，以求得经营管理所需的资产、负债、成本、利润等综合性的经济指标，总括反映各个单位错综复杂的经济活动过程及其结果。

货币是商品的一般等价物，具有价值尺度的功能。以货币作为统一的计量单位来进行核算是会计的一个重要特点。在商品经济条件下，任何经济活动同时都表现为价值的运动，会计只有采用货币计量，才能对经济活动的各个方面进行综合的核算与监督，以取得反映经济活动情况的全面的会计信息资料。在会计核算中，尽管实物计量和劳动量度也要经常应用，但会计上的主要计量单位还是货币。因此，在会计核算中，实物计量和劳动量度仅作为货币计量的辅助记录。

（二）会计活动本身具有连续性、系统性、全面性和综合性

会计具有一套科学的专门方法，能对经济活动进行连续、系统、全面和综合的核算与监督。连续性是指会计对各种经济业务按其发生时间的先后顺序进行不间断的记录，对每一项经济活动能够由始至终地反映各个阶段的变化过程和结果；系统性是指对会计记录要按一定要求进行科学的分类、整理和汇总，为经营管理提供系统的、完整的、有用的会计信息；全面性是指会计对全部经济活动进行完整的计量和记录，全面反映经济活动的来龙去脉，不能有任何遗漏；综合性是指会计对各项经济业务以统一货币为计量尺度进行综合汇总，为经营管理提供总括的价值指标。

（三）会计必须以真实、合法的会计凭证为依据，进行真实的记录和反映

会计所收集的经济信息必须真实可靠，这样通过信息处理后形成的财务信息，才能客观地反映经济活动。为了实现会计目标，向各有关方面提供真实、有用的会计信息，会计对任何经济业务的记录与核算，必须取得或填制合法会计凭证。在会计核算中使用的原始凭证是对经济业务的最原始记录，又是经济业务责任人确认后形成的真实记录。按有关规定，记账人员必须对凭证进行审核无误后，才能作为进行会计处理的依据。只有以合法的原始凭证为依据，才能取得真实可靠的经济信息。

三、会计的职能

会计的职能是指会计在经济管理中具有的客观功能。《中华人民共和国会计法》规定，“会计机构、会计人员依照本法规定进行会计核算，实行会计监督”，从法律上明确了会计的两个基本职能是会计核算职能和会计监督职能。

（一）会计核算职能

会计核算职能是会计最基本的职能，主要是从数量上核算各个单位已经发生或已经完成的各种经济活动的情况。会计的核算职能贯穿会计工作的全过程，从核算的内容来讲，包括对经济活动的确认、计量、记录和报告。会计核算具有以下特点：

（1）会计核算主要从价值上综合反映各单位经济活动的过程和结果。会计核算的内容几乎包括所有能用货币表现的经济活动。例如，款项和有价证券的收付；财产物资的收发、保管和使用；债权债务的发生和结算；资金的增减和经费的收支；收入、费用、成本的计算；财务成果的计算和分配等。

（2）会计核算具有完整性、连续性和系统性。完整性是指对属于会计对象的全部经济活动都必须加以记录，不能任意取舍，不能遗漏；连续性是指会计对每笔经济业务所作的反映，必须按照发生的时间顺序，自始至终不可间断地进行记录；系统性是指进行会计核算时，必须采用一整套专门的方法，对各种经济活动进行科学归类、整理和记录，最后提供系统化的数据和资料。

（3）会计主要核算已经发生或已经完成的经济活动。各单位的经济活动既有已经发生或已经完成的，也有将来发生或将来完成的。会计核算的是已经发生或已经完成的经济活动。因为已经发生或已经完成的经济活动，已经造成不可改变的既成事实，具有可验证性。会计按照会计准则和会计制度的要求，通过一系列的专门核算方法将已经发生或完成的经济活动情况记录下来，并对记录的会计数据进行加工处理，及时报告给会计信息的使用者。

（二）会计监督职能

会计监督职能，是指在核算经济活动的同时，利用会计核算所提供的会计信息对各单位经济活动全过程的合法性、合理性和有效性进行控制和监督。会计监督具有以下特点：

(1) 会计监督主要利用价值指标来进行货币监督。会计主要利用货币度量，借助资金、成本、利润等价值指标，综合反映经济活动的过程和结果。因此，可以利用上述各项核算指标监督经济活动。同时，会计监督除了利用货币量度监督以外，还要进行实物监督。

(2) 会计监督既要对已经发生的经济活动进行事中监督、事后监督，又要对未来的经济活动进行事前监督。事前监督是指在经济活动以前，从讲求经济效果出发，审查经济活动计划和方案的合理性，参与经济决策；事中监督是指在经济活动进行时，检查各项经济活动是否符合国家有关政策、法规和制度的规定，以及有关计划、预算的要求，及时调整经济活动，使经济活动达到预期的目的；事后监督是指在经济活动完成之后，利用系统的会计信息进行反馈控制，加强事后的检查、分析和评价，监督经济活动的有效性，以便改进工作，使下一期的计划和方案更具有合理性。

(3) 会计监督是单位内部的监督，它是外部监督不可替代的。国家通过财政、税务、审计、物价、工商管理等机构，对各单位的经济活动进行来自单位外部的国家监督，对于保护公共财产、维护财经法纪和经济秩序、提高经济效益等具有重要作用。但这些外部监督，不可能也不应该取代会计监督。因为外部监督只能定期进行，或者只针对某类经济事项进行，而会计监督是单位内部的监督，能够对本单位的经济活动进行完整和连续的监督，这是外部监督无法替代的。

会计核算和会计监督是会计的两大基本职能。核算是全部会计工作的基础，也是监督的基础，离开了核算，没有核算职能提供的可靠、完整的会计信息资料，会计监督就失去了客观依据；同时，会计监督又是会计核算的保证，只有通过监督控制下进行的会计核算，才能保证为会计信息的使用者提供真实可靠的数据资料，离开监督，核算也就失去了意义。因此，会计的这两个基本职能是密切结合、相辅相成的。只有把核算和监督结合起来，才能充分发挥会计在经济管理中的作用。

随着经济的发展和管理要求的提高，会计的职能也在不断地充实和加强，现代会计除了会计核算和会计监督两大基本职能外，还衍生出很多新的管理职能，如进行分析预测、参与经营决策，对经济活动进行考核、评价和控制等。

第三节 会计基本前提和基础

一、会计基本前提

会计基本前提，又称会计基本假设，是会计确认、计量和报告的前提，是为保证会计工作的正常进行和会计信息的质量，对会计核算所处时间、空间环境等所作的合理设定。会计基本假设是会计准则制度中规定的各种程序和方法适用的前提条件。会计核算对象的确定、会计方法的选择、会计数据的搜集等，都要以会计核算的基本假设为依据。基本会计准则规定，我国企业会计基本假设包括会计主体、持续经营、会计分期和货币计量四项。

（一）会计主体

会计主体，是指会计工作为之服务的特定单位或组织，是会计确认、计量和报告的空间单位。在会计主体假设下，企业应当以本身发生的交易或事项进行会计确认、计量和报告，应当以本身发生的各项交易或事项为对象，记录和反映企业本身的各项生产经营活动。

明确了会计主体，才能划定会计核算的空间范围与立场。会计所要反映的总是一个特定企业的经济活动，会计核算应当区分企业自身的经济活动与其他企业、单位的经济活动；区别企业的经济活动与企业所有者和债权人的经济活动。在会计实务中，只有那些影响企业本身的交易和事项才能在本企业进行确认、计量和报告。通过界定特定会计核算的范围，才能准确提供反映一个特定单位财务状况和财务成果的会计信息。

会计主体不同于法律主体。一般而言，法律主体必然是会计主体，但会计主体不一定要求是法律主体。按其经营形式，会计主体可以是一个法人企业，也可以是企业中的内部单位或企业中的一个特定的部分，如企业的分公司；按其组织规模，会计主体可以是单一的企业，也可以是几个企业组成的联营公司或企业集团。

（二）持续经营

持续经营，是指会计确认、计量和报告应当以企业持续、正常的生产经营活动为前提。

持续经营要求会计主体的生产经营活动将无限期地延续下去，在可以预见的将来，企业将会按当前的规模和状态继续经营下去，不会停业，也不会大规模削减业务，企业将会按既定的目标持续不断地经营下去。

持续经营假设要求会计核算应当以企业持续、正常的生产经营活动为前提，而不考虑企业是否破产清产等，在此前提下选择会计程序及会计处理方法，进行会计核算。尽管客观上企业会由于市场经济的竞争而面临被淘汰的危险，但只有假定作为会计主体的企业是持续正常经营的，会计原则、会计程序及会计方法才有可能建立在非清算的基础之上，避免采用破产清算的一套处理方法，这样才能保持会计信息处理的一致性和稳定性。

会计一系列核算方法和遵循的有关要求都是建立在会计主体持续经营的基

础之上的，正是在持续经营的前提下，才可以建立会计确认和计量的原则；企业的资产和负债才可区分为流动的和非流动的；企业对收入、费用的确认才能采用权责发生制。例如，固定资产的价值通常在其使用年限内分期以折旧的形式转作费用，从而逐渐减少，这一方法就是以持续经营为前提的。

（三）会计分期

会计分期，是指将一个会计主体持续经营的生产经营活动，划分成若干相等会计期间，以便分期结算账目和编制财务会计报告。会计期间分为会计年度和会计中期。会计中期是指短于一个完整的会计年度的报告期间，会计中期又分为半年度、季度和月度。年度、半年度、季度和月度均按公历起讫日期确定。

会计分期是把企业生产经营过程按会计核算需要人为地划分为较短的会计期间，目的在于通过会计期间的划分，分期结账，按期编制财务报告，从而及时地向有关方面提供反映财务状况和经营成果的会计信息，满足有关方面的需要。由于有了会计期间，才产生了本期与非本期的区别；由于有了本期与非本期的区别，才产生了权责发生制和收付实现制，产生了收入与费用的期间配比原则。只有正确地划分会计期间，才能定期提供财务状况和经营成果的会计信息，才能进行会计信息的期间比较。

会计分期与持续经营是密不可分的，只有设定企业是持续经营的，才有必要和可能划分会计期间。会计期间前提依赖于持续经营前提，持续经营前提又需要会计期间前提进行补充。两者结合，才能连续地提供会计主体在各会计期间的经营业绩，才能提供期初、期末的财务状况及其变动的会计信息。

（四）货币计量

货币计量，是指会计主体在会计核算过程中，应采用货币作为计量单位，进行会计确认、计量和报告，反映会计主体的各项生产经营活动。企业使用的计量单位较多，为了全面、综合地反映企业的生产经营活动，会计核算客观上需要一种统一的计量单位作为计量尺度。货币作为商品的一般等价物，能用以计量一切资产、负债和所有者权益，以及收入、费用和利润，便于综合价值反映。采用货币计量，使会计核算的对象统一地表现为价值运动，从而能够全面、综合、连续地反映企业的财务状况和经营成果。企业经济活动中凡是能够用这一尺度计量的，就可以进行会计记录与反映，凡是不能用这一尺度计量的，则不必进行会计核算。因此，会计必须以货币计量为前提。

货币计量，要求企业对所有经济业务采用同一种货币作为统一尺度来进行计量。按我国会计法规定，我国企业的会计核算以人民币为记账本位币。业务收支以人民币以外的货币为主的企业，可以选定一种货币作为记账本位币，但在编报财务会计报告时应当折算成人民币。

货币本身也有价值，它是通过货币的购买力或物价水平表现出来的，在市场经济条件下，货币的价值也会发生变动。会计核算以货币作为统一计量单位，包含着币值稳定的假设，即假定货币本身的价值是稳定的，不会有大的波动，或前后波动能够抵销。如果发生恶性通货膨胀，就需要采用特殊的会计原则来处理有关的经济业务。

二、会计核算的基础

基本会计准则规定，企业应当以权责发生制为基础进行会计确认、计量和报告。

权责发生制，是指属于当期已经实现的收入和已经发生或应当负担的费用，不论款项是否收付，都应当作为本期的收入和费用处理；凡是不属于当期的收入和费用，即使款项已经在当期收付，都不应当作为当期的收入和费用。

会计需要在持续经营的假定下进行分期核算，有时企业发生的货币收支业务与交易或事项本身在期间上并不完全一致。于是便涉及发生的交易或事项应确认为哪一个会计期间的问题。权责发生制的核心是按交易和事项是否影响各个会计期间的经营成果和收益情况，确定其归属期。由于确定本期收入和费用是以应收应付作为标准，而不考虑款项是否已实际收付，所以又称应收应付制。

以权责发生制为基础，可以正确反映特定会计期间所实现的收入和为实现收入所应负担的费用，从而可以把各期的收入与其相关的费用、成本相配比，加以比较，以便正确确定财务状况和经营成果。

与权责发生制相对应的是收付实现制。在收付实现制下，对收入和费用的确认完全以款项实际收到或支付的日期为基础来确定归属期。

第四节 会计目标和信息质量要求

一、会计目标

会计目标是指在一定的社会经济环境下，人们通过会计实践活动所要达到的目的和要求。会计的最终目标是满足会计信息使用者的需要，为会计信息使用者提供对他们决策有用的信息。会计目标包含会计信息使用者和会计信息具体内容两个内涵。

基本准则规定，财务报告的目标是向财务报告使用者提供与企业财务状况、经营成果和现金流量等有关的会计信息，反映企业管理层受托责任履行情况，有助于财务报告使用者做出经济决策。

财务会计作为对外报告会计，其目的是在企业管理层和外部信息使用者之间存在信息不对称的情况下，通过向外部会计信息使用者提供有用的信息，帮助财务报告使用者做出相关决策。承担这一信息载体和功能的便是企业编制的财务报告，它是财务会计确认和计量的最终成果，是沟通企业管理层与外部信息使用者的桥梁和纽带。财务报告的目标定位十分重要，它决定着财务报告应当向谁提供有用的会计信息，应当保护谁的经济利益，决定着财务报告所要求会计信息的质量要求，决定着会计要素的确认与计量原则，是财务会计系统的核心与灵魂。

财务报告使用者主要包括投资者、债权人、政府及其有关部门和社会公众等。

根据对投资者决策有用的目标，财务报告所提供的信息，首先应满足投资者的需求，应当如实反映企业所拥有或者控制的经济资源、对经济资源的要求权以及经济资源及其要求权的变化情况；如实反映企业的各项收入、费用、利得和损失的金额及其变动情况；如实反映企业各项经营活动、投资活动和筹资活动等所形成的现金流入和现金流出情况等，从而有助于现在的或者潜在的投资者正确、合理地评价企业的资产质量、偿债能力、盈利能力和营运效率等；有助于投资者根据相关会计信息做出理性的投资决策；有助于投资者评估与投资有关的未来现金流量的金额、时间和风险等。

除了投资者之外，企业财务报告的使用者还有债权人、政府及有关部门、社会公众等。比如，债权人需要会计信息来评估企业的偿债能力；政府及其有关部门需要会计信息来监管企业的经济活动、制定税收政策、进行税收征管和国民经济统计等；社会公众也需要有关企业发展前景及其能力、经营效益及其效率等方面的信息。应当讲，这些使用者的许多信息需求是共同的。由于投资者是企业资本的主要提供者，通常情况下，如果财务报告能够满足这一群体的会计信息需求，也可以满足其他使用者的大部分信息需求。

现代企业制度强调所有权和经营权相分离，在信息不对称的情况下，企业投资者和债权人等需要及时或者经常性地了解企业管理层保管、使用资产的情况，以便于评价企业管理层的责任情况和业绩情况，并决定是否需要调整投资或者信贷政策，是否需要加强企业内部控制和其他制度建设，是否需要更换管理层等。因此，财务报告也应当反映企业管理层受托责任的履行情况，以有助于评价企业的经营管理责任和资源使用的有效性。

二、会计信息的质量要求

会计信息的质量要求是对企业提供的会计信息质量提出的基本标准和基本要求，是使会计信息对其使用者决策有用所应具备的基本特征，同时也是对会计核算一般规律的概括和总结，是会计核算工作的基本指导思想。我国的会计信息质量要求基本准则中提出了如下八个方面内容：

（一）可靠性

可靠性要求企业应当以实际发生的交易或者事项为依据进行确认、计量和报告，如实反映符合确认和计量要求的各项会计要素及其他相关信息，保证会计信息真实可靠、内容完整。

企业提供会计信息的目的是为了满足会计信息使用者的决策需要。因此，就应做到内容真实、数字准确、资料可靠。在会计核算工作中坚持这一质量标准，就应当保证会计信息的真实性，在会计核算时如实反映企业的财务状况、经营成果和现金流量；应当正确运用会计原则和方法，准确反映企业的实际情况；会计信息应当经受验证，以核实其是否真实。

（二）相关性

相关性要求企业提供的会计信息应当与财务报告使用者的经济决策需要相关，有助于财务报告使用者对企业过去、现在或者未来的情况做出评价或者预测。

会计信息的价值在于其与决策相关，能满足会计信息使用者的需要，有助于决策。在会计核算工作中坚持这一质量标准，就要求在收集、加工、处理和提供会计信息过程中，充分考虑会计信息使用者的信息需求。

（三）明晰性

明晰性要求企业提供的会计信息应当清晰明了，便于财务报告使用者理解和使用。

提供会计信息的目的在于使用，要使用会计信息，首先必须了解会计信息的内涵，弄懂会计信息的内容，如果无法做到这一点，就谈不上对决策有用。这就要求会计核算和财务会计报告必须清晰明了。在会计核算工作中坚持明晰性标准，就要求会计记录应当准确、清晰：填制会计凭证、登记会计账簿必须做到依据合法、账户对应关系清楚、文字摘要完整；在编制会计报表时，项目钩稽关系清楚、项目完整、数字准确。这样，才能使会计尽可能传递易被人理解的会计信息。

（四）可比性

可比性要求企业提供的会计信息应当相互可比。为明确同一会计主体财务状况和经营业绩的变化趋势，信息使用者必须能够比较不同期间的会计信息；为评价估计不同会计主体的财务状况和经营业绩，信息使用者必须能够比较不同会计主体的会计信息。可比性包括同一会计主体不同期间的纵向可比和不同会计主体的横向可比两重含义。

可比性要求对于同一会计主体不同时期发生的相同或者相似的交易或者事项，应当采用一致的会计政策，会计核算方法前后各期应当保持一致，不得随意变更。如果企业在不同的会计期间采用不同的会计核算方法，将不利于会计信息使用者对会计信息的理解，不利于会计信息作用的发挥。

可比性还要求对于不同会计主体发生的相同或者相似的交易或者事项，也应当采用规定的会计政策，确保会计信息口径一致，以使不同会计主体按照一致的确认、计量和报告要求提供会计信息。不同的会计主体可能处于不同地区，经济业务发生于不同的时间，为了保证会计信息能够满足决策的需要，只要是相同的交易或事项，就应当采用相同的会计处理方法，便于比较不同会计主体的会计信息。

（五）实质重于形式

实质重于形式要求企业应当按照交易或者事项的经济实质进行会计确认、计量和报告，不应仅以交易或者事项的法律形式为依据。

在实际工作中，交易或事项的外在法律形式或人为形式并不总能完全真实地反映其实质内容。所以，会计信息要想反映其所要反映的交易或事项，就必须根据交易或事项的经济实质和现实，而不能仅仅根据它们的法律形式进行核算和反映。

（六）重要性

重要性要求企业提供的会计信息应当反映与企业财务状况、经营成果和现金流量有关的所有重要交易或者事项。在会计核算过程中对交易或事项应当区别其重要程度，采用不同的核算方式。如果会计信息的省略或者错报会影响使用者据此做出的经济决策，该信息就具有重要性。对资产、负债、损益等有较大影响，进而影响财务会计报告使用者据以做出合理判断的重要会计事项，必须按照规定的会计方法和程序进行处理，并在财务会计报告中予以充分、准确的披露；对于次要的会计事项，在不影响会计信息真实性和不误导财务会计报告使用者做出正确判断的前提下，可适当简化处理。

（七）谨慎性

谨慎性要求企业对交易或者事项进行会计确认、计量和报告应当保持应有的谨慎，不应高估多计资产或者收益、低估少计负债或者费用。

在会计核算工作中坚持谨慎原则，要求企业在面临不确定因素的情况下做出职业判断时，应当保持必要的谨慎，如果一项经济业务有多种处理方法可供选择时，应选择不会导致夸大资产、虚增利润的方法。在进行会计核算时，应当合理预计可能发生的损失和费用，而不应预计可能发生的收入和过高估计资产的价值。

（八）及时性

及时性要求企业对于已经发生的交易或者事项，应当及时进行确认、计量和报告，不得提前或者延后。会计核算的意义在于可以把相关信息及时传递给财务报告使用者，及时为会计信息使用者提供可靠的决策信息，从而便于其及时使用和决策。在会计核算过程中坚持及时性有三方面要求：一是要及时收集会计信息；二是要及时处理会计信息；三是要及时传递会计信息。

【本章小结】

本章分四节阐述了会计的产生和发展，会计的定义和职能，会计基本前提和基础，会计目标和信息质量要求等，这些是会计学最基本的理论知识。

会计是社会生产发展到一定阶段的产物，会计随着社会生产的发展，并适应经济管理的客观需要而不断发展、完善；会计的本质是以货币为主要计量单位进行的一种经济管理活动，会计具有连续性、系统性、全面性、综合性和真实性等特点，会计具有会计核算和会计监督两个基本职能。

我国企业会计基本假设包括：会计主体、持续经营、会计分期和货币计量四项。企业应当以权责发生制为基础进行会计确认、计量和报告。

会计目标包含会计信息使用者和会计信息具体内容两个内涵。财务报告的目标是向财务报告使用者提供与企业财务状况、经营成果和现金流量等有关的会计信息，反映企业管理层受托责任履行情况，有助于财务报告使用者做出经济决策。财务报告使用者主要包括投资者、债权人、政府及其有关部门和社会公众等。会计信息应当满足可靠性、相关性、明晰性、可比性、实质重于形式、重要性、谨慎性、及时性等八点质量要求。

【关键术语和概念】

会计	会计核算	会计监督	会计主体	持续经营
会计分期	货币计量	权责发生制	可靠性	相关性
明晰性	可比性	实质重于形式	重要性	谨慎性
及时性				

【复习思考题】

1. 试分析说明会计产生和发展的原因。
2. 简述我国市场经济体制下会计发展和变革的过程。
3. 什么是会计学？会计学的构成体系如何？
4. 什么是会计？关于会计本质的认识有哪两种主要观点？
5. 试分析说明会计的主要特点。
6. 如何理解会计的核算和监督职能？两者的关系如何？
7. 什么是会计主体？如何确定会计主体？
8. 什么是持续经营？其意义和基本要求如何？
9. 什么是会计分期？会计应如何分期？
10. 什么是货币计量？其意义和基本要求如何？
11. 什么是权责发生制和收付实现制？两者有何区别？
12. 会计目标是什么？会计信息使用者有哪些？
13. 会计信息有哪些质量要求？其各自的基本要求如何？

【练习题】

一、单项选择题

1. 会计是（　）发展到一定阶段的产物。
   A. 计算技术　B. 社会生产　C. 生产关系　D. 计算机
2. 在我国，“会计”一词最早出现于（　）。
   A. 西周　B. 宋朝　C. 秦朝　D. 明朝
3. 在宋朝，官府办理钱粮报销和移交手续时，一般都采用（　）进行结算。
   A. “籍书”　B. “四柱清册”　C. “龙门账”　D. “连环账谱”
4. （　），我国颁布了第一部《中华人民共和国会计法》。
   A. 1985 年　B. 1993 年　C. 2000 年　D. 2006 年
5. （　）6 月，澳大利亚、英国、美国、加拿大、法国、日本、荷兰、联邦德国、墨西哥等九个国家的会计职业组织集合于伦敦，成立了国际会计准则委员会。
   A. 1494 年　B. 1581 年　C. 1903 年　D. 1973 年
6. 1494 年意大利数学家卢卡 · 帕乔利在其所著（　）一书中，对借贷记账法的记账原理及其运用，进行详细理论概括，标志着近代会计的开端。
   A. 《连环账谱》　B. 《算术、几何、比及比例概要》

C. 《会计学全书》　　D. 《高等会计学》

7. 会计的本质是一种（　）。

A. 经济管理活动　　B. 信息系统

C. 经济管理工具　　D. 经济监督活动

8. 会计是以（　）为主要计量尺度所进行的一种价值管理活动。

A. 实物　　B. 货币　　C. 劳动　　D. 时间

9. 基本会计准则规定，企业应当以（　）为基础进行会计确认、计量和报告。

A. 货币计量　　B. 持续经营

C. 权责发生制　　D. 收付实现制

10. 基本会计准则中，提出了（　）会计信息的质量要求。

A. 4 条　　B. 8 条　　C. 10 条　　D. 13 条

二、多项选择题

1. 下列各项中，表明我国古代会计发展成就的有（　）。

A. "司会"　　B. "四柱清册"　　C. 龙门账　　D. 借贷记账法

2. 会计界对会计本质的认识，主要存在两种具有代表性的观点（　）。

A. "信息系统论"　　B. "管理活动论"

C. "管理工具论"　　D. "信息工具论"

3. 会计活动本身具有（　）的特征。

A. 连续性　　B. 系统性　　C. 全面性　　D. 综合性

4. 会计的基本职能是（　）。

A. 会计核算　　B. 会计监督　　C. 会计分析　　D. 预测决策

5. 权责发生制是基于（　）会计假定提出的。

A. 会计主体　　B. 持续经营　　C. 会计分期　　D. 货币计量

6. 会计主体假定，明确了会计的（　）。

A. 核算空间　　B. 核算立场　　C. 核算尺度　　D. 核算方法

7. 财务报告的目标在于（　）。

A. 向财务报告使用者提供有关的会计信息

B. 反映企业管理层受托责任履行情况

C. 有助于财务报告使用者做出经济决策

D. 有助于企业进行会计管理

8. 财务报告使用者主要包括（　）。

A. 投资者　　B. 债权人

C. 企业员工　　D. 社会公众

9. 可比性要求企业提供的会计信息应当在（　）相互可比。

A. 不同会计主体　　B. 不同会计期间

C. 企业与事业单位　　D. 会计要素之间

10. 谨慎性要求企业对交易或者事项进行会计确认、计量和报告应当保持应有的谨慎，不应（　）。

A. 高估资产或收益　　B. 低估负债或费用

C. 低估资产或收益　　D. 高估负债或费用

三、判断是非题

1. 现代会计发展的标志之一就在于：会计信息从满足内部管理需要发展到满足社会公众需要的通用商业语言。(　)

2. 1992 年，我国颁布“两则”，标志我国适应社会主义市场经济体制的会计体系得以初步确立。(　)

3. 20 世纪 20 年代，管理会计的形成，标志着现代会计科学体系的确立。(　)

4. 货币是会计的唯一计量尺度。(　)

5. 会计核算主要从价值上综合反映各单位的经济活动的过程和结果，主要核算已经发生或已经完成的经济活动。(　)

6. 会计的全部职能就在于进行会计核算和会计监督。(　)

7. 法律主体必然是会计主体，但会计主体不一定要求是法律主体。(　)

8. 会计中期分为半年度、季度、月度和旬。(　)

9. 货币计量要求企业对所有经济业务采用同一种货币作为统一尺度来进行计量。(　)

10. 及时性要求企业对于已经发生的交易或者事项，应当及时进行确认、计量和报告，不得延后。(　)

第二章　会计对象与会计要素

【本章学习要点】

1. 了解会计的一般对象和企业生产经营过程，掌握会计核算的具体内容。
2. 重点理解和掌握会计六要素的定义、特点和构成。
3. 理解和掌握会计等式的平衡关系。

第一节　会计对象与核算内容

一、会计对象

会计对象是指会计核算和监督的内容，是会计所要核算和监督的客体对象。概括来讲，现代会计对象就是各单位在生产经营过程中能以货币表现的经济活动；会计对象具体表现为经济活动中所发生的各项经济业务，即会计事项。

（一）会计的一般对象

社会的再生产过程是通过全社会中实行独立核算的各经济组织的再生产活动来实现的。虽然这些经济组织所从事的经济活动的具体内容各不相同，但是，任何经济组织要从事经济活动都必须首先取得一定的财产物资作为物质条件。这些财产物资的货币表现称为资金。随着各经济组织经济活动的开展，所取得的资金必然不断地改变形态并发生数量上的变化，这个过程便形成各个经济组织的资金运动。因此，对一个具体的经济组织而言，会计对象就是企业、行政、事业等单位在社会再生产过程中发生的、能够用货币表现的经济活动。

会计对象总的来讲是经济活动，而且是能够以货币表现的经济活动。由于在社会再生产过程中，有些经济活动是不能用价值形式来表现的，因而会计并不能核算和监督社会再生产过程中的全部经济活动，而只能核算和监督社会再生产过程中能够用货币表现的那些经济活动。

企业、行政、事业等单位的工作性质和任务虽然不同，但它们的许多经济活动都或多或少地与社会产品的生产、交换、分配和消费有关，它们的这些经济活动都是社会再生产过程的组成部分。社会再生产过程是通过各个企业、行政、事业等单位的经济活动和财务收支活动来进行的。会计核算与监督的具体工作，主要是在千千万万个企业、行政、事业等单位内部或单位之间进行的。显然，会计的对象，也应该是这些单位自身的经济活动。

社会各经济组织的性质不同，决定了其经济活动内容不同，因此必然产生资金运动形式的差异，形成各具特色的资金运动。由于企业和行政、事业等单位在社会再生产过程中所处的地位、任务、经济活动的具体内容和方式不同，其会计核算和监督的内容——会计对象的具体表现形式也不一样，有着各自的特点。目前我国的经济组织按性质不同来分，主要有两大类：一类是企业单位，另一类是行政、事业单位。因此，会计对象一般可以具体划分为企业单位的会计对象和行政、事业单位的会计对象两类。

（二）企业的会计对象

企业是组织生产经营活动的基本单位，是按照经济核算的原则，独立进行生产经营活动的经济实体。主要从事生产经营活动，追求盈利是其经济活动的主要特点，其资金运动的表现形式为经营资金运动。其中，工业企业和商品流通企业的会计对象具有代表性。

1. 工业企业的会计对象

工业企业的主要生产经营过程大体分为供应过程、生产过程和销售过程三个阶段。其中，供应过程是生产的准备过程。在供应过程中，企业用现金或银行存款等货币资金购买各种材料物资、支付采购费用，随着采购业务的完成，企业要计算材料的采购成本。生产过程既是产品的制造过程，也是各种财产物资的消耗过程。在生产过程中，劳动者运用劳动手段加工劳动对象，生产出符合一定质量标准的产成品并验收入库。在这个过程中，发生材料消耗、工资支付、固定资产损耗、水电动力费用支付等业务。在产品制成后，要计算完工产品的制造成本。销售过程是产品价值的实现过程。在销售过程中，企业通过市场将产品销售出去，取得销售收入，收回货币资金。从销售收入中扣除已销产品成本，补偿企业耗费后，便形成企业的利润。于是，就发生了成本费用结转、货款结算、负债偿还、税费缴纳、利润分配等经济业务。

工业企业的资金从货币资金形态出发，随着供应过程、生产过程、销售过程的不间断进行，周而复始地运动着。由上述过程引起的各种经济业务也呈现着规律性的变化，即以货币资金采购材料物资，然后投入生产，变为在产品，继而加工为产成品，将产成品销售出去，收回货币资金，再用以购买材料物资，投入再生产。这些经济业务及其引起的资金循环和周转，都是会计要核算和监督的内容，所以工业企业的会计对象是指在工业企业生产经营过程中发生的能够用货币计量的各项经济业务。

2. 商品流通企业的会计对象

商品流通企业的经营活动主要是组织商品流通，把社会产品从生产领域转移到消费领域。商品流通企业的经营活动主要包括商品购进和销售两个过程。在商品购进过程中的主要经济业务是采购商品，引起货币资金转换为商品资金形态。在商品销售过程中卖出商品，又使商品资金形态再转换为货币资金形态。商品流通企业的资金是沿着“货币资金—商品资金—货币资金（增多的）”的形式周而复始地进行。商品流通企业购销活动中，还将发生支付工资及经营费用、货款结算、成本计算、上缴税费、利润分配等经济业务，这些都是商品流通企业会计所要核算和监督的内容，即商品流通企业的会计对象。

（三）行政、事业单位的会计对象

行政、事业单位也是社会再生产过程的基本单位，包括国家行政机关、司法机关、教育文化、医疗卫生等单位。主要从事国家管理、公共产品、文化教育等方面的服务活动，非营利性是其经济活动的主要特点，其资金运动的表现形式为预算资金运动。行政、事业单位为了完成国家赋予的各项任务，同样需要具备一定数量的资金。行政、事业单位的资金有国家行政拨款投入的，也有自身业务收入的。因此，行政、事业单位的会计对象就是国家或自身业务收入的取得和为完成国家赋予的各项任务所发生的各项费用支出，即其资金运动形式是由货币资金的取得到货币资金的支出。

二、会计核算内容

各单位在生产经营和业务活动中，会发生各种各样的经济业务和经济事项。经济业务是本单位与其他单位和个人之间发生的各种经济利益交换，如销售产品，获得收入；经济事项是指在本单位内部发生的具有经济影响的各种事件。我国会计法规定，下列经济业务和经济事项应当进行会计核算。

（一）款项和有价证券的收付

款项即是作为支付手段的货币资金，主要包括现金、银行存款以及其他视同现金和银行存款使用的银行汇票存款、银行本票存款、在途货币资金、信用卡存款、信用证存款、保函押金和各种备用金等。有价证券是指以货币表示的，表明投资者一定财产拥有权或所有权的证券，如股票、国库券、企业债券、金融债券以及其他票证等。由于款项和有价证券的收付直接影响单位资金的增减变化，更直接影响到单位货币资金的供应，进而影响单位的生产经营活动。因此，必须及时、如实地进行核算，加强监督管理，保证单位货币资金的流动性、安全性，提高货币资金的使用效率。

（二）财物的收发、增减和使用

财物是单位财产物资的简称。企业财产物资是企业进行生产经营活动中具有实务形态的经济资源。一般包括原材料、燃料、包装物、低值易耗品、在产品、外购商品、自制半成品、产成品等流动资产；也包括房屋、建筑物、机器、设备、设施、运输工具等固定资产。财物的收发，是指企业财产物资在企业各单位之间的收入和发出。财物的增减，是指企业财产物资的增减变动，企业在生产经营活动过程中，既会因购入新的财产物资，使财物增加，也会有财产物资出售、报废，使财物减少。财物的使用，是指企业财产物资的具体运用。

财产物资在企业资产总额中占有很大比重，企业的整个生产经营过程都围绕财产物资进行。对财物的收发、增减和使用的核算，是会计核算中的经常性业务。从单位经营管理来讲，强化企业财产物资的核算，有利于保证财物安全完整，控制和降低产品成本。因此，各单位必须加强对单位财物收发、增减和使用环节的管理，对财物的收发领用、增减和使用情况进行会计记录和会计核算，全面反映单位财物的收、发、结存和使用情况，保证财物安全完整，维护单位正常的生产经营秩序。

（三）债权债务的发生和结算

从会计核算上看，债权主要是指企业收取款项的权利，一般包括各种应收款和预付款等；债务则是指单位承担的能以货币计量的，需要以资产或劳务偿付的义务，主要包括各项借款、应付账款、预收款项以及各种应交款项等。

债权、债务是单位日常生产经营和业务活动中经常发生的。债权、债务的发生和结算，又涉及单位与其他单位以及单位与其他有关方面的经济利益，关系到单位自身的资金周转，影响着单位的生产经营活动和业务活动。因此，对债权、债务的发生和结算及时进行会计核算，是会计核算的重要内容。各单位必须加强对债权、债务的核算，及时、真实、完整地核算和反映单位的债权、债务，以便管理层强化对债权、债务的管理和筹划，避免给企业带来经济损失。

（四）资本的增减

资本是投资人为开展生产经营活动而投入的资金。会计上资本一般是指企业的“所有者权益”，即指投资者对企业净资产的要求权，包括实收资本、资本公积、盈余公积和未分配利润。资本从数量上来讲，应当等于单位的全部资产数量减去全部负债数量的余额。资本的利益关系人比较明确，用途也基本确定。资本的增减变动政策性很强，资本的增减变动，一般应以具有法律效力的合同、协议、董事会决议等为依据。因此，核算资本的增减变化，应遵循统一的会计准则制度，并以具有法律效力的文件为依据，以保证资本的增减符合法律要求。

（五）收入、支出、费用、成本的计算

收入是指企业在日常活动中形成的、会导致所有者权益增加的、与所有者投入资本无关的经济利益的总流入，主要包括企业在生产经营和业务活动中由于销售产品、商品或提供劳务等取得的收入。支出主要是指企业实际发生的各项开支，以及在生产经营以外的支出和损失。费用是指企业在日常活动中发生的、会导致所有者权益减少的、与向所有者分配利润无关的经济利益的总流出，主要包括企业因生产经营和业务管理所发生的各项支出，如管理费用、财务费用、事业费用等。成本是指企业生产产品和提供劳务等发生的各项直接耗费，是按一定的产品和劳务对象所归集的费用。

收入、支出、费用、成本是计算和确定企业经营成果和盈亏状况的主要依据。会计只有在正确核算收入、支出、费用和成本的基础上，才能正确反映企业经营成果和盈亏状况，同时，收入、费用、成本是互相联系、密不可分的，产生收入就要发生一定的成本和费用。因此，必须对其按照一定的标准进行会计核算。

（六）财务成果的计算和处理

财务成果，主要是指企业在一定时期内通过从事生产经营活动而在财务上获得的成果，具体表现为盈利或亏损。财务成果的计算和处理，一般包括利润的结计、所得税的计算、利润的分配和亏损的弥补。由于对财务成果的计算和处理涉及企业所有者、经营者等有关方面的经济利益，因此，会计上必须严格按照规定进行核算。

（七）需要办理会计手续、进行会计核算的其他事项

会计核算的主要内容，除了上述六项外，在实际的会计工作中，还可能存在其他需要办理会计手续、进行会计核算的事项。随着企业经营活动的深入展开，企业的经营业务日趋纷繁复杂，会计核算中仍有可能出现一些新的业务和内容，如企业的股份制改组上市、企业合并、集团合并会计报表、终止清算、破产清算、资产评估等。对这些业务的核算，也是会计核算不可缺少的内容。

第二节　会计要素

一、会计要素概述

会计要素是会计对象的具体化，是会计对象按交易或事项的经济特征所进行的基本分类，是反映会计主体财务状况和经营成果的基本单位。

会计要素科学地概括了会计对象的基本内容，是构成会计报表的基本要素，是确定财务报表结构和内容的基础，也是会计确认和计量的基本依据。我国基本会计准则，将会计要素按照其性质分为资产、负债、所有者权益、收入、费用和利润六项。其中，资产、负债和所有者权益，称为资产负债表要素，侧重于反映企业的财务状况；收入、费用和利润称为利润表要素，侧重于反映企业的经营成果。

二、资产

（一）资产定义和基本特征

资产是指企业过去的交易或者事项形成的、由企业拥有或者控制的、预期会给企业带来经济利益的资源。资产具有以下基本特征：

（1）资产从本质上讲是一种经济资源，是企业从事生产经营活动的物质条件，可以作为生产要素投入到生产经营中去。这些经济资源可以具有实物形态，如房屋、机器设备、现金、原材料等；也可以不具有实物形态，如以债权形态出现的各种应收款项，以特殊权利形态出现的专利权、商标权等无形资产。

（2）资产是由于过去的交易或事项所形成的，是现实资源，而不是预期的资源，是过去已经发生的交易或事项所产生的结果。只有过去发生的交易或事项才能增加或减少企业的资产，而不能根据谈判中的交易或计划中的经济业务来确认资产。

（3）资产是企业拥有或者控制的资源。拥有是指企业享有某项资源的所有权，控制是指虽然不享有某项资源的所有权，但该资源能被企业所控制，企业实质上已经掌握某项资源的未来收益和风险。

（4）资产预期会给企业带来经济利益，即会直接或间接地增加流入企业的现金或现金等价物的潜力。资产的这一特征，说明它必须具有有用性，具有使用价值，预期不能带来经济利益的，就不能确认为企业的资产。企业已经陈旧毁损不能使用的财产物资、已经无望收回的债权等，都不能作为企业的资产进行核算和列报。

（二）资产的分类

企业的资产按其流动性，分为流动资产和非流动资产。

1. 流动资产

流动资产是指可以在1年（含1年）或者超过1年的一个营业周期内变现或者耗用的资产。包括库存现金、银行存款、交易性金融资产、应收及预付款项、存货等。

（1）库存现金，是指企业持有的各种本币和外币的货币资金。

（2）银行存款，是指企业存入商业银行存款账户的各种活期和定期款项。

（3）交易性金融资产，是指企业为交易目的而持有的，各种能够随时变现，持有时间不超过一年的股票和债券投资。

（4）应收及预付款项，是指企业在日常生产经营过程中发生的各项债权，包括应收账款、应收票据、其他应收款和预付账款等。

（5）存货，是指企业在日常的生产经营过程中持有以备出售，或者仍然处在生产过程中将要消耗，或者在生产或提供劳务的过程中将要耗用的各种材料或物料，包括库存材料、在产品、半成品、产成品等。

2. 非流动资产

非流动资产是指不能在 1 年或者超过 1 年的一个营业周期内变现或者耗用的资产。主要包括长期股权投资、固定资产、无形资产等。

（1）长期股权投资，是指持有时间超过 1 年、不能随时变现或不准备随时变现的股票投资和其他投资。

（2）固定资产，是指企业使用年限在 1 年以上，并在使用过程中保持原来实物形态的资产，包括房屋及建筑物、机器设备、运输设备、工具器具等。

（3）无形资产，是指企业拥有或控制的，可以长期使用而没有实物形态可以辨认的非货币性资产，包括专利权、非专利技术、商标权、著作权、土地使用权等。

三、负债

（一）负债的定义和基本特征

负债是指企业由于过去的交易或事项形成的、预期会导致经济利益流出企业的现时义务。负债具有以下基本特征：

（1）负债是债权人的权益，是债权人对企业资产的要求权，负债是企业生产经营所需资金的一个重要来源，是一项经济责任，或者说是一项义务，它需要企业进行偿还。企业的负债不能无条件取消，只能偿还，或者以新的负债代替原有的负债；履行负债义务会导致经济利益流出企业。

（2）负债是由于过去的交易或事项引起的，企业当前所承担的一种现时义务。只有过去发生的交易或事项才能增加或减少企业的负债，未来发生的交易、事项可能产生的义务，不属于现时义务，不能作为会计上的负债。

（3）清偿负债会导致企业未来经济利益的流出。为了清偿债务，企业往往要在将来用现金或其他资产或提供劳务偿还，也有可能将债务转为其他企业的所有者权益。

（4）负债有确切的受款人和偿付日期，或者受款人和偿付日期可以合理地确定；负债将要由企业在未来某一个时日加以清偿。

（二）负债的分类

企业的负债按其流动性，分为流动负债和非流动负债。

1. 流动负债

流动负债是指将在1年（含1年）或者超过1年的一个营业周期内偿还的债务。包括短期借款、应付及预收款项、预提费用等。

（1）短期借款，是指企业从银行或其他金融机构借入的期限在1年以下的各种借款。

（2）应付及预收款项，指企业在日常生产经营过程中发生的各项债务。包括应付款项（应付账款、应付票据、应付职工薪酬、应交税费、应付股利、其他应付款等）和预收账款等。

（3）预提费用，是指预先提取计入成本、费用，但尚未实际支付的费用项目。

2. 非流动负债

非流动负债是指偿还期在1年或者超过1年的一个营业周期以上的债务。包括长期借款、应付债券、长期应付款等。

（1）长期借款，是指企业从银行或其他金融机构借入的期限在1年以上的各项借款。

（2）应付债券，是指企业为筹集长期资金而实际发行的长期债券。

（3）长期应付款，是指除长期借款和应付债券以外的其他长期应付款项，包括应付引进设备款、融资租入固定资产应付款等。

四、所有者权益

（一）所有者权益的定义和基本特征

所有者权益，是指企业资产扣除负债后由所有者享有的剩余权益。公司的所有者权益又称为股东权益。它在数量上等于企业全部资产减去全部负债后的余额，企业的全部资产，除了债权人所有以外，都应归投资者所有。

与债权人权益（负债）相比，所有者权益具有以下特征：

（1）负债是企业对债权人所承担的经济责任，企业负有偿还的义务：而所有者权益则是企业对投资人所承担的经济责任，在一般情况下，除非发生减资、清算，企业不需要偿还给投资者。

（2）企业清算时，负债拥有优先求偿权，只有在清偿所有的负债后，才能返还所有者权益。

(3) 债权人只享有按期收回利息和债务本金的权利，而无权参与企业的利润分配和经营管理；投资者则可以参与企业的利润分配，也可以参与企业的经营管理。

(二) 所有者权益的构成

所有者权益包括所有者投入的资本、直接计入所有者权益的利得和损失、留存收益等。

1. 所有者投入的资本包括实收资本和资本公积

企业的实收资本是指投资者按照企业章程或合同、协议的约定，实际投入企业的资本。它是企业注册成立的基本条件之一，也是企业承担民事责任的财力保证。企业资本公积也称准资本，主要来源于资本在投入过程中所产生的溢价。资本公积主要用于转增资本（或股本）。

2. 直接计入所有者权益的利得和损失

直接计入所有者权益的利得和损失，是指不应计入当期损益、会导致所有者权益发生增减变动的、与所有者投入资本或者向所有者分配利润无关的利得或者损失。其中，利得是指由企业非日常活动所形成的、会导致所有者权益增加的、与所有者投入资本无关的经济利益的流入；损失是指由企业非日常活动所发生的、会导致所有者权益减少的、与所有者分配利润无关的经济利益的流出。

3. 留存收益包括盈余公积和未分配利润

(1) 盈余公积又分为法定盈余公积和任意盈余公积。法定盈余公积是指企业按照《公司法》规定的比例从净利润中提取的盈余公积金；任意盈余公积，是指企业经股东大会或类似机构批准后按照规定的比例从净利润中提取的盈余公积金。

(2) 未分配利润，是指企业留待以后年度分配的利润。

五、收入

(一) 收入的定义和基本特征

收入，是指企业在日常活动中形成的、会导致所有者权益增加的、与所有者投入资本无关的经济利益的总流入。收入具有以下特征：

(1) 收入是从企业日常活动中而不是从偶发的交易或事项中产生的。日常活动，是指企业为完成其经营目标而从事的所有活动以及与之相关的其他活动，例如，工业企业制造和销售产品的活动。企业所进行的有些活动并不是经常发生的，比如，工业企业出售作为原材料的存货，虽然不是经常发生的，但因与日常活动有关，也属于收入。

（2）收入为企业带来经济利益的形式是多种多样的，收入既可能表现为企业资产的增加，如增加银行存款、应收款项；也可能表现为负债的减少；还可能同时引起企业资产的增加和负债的减少，如销售实现时，部分增加银行存款，部分冲减预收的货款。

（3）收入会导致企业所有者权益的增加。由于收入是经济利益的总流入，所以收入会导致企业所有者权益的增加。

（4）收入只包括本企业经济利益的流入，不包括为第三方或客户代收的款项。企业为第三方或者客户代收的款项，如增值税、代收利息等，一方面增加企业的资产，另一方面增加企业的负债，因此，不增加企业的所有者权益，也不属于本企业的经济利益，不能作为本企业的收入。

（二）收入的构成

收入主要包括主营业务收入、其他业务收入和投资收益等。

（1）主营业务收入，也称基本业务收入，是指企业从为完成其经营目标而从事的日常活动的主要项目中获得的收入，是在其基本或主流业务活动中所获得的收入。如工商企业的商品销售收入、服务业的劳务收入等。

（2）其他业务收入，也称附营业务收入，是指企业在主营业务以外的其他日常活动中所获得的收入。如工业企业销售原材料、提供非工业性劳务所取得的收入。

（3）投资收益，是指企业对外投资所取得的收益减去发生的投资损失后的净额。

六、费用

（一）费用的定义和基本特征

费用，是指企业在日常活动中发生的、会导致所有者权益减少的、与向所有者分配利润无关的经济利益的总流出。费用具有以下特征：

（1）费用是为获得一定收入而发生的，是为取得收入而付出的代价，费用一定要与收入配比才能确认，不是为取得收入而形成的各类资产的减少或负债的增加不属于费用的范围。

（2）费用是企业在日常活动中发生的经济利益的流出，而不是从偶发的交易或事项中发生的经济利益的流出。

（3）费用可能表现为资产的减少或负债的增加，或二者兼而有之。费用的发生形式多种多样，既可能表现为资产的减少，如购买原材料支付现金、制造产品耗用存货；也可能表现为负债的增加，如负担长期借款利息；还可能是二者的组合，如购买原材料支付部分现金，同时承担应付账款的债务。

（4）费用会导致所有者权益的减少。企业发生费用会导致所有者权益的减少，但是会导致所有者权益减少的经济利益的流出，却不一定属于费用。例如，企业向所有者分配利润，一方面减少企业的所有者权益，另一方面减少企业的资产或增加企业的负债，因此，不属于费用。

（二）费用的构成

费用按其归属的不同，可分为计入成本的成本费用和期间费用。

（1）成本费用，是企业为生产产品、提供劳务而发生的各种耗费，是计入一定产品、劳务、服务等成本对象的各项费用。包括直接为生产产品和提供劳务而发生的直接费用（如直接人工费、直接材料费）和为组织和管理生产发生而需要分配计入成本的各项间接费用。企业应当在确认收入时，将已销售产品或提供劳务的成本从当期收入中扣除，计入当期损益。

（2）期间费用，指直接计入当期损益的费用。包括管理费用、销售费用和财务费用。

管理费用，是企业行政管理部门为组织和管理生产经营活动而发生的各种费用。

销售费用，是企业在销售商品、提供劳务等日常活动中发生的除成本以外的各项费用以及专设销售机构的各项经费。

财务费用，是企业为筹集生产经营所需资金而发生的费用。

七、利润

（一）利润的定义和基本特征

利润，是指企业在一定会计期间的经营成果。利润包括收入减费用后的净额、直接计入当期利润的利得和损失等。利润具有以下特征：

（1）利润是企业一定时期内的最终财务成果。它是企业在一定会计期间实现的全部收入减去全部费用后的差额。

（2）利润是按配比性原则计量的，是一定时期的收入与费用相减的结果。

（3）利润的实现，会相应地表现为资产的增加或负债的减少，其结果是所有者权益的增值。

（二）利润的构成

利润包括营业利润、利润总额和净利润。

（1）营业利润，是主营业务收入加上其他业务收入，减去主营业务成本、其他业务成本、营业税金及附加、销售费用、管理费用、财务费用、资产减值损失，再加上投资净收益后的金额。它是狭义收入与狭义费用配比后的结果。

（2）利润总额，是营业利润加上营业外收入，减去营业外支出后的金额。

（3）净利润，是利润总额减去所得税后的金额。它是广义收入与广义费用配比后的结果。

第三节 会计等式

一、会计等式的定义

会计等式，是揭示各会计要素之间内在联系和基本数量关系的数学表达式，又称为会计恒等式。

会计对象可以概括为资金运动，具体表现为会计六要素的增减变化，会计主体每发生一笔经济业务，都是资金运动的一个具体过程，每一资金运动过程都必然涉及相应的会计要素。会计要素并不是孤立的，全部资金运动所涉及的会计要素之间存在一定的相互联系，会计要素之间的这种内在关系，可以通过会计恒等式表现出来，这种恒等式就叫会计等式。它是设置账户、复式记账和设计编制报表等会计方法的理论依据。

二、基本会计等式

会计要素之间存在着密切的内在联系。企业进行生产经营活动，就必须拥有一定数量可供支配运用的资产。而企业的资产最初进入企业的来源渠道不外乎两种：一是由所有者提供，二是由债权人提供。

既然企业的所有者和债权人为企业提供了全部资产，就应该对企业的资产享有要求权，这种对企业资产的要求权，在会计上总称为权益。其中属于债权人的部分，称为债权人权益，又称为负债；属于所有者的部分，称为所有者权益。资产表明企业拥有什么经济资源和拥有多少经济资源；权益则表明是谁提供了这些经济资源，谁对这些经济资源拥有要求权。资产与权益之间存在着相互依存的关系，二者是不可分割的。从数量上看，有一定数额的资产，就必定有对该资产的权益；有一定权益，则必然有体现其权益的资产。也就是说，一个企业的资产总额与权益（负债和所有者权益）总额必定相等。这种关系可以用以下等式表示：

资产 = 负债 + 所有者权益

在会计学理论中，“资产 = 负债 + 所有者权益”这一会计等式，描述了资产、负债和所有者权益三个基本会计要素的数量关系，称之为基本会计等式。这一会计等式，既表明了某一会计主体在某一时点所拥有的各种资产，同时也表明了这些资产的归属关系，体现了企业资金运动过程中某一时点上会计要素之间的数量关系，是资金运动的静态表现形式，所以又称之为静态会计等式，它是编制资产负债表的依据。

三、经济业务发生对基本会计等式的影响

企业在生产经营中，不断地发生各种经济业务，这些经济业务的发生，会导致有关会计要素的数量增减变化。但这些增减变化并不会破坏上述基本会计等式的平衡关系。我们可以结合经济业务做如下分析：

企业的经济业务虽然数量众多、类型各异，但站在会计要素的数量关系上归纳起来不外乎以下九种类型：

（1）经济业务的发生，导致资产内部项目此增彼减，增减金额相等，不会影响基本会计等式的平衡关系。

（2）经济业务的发生，导致负债内部项目此增彼减，增减金额相等，不会影响基本会计等式的平衡关系。

（3）经济业务的发生，导致所有者权益内部项目此增彼减，增减金额相等，不会影响基本会计等式的平衡关系。

（4）经济业务的发生，导致负债项目增加，而所有者权益项目减少，增减金额相等，不会影响基本会计等式的平衡关系。

（5）经济业务的发生，导致所有者权益项目增加，而负债项目减少，增减金额相等，不会影响基本会计等式的平衡关系。

（6）经济业务的发生，导致资产项目和负债项目同时等额增加，不会影响基本会计等式的平衡关系。

（7）经济业务的发生，导致资产项目和负债项目同时等额减少，不会影响基本会计等式的平衡关系。

（8）经济业务的发生，导致资产项目和所有者权益项目同时等额增加，不会影响基本会计等式的平衡关系。

（9）经济业务的发生，导致资产项目和所有者权益项目同时等额减少，不会影响基本会计等式的平衡关系。

通过以上分析，我们可以得出如下结论：

（1）一项经济业务的发生，可能仅涉及资产与负债和所有者权益中的一方，也可能涉及双方，但无论如何，其增减变化不会破坏基本会计等式的平衡关系。

（2）一项经济业务的发生，如果仅涉及资产与负债和所有者权益中的一方，既不会使双方的总额发生变动，也不会影响到双方的恒等关系。

（3）一项经济业务的发生，如果涉及资产与负债和所有者权益中的双方，虽然会使双方的总额发生同增或同减变动，但也不会破坏和影响到双方的恒等关系。

四、扩展的会计等式

“资产＝负债＋所有者权益”这一基本会计等式，描述了资产、负债和所有者权益三要素的数量关系。它是用来反映某个会计期间开始时，即某一时点的财务状况的。随着企业经营活动的进行，在会计期间内，企业一方面取得收入；另一方面要发生各种各样的费用，并因此而减少了资产或增加了负债。所以，企业在会计期间的任一时刻，基本会计等式扩展为：

资产 ＝ 负债 ＋ 所有者权益 ＋（收入－费用）

我们将这一等式称之为扩展的会计等式。其中，“收入－费用＝利润”这一会计等式是企业资金运动的动态表现形式，它反映了收入、费用和利润之间的平衡关系，也称动态会计等式或会计第二等式，是企业编制利润表的基础。这一等式表明，企业在经营中取得的利润或发生的亏损，对先前时点上静态会计等式中的所有者权益必然增加或抵冲一部分数额。

我们考察企业经济业务在会计期间发生的增减变化，虽然涉及会计六要素的数量变化，但也不会破坏会计六要素的平衡关系。这是因为：

（1）企业收入的取得，或者表现为资产要素和收入要素同时、等额地增加，或者表现为收入要素的增加和负债要素同时、等额地减少。结果等式仍然保持平衡。

（2）企业费用的发生，或者表现为负债要素和费用要素同时、等额地增加，或者表现为费用要素的增加和资产要素同时、等额地减少。结果等式仍然保持平衡。

（3）在会计期末，将收入与费用相减得出企业的利润。利润在按规定程序进行分配以后，留存企业的部分（包括盈余公积金和未分配利润）转化为所有者权益的增加（或减少），同时要么是资产要素相应增加（或减少），要么是负债要素相应减少（或增加），结果，等式仍然保持平衡。

如上分析可知：由于收入、费用和利润这三个要素的变化实质上都可以表现为所有者权益的变化，因此上述三种情况都可以归纳到前面我们概括的九种业务类型中去，这样上述扩展的会计等式才会始终保持平衡。它说明资产、负债、所有者权益、收入、费用和利润这六大会计要素之间存在着一种恒等关系。这种恒等关系始终成立，任何经济业务的发生，都不会破坏会计等式的平衡关系。

【本章小结】

本章分三节阐述了会计对象与核算内容、会计要素及会计等式的基本知识。本章的核心内容是会计六要素和会计等式。

会计对象是各单位在生产经营过程中能以货币表现的经济活动；会计核算的内容具体表现为经济活动中所发生的经济业务和经济事项，它具体包括七个方面。

会计要素是会计对象的具体化，是会计对象按交易或事项的经济特征所进行的基本分类，是反映会计主体财务状况和经营成果的基本单位。会计要素按照其性质分为资产、负债、所有者权益、收入、费用和利润六项。本章中重点介绍了会计六要素的定义、特点、构成以及六要素的平衡关系。

【关键术语和概念】

会计对象　会计要素　资产　负债　所有者权益　收入
费用　利润　会计等式

【复习思考题】

1. 什么是会计对象？如何理解会计的一般对象？
2. 会计核算内容有哪些？
3. 什么是会计要素？会计要素有哪些？
4. 什么是资产？资产具有哪些特征？资产应如何分类？
5. 什么是负债？负债具有哪些特征？负债应如何分类？
6. 什么是所有者权益？它与负债有何区别？其构成如何？
7. 什么是收入？收入具有哪些特征？其构成如何？
8. 什么是费用？费用具有哪些特征？其构成如何？
9. 什么是利润？利润具有哪些特征？其构成如何？
10. 什么是会计等式？试说明基本会计等式的平衡关系和作用。

【练习题】

一、单项选择题

1. 银行存款属于（　）。
   A. 货币资金　B. 财产物资　C. 资本　D. 收入
2. 资产、负债和所有者权益，是侧重于反映企业的（　）的会计要素。
   A. 会计对象　B. 财务状况　C. 财务成果　D. 会计主体

3. 库存现金属于（　）。

A. 流动资产　B. 固定资产　C. 无形资产　D. 存货

4. 无形资产是（　）。

A. 短期使用资产　B. 非货币性资产

C. 货币性资产　D. 不可辨认的资产

5. 会计等式是揭示各（　）之间内在联系和基本数量关系的数学表达式。

A. 会计主体　B. 会计要素　C. 会计对象　D. 会计内容

二、多项选择题

1. 工业企业的主要生产经营过程分为（　）。

A. 供应过程　B. 生产过程　C. 销售过程　D. 分配过程

2. 会计六要素中侧重于反映财务状况的要素包括（　）；侧重于反映经营成果的要素包括（　）。

A. 资产　B. 负债　C. 所有者权益　D. 收入

E. 费用　F. 利润

3. 资产从特性上讲是一种（　）。

A. 有用资源　B. 现实资源　C. 预期资源　D. 实物资源

4. 下列项目中属于流动资产的有（　）。

A. 短期投资　B. 存货

C. 一年期银行存款　D. 无形资产

5. 流动负债包括（　）。

A. 短期借款　B. 应付款项　C. 应付债券　D. 预提费用

6. 所有者权益包括（　）。

A. 实收资本

B. 资本公积

C. 直接计入所有者权益的利得和损失

D. 未分配利润

7. 收入应具有的特征包括（　）。

A. 从企业日常活动中产生　B. 会导致企业所有者权益的增加

C. 带来利益的形式多种多样　D. 只包括本企业经济利益的流入

8. 收入主要包括（　）。

A. 主营业务收入　B. 其他业务收入

C. 投资收益　D. 实收资本

9. 费用按其归属的不同，可分为（　）。

A. 财务费用　B. 营业费用　C. 成本费用　D. 期间费用

10. 会计等式是（　）的理论依据。

A. 会计主体　B. 设置账户　C. 复式记账　D. 编制报表

三、判断是非题

1. 会计不能核算和监督社会再生产过程中的全部经济活动，而只能核算和监督社会再生产过程中能够用货币表现的那些经济活动。(　)
2. 资产作为经济资源可以具有实物形态，也可以不具有实物形态。(　)
3. 固定资产是长期使用的有形资产。(　)
4. 负债包括现时的偿债义务和潜在的偿债义务。(　)
5. 所有者权益在数量上等于企业全部资产减去全部负债后的余额。(　)
6. 企业清算时，只有在清偿所有的负债后，才能返还所有者权益。(　)
7. 收入包括从偶发的交易或事项中产生经济利益的总流入。(　)
8. 费用可能表现为资产的减少，或负债的增加，或二者兼而有之。(　)
9. 利润的实现，会相应地表现为资产的增加或负债的减少，其结果是所有者权益的增值。(　)
10. 任何经济业务的发生，都不会破坏会计等式的平衡关系。(　)

第三章　会计方法和循环

【本章学习要点】

1. 重点理解和掌握会计确认过程和标准，掌握会计要素确认的一般要求。

2. 理解和掌握会计计量属性，重点掌握历史成本和公允价值属性及应用要求。

3. 理解和掌握会计记录的基本方法和一般要求。

4. 了解会计循环的基本步骤。

第一节　会计确认

一、会计确认的意义

会计确认，是按照一定的会计标准，识别和确定发生的经济业务是否可以作为会计要素进入会计核算系统并列入会计报表的会计行为。

企业日常经济活动会产生众多的经济业务，这些经济业务包含大量的经济信息。在这些经济信息中，有的属于会计核算的内容，有的不属于会计核算的内容。只有属于会计核算内容的经济信息进入会计核算系统才能产生有用的会计信息。为了保证企业提供的会计信息的有用性，面对企业经济活动中产生的大量经济信息，哪些应进入本企业会计核算系统，哪些不应进入会计核算系统，需要会计人员根据一定的会计标准进行识别与筛选，即应进行必要的会计确认。会计确认解决了会计的定性问题，涉及会计核算的全过程，它包括初始确认与再确认两个过程。

初始确认，是指当企业发生各项经济业务时，确定反映各项经济业务的原始经济信息是否可进入本企业会计核算系统。初始确认实际上是经济信息能否转化为会计信息并进入会计处理系统的筛选过程。初始确认的标准主要是发生的经济业务是否属于本会计主体、能否用货币计量，如果发生的经济业务属于本会计主体且可以用货币计量，则可以进入会计核算系统。

再确认，是指对会计处理系统输出的经过加工的会计信息的确认，它是依据管理者的需要，确认账簿资料中记录的会计信息是否应列入会计报表，以及如何列入会计报表的过程。再确认实际上是对已经形成的会计信息再提纯、再加工，以保证会计信息的真实性和正确性。再确认的标准主要是满足会计信息使用者的需要，企业提供的会计信息应当满足有关方面进行决策时对会计信息的需要。

二、会计确认的标准

（一）符合会计要素的定义和特征

会计要素是对会计内容的基本分类，会计要素的定义、特点及其构成也是会计确认最基本的标准，是对经济业务的经济信息进行初次确认和再确认的基本条件和前提。在会计确认时，首先要根据各会计要素的定义和特点来判断某项经济信息能否进入会计核算系统；其次要确定进入会计核算系统的经济信息应当作何要素予以记录；最后还要依据会计要素的分类，确定该项经济信息应记入哪个具体的账户和进一步应列入会计报表的哪一个项目。

（二）可用货币计量

货币计量是会计核算的基本前提，经济活动中的交易和事项只有能够用货币计量，才能作为会计对象进行确认。一个反映经济业务的经济信息，在会计确认时不仅要符合会计要素的定义和特点，而且还必须能够用货币计量或计价。只有这样，才能保证会计信息质的统一性，才可以进行会计信息的比较、加工和汇总。可以说，经济信息可用货币计量是会计确认的核心问题，如果某项经济数据不具备可用货币计量的特征，就不可能在会计上予以确认。

（三）经济信息的可靠性

会计信息要真实可靠，首先应是如实地、完整地反映已发生的经济业务，而且这些经济业务必须是根据它们的实质和不带偏向的经济现实，而不仅仅是根据它们的法律形式进行会计核算。为此，在会计确认时，要认真审核原始凭证所记载的经济数据是否有客观可靠的证据。在有些情况下，必须进行成本或价值的估计，应使用合理的估计，若无法做出合理的估计，就不能作为会计要素加以确认。

（四）经济信息的相关性

会计信息应当满足不同信息使用者的需要。为此，会计确认时要针对信息使用者的具体需要，排除不相关的数据，压缩多余的数据，增进会计信息的有用性，如在会计报表中增加补充资料以满足不同使用者的需要。

三、会计要素的确认

（一）资产的确认

在资产的具体确认中，应按三个重要标准来进行判断：第一，企业所拥有和控制的资源首先应符合资产的定义，不符合资产定义的不能确认为资产。第二，与该资源有关的经济利益很可能流入企业。能否带来经济利益是资产的一个本质特征，但在现实生活中，由于经济环境瞬息万变，与资源有关的经济利益能否流入企业或者能够流入多少，实际上带有不确定性。因此，资产的确认还应与对经济利益流入的不确定性程度的判断结合起来。如果一项支出已经发生，但在本会计期间及以后的会计期间，由这项支出带来的未来经济利益都不会流入企业或流入企业的确定性程度不足，那么这项支出就不能确认为资产，而只能将其确认为费用。第三，该资源的成本或价值能够可靠地加以计量。只有当有关资源的成本或者价值能够可靠地计量时，资产才能予以确认。在实务中，企业取得的许多资产都是发生了实际成本的，例如，企业购置的厂房或者设备等，对于这些资产，只要实际发生的购买成本能够可靠计量，就视为符合资产确认的可计量条件。若不能准确地计量，但能合理估计的，也可确认为一项资产。

（二）负债的确认

在负债的具体确认中，应按以下标准进行判断：第一，符合负债的定义，负债是由于过去的交易或事项而引发的一项现时义务。未来交易或事项可能形成的偿还债务，不能作为现时的负债予以确认。第二，与该义务有关的经济利益很可能流出企业。一项债务的偿还，企业必须付出债权人可以接受的资产或劳务，因而使企业拥有的能够带来经济利益的经济资源流出。第三，未来流出的经济利益的金额能可靠地加以计量。作为负债一般都有一个到期偿还的确切金额，即使没有确切的金额，也能合理地估计偿还金额。

（三）所有者权益的确认

所有者权益的确认，主要取决于资产、负债、收入、费用等其他会计要素的确认。所有者权益即为企业的净资产，是企业资产总额扣除债权人权益后的净额，反映所有者（股东）财富的净增加额。通常企业收入增加时，会导致资产的增加，相应地会增加所有者权益；企业发生费用时，会导致负债的增加，相应地会减少所有者权益。因此，企业日常经营的好坏和资产负债的质量直接决定着企业所有者权益的增减变化和资本的保值增值。

（四）收入的确认

收入的确认包括入账时间和入账金额两方面。企业收入的来源渠道多种多样，不同收入来源的特征有所不同，其收入确认条件也往往存在一定的差异，如销售商品、提供劳务、让渡资产使用权等。一般而言，收入只有在经济利益很可能流入从而导致企业资产增加或者负债减少、经济利益的流入额能够可靠计量时才能予以确认。具体确认时，应该按以下标准来进行判断：第一，与收入相关的经济利益很可能流入企业，从而导致资产增加或负债减少时才能确认；第二，经济利益流入企业的结果会导致和具体表现为资产增加或负债减少；第三，经济利益流入额能够可靠地计量。

（五）费用的确认

费用是与收入相对应的概念，它是为得到收入而付出的代价。费用只有在经济利益很可能流出企业从而导致资产减少或负债增加、经济利益的流出额能够可靠计量时才能予以确认。在费用的具体确认中，应按以下标准来判断：第一，与费用相关的经济利益应当很可能流出企业；第二，经济利益流出的结果会导致和具体表现为资产减少或负债增加；第三，经济利益流出额能够可靠地计量。

（六）利润的确认

利润是反映收入减去费用、利得减去损失后的净额。利润的确认主要只能依附于一定期间的收入和费用、利得和损失的确认，收入和费用、利得和损失的确认标准即为利润的确认标准。

第二节　会计计量

一、会计计量的意义

会计计量，是采用一定的计量属性，在将符合确认条件的会计要素登记入账并列报于财务报表时，确定其金额的过程。

企业在日常经济活动中产生的大量经济信息只有经过会计确认才能进入会计核算系统。而会计确认又离不开会计计量，因为只有可以计量的经济信息才能被会计核算系统接受，经过初次确认和再确认后，应输入的数据才能被正式记录，输出的数据才能被列入企业的会计报表。

会计确认与会计计量实际上总是不可分割地联系在一起的，未经确认就不能进行计量，没有计量确认也就失去了意义。会计确认是会计计量的前提，它决定着某个经济信息能否作为某个会计要素进入会计核算系统，主要解决会计核算的定性问题。会计计量是会计确认的条件，它决定已确认的经济信息如何按真实与相关的金额列示在企业的会计报表上，主要解决会计核算中的定量问题。

二、会计计量属性

计量属性，是指用货币对会计要素进行计量时的标准。计量属性反映的是会计要素金额的计量基础。根据基本会计准则的规定，会计计量属性主要包括历史成本、重置成本、可变现净值、现值和公允价值。

（一）历史成本

历史成本，又称实际成本，是指取得或制造某项资产时所实际支付的现金或其他等价物金额。在历史成本计量下，资产按照购置时支付的现金或者现金等价物的金额，或者按照购置资产时所付出的对价的公允价值计量。负债按照因承担现时义务而实际收到的款项或者资产的金额，或者承担现时义务的合同金额，或者按照日常活动中为偿还负债预期需要支付的现金或者现金等价物的金额计量。

历史成本是取得资产的原始交易价格，历史成本计价有原始交易单证作计价根据，具有依据可靠、便于取得、易于查核的优点。但它是建立在币值稳定基础之上的，在物价变动的情况下，不能真实地反映会计要素的实际价值。

（二）重置成本

重置成本，又称现行成本，是指按照当前市场条件，重新取得同样一项资产所需支付的现金或现金等价物金额。在重置成本计量下，资产按照现在购买相同或者相似资产所需支付的现金或者现金等价物的金额计量。负债按照现在偿付该项债务所需支付的现金或者现金等价物的金额计量。

（三）可变现净值

可变现净值，是指在正常生产经营过程中，以资产预计售价减去进一步加工成本和预计销售费用以及相关税费后的净值。在可变现净值计量下，资产按照其正常对外销售所能收到现金或者现金等价物的金额扣减该资产至完工时估计将要发生的成本、估计的销售费用以及相关税费后的金额计量。可变现净值通常应用于存货资产减值情况下的后续计量。

（四）现值

现值，是指对未来现金流量以恰当的折现率进行折现后的价值，是考虑货币时间价值的一种计量属性。在现值计量下，资产按照预计从其持续使用和最终处置中所产生的未来净现金流入量的折现金额计量。负债按照预计期限内需要偿还的未来净现金流出量的折现金额计量。

（五）公允价值

公允价值，是指在公平交易中，熟悉情况的交易双方，自愿进行资产交换或债务清偿的金额。在公允价值计量下，资产和负债按照在公平交易中，熟悉情况的交易双方自愿进行资产交换或者债务清偿的金额计量。

三、计量属性的应用原则

基本准则规定，企业在对会计要素进行计量时，一般应当采用历史成本。采用重置成本、可变现净值、现值和公允价值计量时，应当保证所确定的会计要素金额能够取得并可靠计量。

企业会计核算通常以历史成本作为基本的计量属性，是由于历史成本具有可靠、简便、可验证等其他计量属性不能比拟的优点。但是在市场经济条件下，历史成本也存在一定的缺陷，因此，人们提出了现行成本、可变现价值、公允价值等计量属性，作为对历史成本的补充。

企业会计准则体系，引入公允价值这一计量属性，是因为随着我国资本市场的发展，越来越多的股票、债券、基金等在交易所挂牌上市，使得这类金融资产的交易已经形成了较为活跃的市场，已经具备了引入公允价值的条件。在这种情况下，引入公允价值，更能真实反映企业的现实价值，与投资人等财务报告使用者的决策更具有相关性。

在引入公允价值过程中，我们充分考虑了国际财务报告准则中公允价值应用的三个级次：第一，资产或负债等存在活跃市场的，活跃市场中的报价应当用于确定其公允价值；第二，不存在活跃市场的，参考熟悉情况并自愿交易的各方最近进行的市场交易中使用的价格或参照实质上相同的其他资产或负债的当前市场价格确定公允价值；第三，不存在活跃市场，且不满足上述两个条件的，应当采用估值技术等确定其公允价值。

我国引入公允价值是适度、谨慎和有条件的。原因是考虑到我国尚属新兴的市场经济国家，如果不加限制地引入公允价值，有可能出现公允价值计量不可靠，甚至可能出现人为操作利润的现象。因此，在投资性房地产和生物资产等具体准则中规定，只有存在活跃市场、公允价值能够获得并可靠计量的情况下，才能采用公允价值计量。

第三节　会计记录

一、会计记录的意义

会计记录，是通过账户、会计凭证和账簿等载体，运用复式记账等手段，对会计要素确认和计量的结果进行记录，为编制财务会计报告积累数据的过程。

财务会计的目标，在于通过会计信息系统，向会计信息使用者提供有关财务状况和经营成果等信息。而在会计信息的生成过程中，会计要在对会计要素的确认和计量的同时进行会计记录，将确认的会计要素进行综合计价，并逐笔逐项进行记录，进行系统归类和汇总，以取得各项会计记录指标，为编制财务会计报告积累数据资料。

二、会计记录的方法

（一）设置会计科目和账户

设置会计科目和账户，是对会计对象的具体内容进行分类核算的专门方法。会计对象的具体内容包括资产、负债、所有者权益、收入、费用和利润六要素，但以六要素为单位进行直接记录和反映还过于笼统。为了对会计对象的具体内容进行系统的分类核算和记录，就要对其进行科学分类。设置会计科目及账户就是根据会计对象具体内容的不同特点和经济管理的不同要求，选择一定的标准进行分类，事先划定分类核算的项目，在账簿中开设相应的账户。通过账户分类、连续的记录经济活动情况，以取得经营管理所需的各种分类指标。正确、科学地设置会计科目及账户，是满足经济管理需要、完成会计核算任务的基础。

（二）复式记账

复式记账，是对每一项经济业务，都要以相等的金额同时在两个或两个以上相互联系的账户中进行记录的方法。复式记账是一种科学的记账方法。运用复式记账法，可以完整地反映经济业务的全貌和经济活动中资金增减变动的来龙去脉，反映经济业务的对应关系，也便于检查账簿记录的正确性。

（三）填制和审核凭证

填制和审核凭证，是为会计记录提供完整、真实的原始资料，保证账簿记录的正确和完整而采用的一种专门方法。会计凭证是用来记录经济业务内容，明确经济责任的书面证明，是登记账簿的直接依据。会计凭证分为原始凭证和记账凭证。对于已发生的经济业务，必须由经办人或单位填制和取得原始凭证，并经过审核无误后，应用复式记账原理，将经济业务的交易和事项填列在记账凭证上，作为登记账簿的依据。通过会计凭证填制和审核，可以提供真实可靠、合理合法的原始依据，保证账簿记录的真实性，也有助于会计监督的实行。

（四）登记账簿

登记账簿，是根据审核无误的凭证在账簿上连续、系统、完整地记录经济业务，分门别类地记入有关账簿的一种专门方法。登记账簿应当以记账凭证为依据，利用账户和复式记账方法，把经济业务分门别类地登记到账簿中去，并定期进行结账、对账。账簿记录对会计凭证中分散记录的经济业务内容进行了进一步的归类、汇总，使之更加系统化，以便为编制会计报表提供系统完整的数据资料。

（五）成本计算

成本计算，是按照一定对象归集经营过程中发生的各项费用，借以确定该对象的总成本和单位成本的一种专门方法。这种方法主要在企业中运用。它是制定价格、确定盈亏和加强经济核算的重要条件。通过成本计算，可以检查经营过程中所发生的费用是否符合节约的原则，这对于分析成本的高低及其形成原因、寻求降低成本的途径、提高经济效益起到重要作用。成本计算可以为经营管理中确定产品的定价策略、计算盈亏提供数字资料。

（六）财产清查

财产清查，是通过盘点实物、核对账目来查明各项财产物资和货币资金的实有数，并查核实有数与账存数是否相符的一种专门方法。在日常会计核算过程中，为了保证会计记录真实正确，必须定期或不定期地对各项财产物资、货币资金和往来款项进行清查、盘点和核对。在清查中，如果发现账实不符，应查明原因，调整账簿记录，使账存数额同实存数额保持一致，做到账实相符，保证财产物资的安全与完整。通过财产清查，可以保证会计核算资料的正确性，也可以查明各项财产物资的保管和使用情况，以便采取措施挖掘物资潜力和加速资金周转，监督财产的安全与合理使用。

三、会计记录的一般要求

会计记录是会计核算流程中最日常、最关键的环节，在会计记录过程中，必须遵循一定的标准和程序，才能真实地记录和反映企业的经营状况和经营成果。上述各种会计记录的方法是相互联系、密切配合的统一整体。在会计对经济业务进行记录和反映的过程中，不论是采用手工处理方式还是使用计算机数据处理系统，对于日常所发生的经济业务，首先要取得合法的凭证，按照所设置的账户进行复式记账，根据账簿的记录进行成本计算，再通过财产清查保证账实相符，以便为会计核算的最终环节——编制财务会计报告，提供系统、可靠的记录资料。在会计核算的实务工作中，会计记录必须满足以下一般要求：

（1）各单位必须按照国家统一的会计准则制度、财务管理制度的要求，设置会计科目和账户、复式记账、填制会计凭证、登记会计账簿、进行成本计算和财产清查。

（2）各单位必须根据实际发生的经济业务事项，取得和填制会计凭证，进行真实的会计记录，作为记账的依据。

(3) 各单位发生的各项经济业务事项，应当在依法设置的会计账簿上统一登记、核算，不得违反《会计法》和国家统一的会计制度的规定私设会计账簿进行登记、核算。

(4) 各单位对会计凭证、会计账簿、财务会计报告和其他会计记录资料，应当建立档案，妥善保管。

(5) 使用电子计算机进行会计记录核算，其软件及其生成的会计凭证、会计账簿、财务会计报告和其他会计记录资料，必须符合国家统一的会计制度的规定。

(6) 会计记录的文字应当使用中文。在民族自治地区，会计记录可以同时使用当地通用的一种民族文字。在中华人民共和国境内的外商投资企业、外国企业和其他外国组织的会计记录，可以同时使用一种外国文字。

第四节 会计循环

一、会计循环的意义

会计循环，是指一个会计主体在一定的会计期间内，从经济业务发生开始，经过会计确认、计量、记录、报告，完成会计核算的基本处理程序和过程。

会计作为一项有效有序的管理活动和完整的信息系统，需要不断提供正确的财会信息数据。会计循环既是会计核算的基本组织过程，也是会计信息产生的步骤。企业日常发生的大量且零星的经济业务，包含着大量的经济信息。会计要将这些经济信息按照会计的规则与方法加工成会计信息，提供给有关使用者，就必须经过一系列有条不紊的工作程序，进行会计确认、计量、记录和报告。

经济业务经过确认输入会计核算系统，再经过计量、记录后进行报告，是一个十分复杂的过程。首先，大量经济业务信息，只有按一定的标准或规定确认之后，才允许其进入会计核算系统；已经进入会计核算系统的信息要作为有用的信息输出，必须再一次经过确认才能够保证其有效性。其次，经过确认的经济信息还必须在会计上进行可靠的金额计量，才能采用一定的会计记录方法，在特定的载体上进行记录。最后，以会计报告的形式提供给会计信息使用者。从会计期间的角度理解会计循环，会计就是从对交易或事项的确认开始，依次经过计量、记录，实现对交易或事项的会计处理，到最后编制财务会计报告，完成一个会计期间的会计循环，下一会计期间依然按此顺序进行。在这个循环系统中，确认、计量、记录是会计人员生产会计信息的“过程”，报告是会计人员生产会计信息，满足信息使用者需要的“产品”。

二、会计循环的基本步骤

会计作为一个会计信息的生成系统，是由会计人员运用系统的会计处理方法对发生的交易或事项进行处理，在此基础上编制财务报告来完成的。这些处理方法，从会计循环角度理解，即是从确认会计要素开始，依次经过填制和审核凭证、登记账簿、成本计算、财产清查等加工程序，到最后编制财务报告，完成一次会计循环。其会计循环的基本步骤如下：

（1）初次确认。以能否符合会计确认标准分析发生的经济业务，将符合确认条件和标准的经济业务纳入会计核算系统，并确定经济业务的发生对会计要素的具体影响。

（2）记账。通过审核原始凭证，分析具体的经济业务编制会计分录、填制记账凭证或登记日记账，将能够以货币表现的经济业务记录到会计信息的载体账簿上。

（3）过账。根据已编制的记账凭证登记到分类账户中，以便分类反映各会计要素的具体项目内容。

（4）结账。将各种收入账户和费用账户结转到有关账户中，结清收入和费用账户，以便结出本期的经营成果。

（5）初编试算平衡表。根据账簿中记载的余额、发生额等编制试算平衡表，以检验账簿记录的正确性。

（6）编制期末调整分录并过账。依据权责发生制原则对分类账户的有关记录进行调整，结清损益类账户和利润账户，以便正确计算当期损益；对未入账的经济业务编制调整分录，以使各账户反映最新的情况。

（7）调整编制试算平衡表。由于编制了期末调整分录并过账，需要再次根据全部账户数据资料，编制调整后的试算平衡表，再次检验账簿记录的正确性。

（8）编制正式的财务报告。根据调整后的试算平衡表，编制正式的资产负债表和利润表等。

以上环节和步骤构成了一个完整的会计循环，比较全面地反映了一个会计主体在一定会计期间内的会计核算工作的全部内容。其中前三个环节属于会计主体日常的会计核算工作内容；后五个环节属于会计主体在会计期末的会计核算工作内容。

【本章小结】

本章分三节阐述了有关会计确认、会计计量、会计记录和会计循环等会计方法和流程方面的基本理论知识。

会计确认，是按照一定的会计标准，识别和确定发生的经济业务是否可以作为会计要素进行会计核算的会计行为。会计确认解决了会计的定性问题，包括初始确认与再确认两个过程。本章中介绍了会计确认的四个标准和对会计六要素进行确认的基本要求。

会计计量，是采用一定的计量属性来确定会计要素记账金额的过程。会计计量属性主要包括历史成本、重置成本、可变现净值、现值和公允价值。本章介绍了五种计量属性的特性及应用原则。

会计记录，是对会计要素确认和计量的结果进行记录，为编制财务会计报告积累数据的过程。本章中介绍了六种会计记录的基本方法和会计记录的一般要求。

会计循环，是指一个会计主体在一定的会计期间内，从经济业务发生开始，经过会计确认、计量、记录、报告，完成会计核算的基本处理程序和过程。本章中还介绍了会计循环的基本步骤。

【关键术语和概念】

会计确认　　会计计量　　历史成本　　公允价值　　会计记录
会计循环

【复习思考题】

1. 什么是会计确认？会计确认包括哪两个过程？

2. 会计确认的标准有哪些？对会计要素进行确认的基本要求如何？

3. 会计计量属性有哪些？

4. 什么是历史成本？采用历史成本计价的优缺点有哪些？

5. 什么是公允价值？为何采用公允价值计价？其应用范围和要求如何？

6. 会计记录主要采用哪些方法？在会计核算中，会计记录应当满足的一般要求有哪些？

7. 会计循环的基本步骤有哪些？

【练习题】

一、单项选择题

1. 再确认的标准主要是（　）。

A. 能否满足会计信息使用者的需要　B. 是否属于本会计主体
C. 能否用货币计量　D. 是否符合会计分期

2. 会计确认最基本的标准是（　）。
A. 符合会计要素的定义和特征　B. 可用货币计量
C. 经济信息的可靠性　D. 满足信息使用者的需要

3. 计量属性反映的是会计要素（　）的计量基础。
A. 性质　B. 属性　C. 金额　D. 种类

4.（　）是最基本的会计计量属性。
A. 历史成本　B. 重置成本　C. 现值　D. 公允价值

5. 可变现净值通常应用于（　）情况下的后续计量。
A. 存货资产增值　B. 存货资产减值
C. 存货资产处置　D. 存货资产重新取得

二、多项选择题

1. 初始确认的标准主要是发生的经济业务（　）。
A. 是否属于本会计主体　B. 能否用货币计量
C. 是否符合会计分期　D. 是否符合持续经营

2. 会计确认的标准主要包括（　）。
A. 符合会计要素的定义和特征　B. 可用货币计量
C. 经济信息的可靠性　D. 经济信息的相关性

3. 资产确认应坚持的标准为（　）。
A. 符合资产的定义
B. 与该资源有关的经济利益很可能流入企业
C. 能够可靠计量
D. 具有流动性

4. 负债确认应坚持的标准为（　）。
A. 符合负债的定义
B. 与该义务有关的经济利益很可能流出企业
C. 能够可靠计量
D. 具有流动性

5. 收入的确认包括（　）两方面。
A. 入账时间　B. 入账金额　C. 收入分类　D. 货币计量

6. 历史成本计价的优点在于（　）。
A. 依据可靠　B. 便于取得

C. 易于查核　　D. 真实地反映实际价值

7. 下列会计方法中属于会计记录的方法包括（ ）。

A. 设置会计科目　　B. 登记账簿

C. 财产清查　　D. 编制报告

8. 会计计量，是采用一定的计量属性，在将符合确认条件的会计要素（ ），确定其金额的过程。

A. 登记入账时　　B. 列报于财务报表时

C. 进行识别时　　D. 进行区分类别时

9. 会计记录必须满足的一般要求包括（ ）。

A. 必须按照国家统一的会计准则制度进行

B. 必须根据实际发生的经济业务事项，取得和填制会计凭证

C. 应当在依法设置的会计账簿上统一登记、核算

D. 必须使用中文

10. 下列事项中属于会计循环的应有步骤的包括（ ）。

A. 记账　　B. 结账

C. 计算成本　　D. 编制试算平衡表

三、判断是非题

1. 会计确认是会计计量的前提，会计计量是会计确认的条件。（ ）

2. 一项资源，若不能准确地计量，但能合理估计的，也可确认为资产。（ ）

3. 收入只有在经济利益很可能流入从而导致企业资产增加时才能予以确认。（ ）

4. 企业在对会计要素进行计量时，一般应当采用公允价值计价。（ ）

5. 会计记录的文字只能使用中文。（ ）

第四章　会计科目和账户

【本章学习要点】

1. 掌握会计科目的定义、分类，理解会计科目与会计要素的关系。
2. 掌握会计账户与会计科目之间的关系及其设置原理。

第一节　会计科目

一、会计科目的意义

企业发生的各项经济业务，无论多么复杂，都可以归纳为资产、负债、所有者权益、收入、费用、利润这六个会计要素的增减变化。但是，如果仅仅以这六个会计要素来归集会计数据，无疑过于笼统，难以满足会计信息使用者的具体需求。为此，需要对每个会计要素进行再分类，并在此基础上设置会计科目。

会计科目，就是根据会计核算的要求，对会计要素按照经济内容所做的进一步分类而形成的项目。设置会计科目具有如下意义：

（1）可以连续、全面、系统地反映企业的经济活动过程。会计科目是在对各个会计要素所包括的具体内容进行分类的基础上形成的，各个会计科目所反映的经济内容，既有严格的界限又有内在的联系，它们共同组成了一个完整的会计科目体系。借助于这一体系，可以把错综复杂的经济业务有条理地记录下来，便于随时了解企业在一定时期内会计要素中的哪些具体项目发生了增减变化，归集、综合全部会计科目所提供的会计数据，可以系统地反映出资产、负债，所有者权益、收入、费用、利润等各个会计要素在一定时期内的变化情况以及损益的发生和分配过程。

（2）会计科目是企业记账的首要环节。会计科目在整个会计核算方法中具有基础性地位。离开了会计科目，任何企业、事业单位都无法运用复式记账、填制会计凭证、登记账簿和编制报表等会计核算方法，会计就不可能对会计对象进行正确的核算。

（3）会计科目为会计监督提供了依据。每一会计科目都代表着特定的经济内容。这些内容规定着每一个会计科目所能反映的范围。企业、事业单位的经济活动通过会计科目在会计账簿上留下了其运动的轨迹。因此，借助会计科目及其表现的经济活动轨迹，可以实现对各企业、事业单位经济活动的合法性、合理性、真实性进行监督。

二、会计科目的设置原则

为了保证会计信息口径一致，便于理解和运用，设置会计科目一般应当考虑以下几项原则：

（一）设置会计科目，必须结合会计要素的特点

设置会计科目，必须对会计要素的具体内容进行科学分类，以便分门别类地反映和监督各项经济业务。因此，各单位应结合本单位会计要素的特点来确定应设置的会计科目。例如，工业企业是制造产品的单位，根据其业务特点，工业企业就必须设置反映和监督生产经营过程和产品生产成本的会计科目；商品流通企业不从事产品生产，而是组织商品流通，商品流通企业必须设置反映和监督商品流通业务的会计科目。

（二）设置会计科目，必须符合企业内部经济管理的要求

会计科目用于分类、记录和计算经济业务内容，是会计人员处理会计信息和储存中间会计信息的媒体，成为企业形成最终会计信息——财务会计报告的基础。在企业经济管理过程中，企业要对各项经济活动体现的全部会计信息进行分析、评价，调整经营方式、做出经营决策，而会计信息是企业从事经营管理和实行经济管理决策的重要依据。因此，企业的会计信息必须能够按照这种经济管理所需要的模式加以提供，这种需要正是在日常核算中通过设置科学、系统的会计科目得以实现的。

（三）设置会计科目，必须尽量满足外部会计信息使用者的需求

会计目标是会计工作努力的方向和应达到的目标。财务会计的目标主要是满足外部企业、外部会计信息使用者对会计信息的需求，包括满足国家有关部门进行宏观调控、外部投资者进行投资方向决策、债权人进行信贷融通等方面的需求。因此，所设置的会计科目就必须顺应这种外部需求。

（四）设置会计科目，必须做到统一性和灵活性相结合

我国目前采用的是统一会计制度，其中规定了企业应该设置的会计科目和相应的核算内容。但是，在会计实践中，往往有一些预料不到的特殊经济业务发生，无法直接在该制度中找到相应的会计科目进行核算。在这种情况下，可以根据这些特殊的经济业务内容，灵活地设置新的会计科目来进行会计核算。有的项目可以合并、有的项目可以分解。例如，低值易耗品、包装物较少的企业，可以将“低值易耗品”、“包装物”会计科目反映的内容并入“周转材料”

科目反映。

（五）设置会计科目，必须做到繁简适当

设置会计科目的繁简主要是以企业对会计要素的再分类层次来决定的。如果企业对会计要素分类层次过于简单，会造成会计信息笼统而缺乏可用性；如果对会计要素分类层次过于具体，提供的会计信息固然具有可用性，但是会增加核算工作量。因此，应根据自身的需要合理地、适当地设置会计科目。例如，所有者投入的资本在国有企业称为“实收资本”，在股份制企业称为“股本”。

（六）会计科目必须保持相对稳定

为了便于在不同时期分析、比较会计科目所反映的会计核算内容和核算指标，使得会计信息具有可比性，要求设置会计科目除非有变更必要，一般应该保持相对稳定，不能经常变动会计科目的名称、核算内容、核算方式。

三、会计科目的分类

（一）按经济内容分类

会计科目按其反映的经济内容，可以划分为资产类、负债类、所有者权益类、成本类、损益类共五大类，如表4－1所示：

表4－1　　会计科目表

序号	编号	名称	序号	编号	名称
		一、资产类	27	2221	应交税费
1	1001	库存现金	28	2231	应付利息
2	1002	银行存款	29	2241	其他应付款
3	1012	其他货币资金	30	2501	长期借款
4	1101	交易性金融资产	31	2502	应付债券
5	1121	应收票据	32	2701	长期应付款
6	1122	应收账款			三、所有者权益
7	1221	其他应收款	33	4001	实收资本
8	1131	坏账准备	34	4002	资本公积
9	1123	预付账款	35	4101	盈余公积
10	1401	在途物资	36	4103	本年利润
11	1403	原材料	37	4104	利润分配

（续上表）

序号	编号	名称	序号	编号	名称
12	1411	周转材料			四、成本类
13	1408	委托加工物资	38	5001	生产成本
14	1404	材料成本差异	39	5101	制造费用
15	1405	库存商品			五、损益类
16	1601	固定资产	40	6001	主营业务收入
17	1602	累计折旧	41	6051	其他业务收入
18	1604	在建工程	42	6111	投资收益
19	1605	工程物资	43	6301	营业外收入
20	1701	无形资产	44	6401	主营业务成本
21	1702	累计摊销	45	6403	营业税金及附加
		二、负债类	46	6402	其他业务成本
22	2001	短期借款	47	6603	财务费用
23	2201	应付票据	48	6602	管理费用
24	2202	应付账款	49	6601	销售费用
25	2203	预收账款	50	6801	所得税费用
26	2211	应付职工薪酬	51	6711	营业外支出

（二）按提供核算指标的详略程度分类

在生产经营过程中，由于经济管理的要求不同，所需要的核算指标的详细程度也就不同。根据经济管理的要求，既需要设置提供总括核算资料的一级科目，又需要设置提供详细核算资料的二级科目和三级科目。

（1）一级科目。亦称总账科目或总分类科目，它是对会计要素的具体内容进行总括分类的科目，是进行总分类核算的依据。为了满足国家宏观经济管理的需要，一级科目原则上由国家统一规定。表4－1中列示了《企业会计准则》和《企业会计制度》中常用的一级科目。

（2）二级科目。亦称二级明细分类科目或子目。是在一级科目的基础上，对一级科目所反映的经济内容进行较为详细分类的会计科目。例如，在“原材料”一级科目下，按材料类别开设“原料及主要材料”、“辅助材料”、“燃料”等二级科目。

（3）三级科目。亦称三级明细分类科目或细目。是在二级科目的基础上，对二级科目所反映的经济内容进行较为详细分类的会计科目。例如，在“原料及主要材料”二级科目下，按材料的品种、规格开设三级明细科目。大多数三级明细分类科目由企业根据经营管理的需要自行设置。

综上所述，一级科目是最高层次的会计科目，控制和统驭着二级科目和三级科目；二级科目是对一级科目的补充说明，控制和统驭着三级科目，是介于一级科目与三级科目之间起沟通作用的会计科目；三级科目是对二级科目和一级科目更详细的补充说明。它们相互联系，相互补充，组成了一个完整的会计科目体系。

第二节　账　户

一、账户与会计科目的联系与区别

账户是根据会计科目设置的，用以分类记录经济业务并初步加工数据的工具。例如，根据“库存现金”科目，可以设置“库存现金”账户，用以分别记录库存现金的收款、付款和结存余额。

设置会计科目只是解决了会计数据的分类，而会计数据的分类记录则需要通过设置账户来完成。账户是根据会计科目设置的、用以分类记录并初步加工有关数据的工具。例如，根据“原材料”科目，可以设置“原材料”账户，用以分别记录材料的收入、发出与结存数据。可见，只有设置账户，才能按照会计科目分门别类地记录有关分类数据，以便进一步加工处理，形成更全面、更系统的会计信息，满足用户的需要。

会计账户和会计科目之间的联系表现为：①二者的经济内容相同，都是会计对象的具体内容，即对会计要素的具体分类；②使用二者的目的相同，都是为了能够系统地记录各种经济业务，反映会计要素具体项目的增减变化情况；③会计科目是会计账户的设置依据，一个会计科目可以对应地设置一个会计账户。

会计账户和会计科目之间的区别表现为：①二者体现为“名”和“实”的差别，即会计科目是被核算要素的名称，会计账户是被核算要素的实体，同样可以理解为会计科目是会计账户的名称，会计账户是会计科目的实体；②二者体现为“形式”和“内容”的差别，即会计科目是被核算要素的形式，会计账户是被核算要素的内容；③二者体现为程序上的先后差异，即为了核算会计要素增减变化情况，首先要设置会计科目，然后再设置会计账户；④二者体现为结构和格式上的差异，会计科目本身不存在结构和格式问题，会计账户则存在一定的结构和格式。

二、账户的基本结构

账户的结构是指账户中如何记录经济业务，用以反映特定的经济内容，以便取得各种必要的指标。

企业的会计要素，随着经济业务的发生不断进行着数量上的增减变动。因此，用来分类记录经济业务的账户必须具有一定的结构。由于各项经济业务引起的会计要素的变动不外乎增加和减少两种情况，因此，账户必须分为左右两方，一方登记增加，另一方则登记减少。同时，还需要反映增减变动的结果，即余额。

在实际工作中，账户的基本结构包括：①账户名称，即会计科目；②日期，即在账户中记录经济业务的日期；③凭证号数，即记账凭证的号数，用以说明账户记录的资料来源；④摘要，即对经济业务内容的概括说明；⑤金额，即本期发生的增加金额、减少金额和一定时点上的余额。一般账户的格式，如图4－1所示：

账户名称（会计科目）

年		凭证号	摘要	左方金额	右方金额	余额
月	日					

图4－1 账户结构的一般格式

账户的左右两方是按照相反的方向记录增加额和减少额的，也就是说，如果账户的左方记录增加额，则在右方记录减少额；反之，如果账户在右方记录增加额，则在左方记录减少额。至于哪一方记增加金额，哪一方记减少金额，则取决于账户所反映的经济内容和性质，下一章再详细说明。账户左、右两方金额相抵后的差额，称为账户的余额。账户的余额一般与记录增加额在同一个方向。在账户中所记录的金额有以下四种：

（1）本期增加额，是指一定时期（月度、季度或年度）内账户所登记的增加金额的合计，也称为本期增加发生额。

（2）本期减少额，是指一定时期（月度、季度或年度）内账户所登记的减少金额的合计，也称为本期减少发生额。

（3）期末余额，是指本期增加发生额和本期减少发生额相抵后的差额和期初余额按一定的公式计算出来的数额，即月末、季末、年末计算出来的账户余额。

（4）期初余额，上期期末余额就是本期期初余额，本期期末余额就是下期期初余额。

以上四项金额的关系，可用下列等式表示：

期末余额 = 期初余额 + 本期增加发生额 − 本期减少发生额

为了便于教学，在教科书中将账户的结构简化为“丁”字形账户或称“T”形账户，如图4－2所示：

左方（借方）　　　　账户名称　　　　右方（贷方）

图4－2　“T”形账户的基本结构图

与会计科目有一级科目、二级科目和三级科目相对应，账户也有一级账户、二级账户与三级账户。根据一级科目开设的账户，叫做一级账户，亦称总分类账户，用货币量度记录各项经济业务，提供资产、负债、所有者权益、成本、损益各方面总括的核算资料；根据二级科目和三级科目开设的账户，分别叫做二级明细分类账户与三级明细分类账户，用以记录各项经济业务，提供某一会计科目的具体的、详细的核算资料。

【本章小结】

会计科目，就是根据会计核算的要求，对会计要素按照经济内容所做的进一步分类而形成的项目。设置会计科目可以连续、全面、系统地反映企业的经济活动过程；为企业记账打好基础；为会计监督提供了依据。

设置会计科目，必须结合会计要素的特点，必须符合企业内部经济管理的要求，必须尽量满足外部会计信息使用者的需求，必须做到统一性和灵活性相结合，必须做到繁简适当，必须保持相对稳定。

会计科目按其反映的经济内容，可以划分为资产类、负债类、所有者权益类、成本类、损益类共五大类；按提供核算指标的详略程度分为一级科目、二级科目与三级科目。

账户是根据会计科目设置的、用以分类记录并初步加工有关数据的工具。账户与会计科目二者反映的经济内容是相同的。但是，会计科目只表明了某项经济内容，而账户不仅表明了相同的经济内容，而且有一定的结构与格式。

与会计科目有一级科目、二级科目和三级科目相对应，账户也有一级账户、二级账户与三级账户。

【关键术语和概念】

会计科目　　总分类科目　　明细分类科目　　账户　　账户的基本结构

【复习思考题】

1. 设置会计科目有什么意义？如何设置会计科目？
2. 试述账户的基本结构。
3. 会计科目与账户有何联系和区别？

【练习题】

一、单项选择题

1. 会计科目是（　）。

　A. 会计要素的名称　　B. 报表的项目

　C. 账户的名称　　D. 账簿的名称

2. 账户的基本结构分为（　）。

　A. 上下两部分　　B. 左右两部分

　C. 前后两部分　　D. 发生额、余额两部分

3. 账户是根据（　）开设的。

　A. 会计准则　　B. 会计制度的规定

　C. 会计科目　　D. 会计报表

4. 账户的余额一般与（　）在一方。

　A. 增加额　　B. 减少额　　C. 金额　　D. 发生额

5. 以下各项目属于会计科目的有（　）。

　A. 应收购货单位款项　　B. 应付销货单位款项

　C. 在途物资　　D. 投入资本

6. 会计对象的具体划分是（　）。

　A. 会计科目　　B. 会计原则　　C. 会计要素　　D. 会计账户

7. 经济业务发生仅涉及资产这一会计要素时，只引起该要素中某些项目发生（　）变动。

　A. 同增　　B. 同减　　C. 一增一减　　D. 不增不减

8. 引起资产和权益同时增加的业务有（　）。

　A. 从银行提取现金　　B. 从银行借款存入银行

C. 用银行存款上交税费　　D. 用银行存款支付前欠购货款

9. 某企业资产总额为 150 万元，当发生下列两笔经济业务后：①向银行借款 10 万元存入银行；②用银行存款偿还应付账款 15 万元，其权益总计为（　）。

A. 145 万元　　B. 175 万元　　C. 155 万元　　D. 125 万元

二、多项选择题

1. 账户一般应包括（　）内容。

A. 账户名称　　B. 日期和摘要

C. 凭证号数　　D. 增加或减少金额

2. 账户中各项金额的关系可用（　）表示。

A. 本期期末余额 = 期初余额 + 本期增加发生额 − 本期减少发生额

B. 本期期末余额 + 本期减少发生额 = 期初余额 + 本期增加发生额

C. 本期期末余额 = 本期增加发生额 + 本期减少发生额

D. 本期期末余额 = 期初余额

3. 下列各项中，反映长期资产的账户有（　）。

A. 应收票据　　B. 固定资产　　C. 累计折旧　　D. 无形资产

4. 下列各项中，反映流动负债的账户有（　）。

A. 应交税费　　B. 应付债券　　C. 应付利息　　D. 预付账款

5. 下列各项中，反映所有者权益的账户有（　）。

A. 长期借款　　B. 本年利润　　C. 利润分配　　D. 盈余公积

6. 下列各项目中，属于损益类会计科目的有（　）。

A. 长期待摊费用　B. 制造费用　　C. 所得税费用　　D. 营业外收入

7. 账户的哪一方记增加，哪一方记减少，取决于（　）。

A. 记账方法　　B. 账户的类别

C. 账户结构　　D. 经济管理的需要

8. 下列项目中，属于资产类账户的有（　）。

A. 预付账款　　B. 未分配利润　　C. 无形资产　　D. 盈余公积金

9. 企业设置会计科目的数量和粗细程度应根据（　）而确定。

A. 企业规模的大小　　B. 企业业务的繁简

C. 管理的需要　　D. 对外报告的要求

10. 下列属于负债类会计科目的有（　）。

A. 累计折旧　　B. 预付账款

C. 预收账款　　D. 待处理财产损溢

三、计算题

（一）计算题一

账户名称	期初余额	本期借方发生额	本期贷方发生额	期末余额
库存现金	6 450	1 320		770
短期借款	40 000	10 000		100 000
应收账款	12 500		2 800	75 520
实收资本	500 000		200 000	700 000
原材料	42 000	25 000		44 000
银行存款		54 800	34 000	57 400
应付账款	18 000		26 676	12 001
固定资产	85 000	27 000	10 000	

要求：根据各类账户的结构。计算并填写上列表格的空格。

（二）计算题二

根据账户中各项金额的关系，在下列“T”形账户的“__________”上填上有关数字。

借方　　　银行存款　　　贷方

借方	贷方
期初余额 140 000 ① 60 000	① 30 000 ② ________
本期发生额 60 000 期末余额 136 000	本期发生额______

借方　　　应交税费　　　贷方

借方	贷方
① ________ ② 500	期初余额 6 000 ① 400 ② 600
本期发生额______ 期末余额 5 000	本期发生额 1 000

借方	库存现金	贷方
期初余额		
① 200	① 700	
② 400		
本期发生额 ____	本期发生额 700	
期末余额 200		

借方	应交税费	贷方
① 1 500	期初余额 7 000	
② ____	① 1 000	
本期发生额2 000	本期发生额1 000	
	期末余额 ____	

四、业务分析题

（一）业务题一

华联股份有限公司在日常会计处理过程中，经常使用以下会计科目：

银行存款	实收资本	在途物资	原材料	制造费用
应付账款	应收账款	生产成本	库存商品	主营业务收入
主营业务成本	短期借款	固定资产	累计折旧	现金
财务费用	利润分配	盈余公积	销售费用	管理费用

要求：请你将上列会计科目分别归于某一类。

（二）业务题二

华联股份有限公司3月末各项目余额如下：

1. 银行里的存款120 000元；
2. 投资者投入资本7 000 000元；
3. 向银行借入两年期的借款600 000元；
4. 出纳处存放现金1 500元；
5. 向银行借入半年期的借款500 000元；
6. 仓库里存放的原材料519 000元；
7. 应付外单位货款80 000元；
8. 机器设备价值2 500 000元；
9. 房屋及建筑物价值420 000元；
10. 仓库里存放的产成品194 000元；
11. 应收外单位货款100 000元；
12. 以前年度尚未分配的利润750 000元；
13. 正在加工中的产品75 500元；
14. 对外长期投资5 000 000元。

要求：

（1）判断上列资料中各项目的类别（资产、负债、所有者权益），并将各项目金额填入下表。

（2）计算表内资产总额、负债总额、所有者权益总额，并检验是否符合会计基本等式。

项目	金额		
	资产	负债	所有者权益
合计			

第五章　复式记账

【本章学习要点】

1. 了解记账方法演变的历史过程。

2. 掌握借贷记账法的原理及其应用。

第一节　记账方法概述

一、单式记账法

在近代会计产生之前，世界上普遍采用单式记账法。单式记账法是指对发生的经济业务，只在一个账户中进行记录的记账方法。单式记账法通常仅用来记录货币资金、债权、债务的增减变化，而对引起这种变化的原因所表现的其他要素的变化不做记录。在单式记账法下，通常只设置“现金”、“银行存款”、“应收账款”、“应付账款”这几个账户。

[例5－1]　运用单式记账法对以下业务进行记录：

（1）用银行存款购买原材料80 000元；

（2）销售产品160 000元，取得的款项存入银行。

业务（1）分析：由于购买行为的发生，一方面导致银行存款减少80 000元，另一方面又导致原材料增加80 000元。在单式记账法下只记录“银行存款”账户减少80 000元，而不记录“原材料”账户增加80 000元。至于需要核实原材料的结存数量和价值，只有等到对原材料盘存后方可查明。

业务（2）分析：由于销售行为的发生，一方面导致银行存款增加160 000元，另一方面又导致销售收入增加160 000元。在单式记账法下只记录“银行存款”账户增加160 000元，而不记录“销售收入”账户增加160 000元。至于说需要核实一段时期以来的销售收入情况，只有等到对产成品的增减结存盘点后方可查明。

从上例可以看出，单式记账法虽然记账时仅记录一个会计账户，简化了会计记账的工作量，但是它仍然存在以下缺点：①不利于考核和分析有关业务数据；②各个记录的数据之间不存在牵制关系，一旦记录错误，不易查找；③不能反映每个经济业务的来龙去脉；④由于其账户体系不完整，因此单式记账法所记录的数据也是不完整的，不符合现代会计核算要求和信息质量要求。

因此，单式记账法被淘汰是理所当然的，是顺应历史发展需要的。十二三世纪时期，复式记账法在单式记账法的基础上得以萌芽，到15世纪时期，已经发展得比较完善和成熟。1494年，意大利著名数学家卢卡·帕乔利在其所著的《算术、几何、比及比例概要》一书中系统地论述了复式记账的基本理论和应用原理。随着复式记账法被普遍推广应用，单式记账法逐步失去了它原有的会计市场，慢慢地退出会计历史舞台。

二、复式记账法

(一) 复式记账法与单式记账法的比较

复式记账法是指对发生的每一项经济业务，都以相等的金额在相互关联的两个或者两个以上账户中进行记录的记账方法。它是以会计等式为依据建立的一种记账方法。

[例5-2]　按照定义所述的要求，对例5-1给出的两个业务，运用复式记账法进行记账：

分析业务（1）：在复式记账法下，一方面要记录“银行存款”账户减少80 000元，同时要记录“原材料”账户增加80 000元。这样，既可以根据“银行存款”账户及时查明银行存款的结余数，又可以根据“原材料”账户查明其结存数量和价值。

分析业务（2）：在复式记账法下，一方面要记录“银行存款”账户增加160 000元，同时要记录“主营业务收入”账户增加160 000元。这样，既可以及时查明银行存款的结余数，又可以根据所记的“主营业务收入”账户查明收入的总体实现情况。

与单式记账法相比，复式记账法具有如下优点：

（1）设置了完整的账户体系，能够完整、全面地反映经济业务的发生情况；

（2）至少在两个对应会计账户中进行记录，使得经济业务的来龙去脉关系在账面上一目了然；

（3）对于每一笔经济业务至少在两个账户中进行“等额”记录，因此形成了账户与账户之间数据的“等额”牵制关系，有利于及时发现记录错误和进行试算平衡；

（4）利于对经济业务的分析、考核和控制，是现代会计监督和经济管理所采用的科学方法。

(二)复式记账法遵行的原则

(1)以会计等式作为记账基础;

(2)每项经济业务,必须在两个或两个以上相互联系的账户中进行等额记录;

(3)必须按经济业务对会计等式的影响类型进行记录;

(4)定期汇总的全部账户记录必须平衡。

复式记账试算平衡有发生额平衡法和余额平衡法两种。

发生额平衡法的计算公式是:

资产类账户增加额合计+权益类账户减少额合计=权益类账户增加额合计+资产类账户减少额合计

余额平衡法的计算公式是:

资产账户期末余额合计 = 权益账户余额合计

第二节 借贷记账法原理

一、借贷记账法的记账符号

借贷记账法是以“借”和“贷”为记账符号,把发生的经济业务所引起会计要素的增减变动,以相等的金额,同时在两个或者两个以上的会计账户中,相互联系、相互制约地进行登记的一种复式记账方法。

根据借贷记账法的定义,其记账符号是“借”和“贷”,据以记录会计要素的增减变化。“借”和“贷”最初(十二三世纪)是在意大利借贷资本家把货币作为商品进行经营时出现的,借贷资本家把贷出的款项记录在“借主”(Debitor,简写为Dr.)的名下,表示自身债权的增加(应收款);把借入的款项记录在“贷主”(Creditor,简写为Cr.)的名下,表示自身债务的增加(应付款)。随着时间的推移和商品经济的日益发展,经济业务越来越复杂,借贷资本家应记录的经济业务不仅仅包括以前的货币借贷业务,而且包括财产物资、经营损益、经营资本等诸多方面。为了对每一类业务都能进行记录,同时保证对每一个方面业务的记账方式一致,借贷资本家开始用“借”和“贷”记录货币资金和非货币资金业务。这样,“借”和“贷”二字逐渐失去了原来的经济含义,进而转化为一种纯粹的记账符号,变成专门的会计术语。在15世纪,借贷记账法被用来反映资本的存在形态和所有者权益的增减变化情况,使得借贷记账法得以完善。

“借”和“贷”记账符号有着特定的经济含义,主要用来表示记录会计要素的增加金额或减少金额。至于“借”在什么情况下表示为增加，什么情况下表示为减少，以及“贷”在什么情况下表示为增加，什么情况下表示为减少，完全取决于账户性质的不同。但是，在同一会计账户中“借”和“贷”按照相反的方向表示增加或减少，即在同一会计账户中，当“借”表示为增加时，“贷”必然表示为减少，反之亦然。“借”和“贷”在不同性质的账户中的具体含义见表5-1：

表5-1　“借”和“贷”含义表

账户类别	借的含义	贷的含义	余额方向
资产类	增加	减少	借
负债类	减少	增加	贷
所有者权益类	减少	增加	贷
成本类	增加	减少	无
损益类中的收入收益类	减少	增加	无
损益类中的费用支出类	增加	减少	无

二、借贷记账法下的账户结构

借贷记账法的账户主要是按照会计科目进行设置，即包括资产类、负债类、所有者权益类、成本类、损益类。如果有必要，还可以设置一些具有双重性质的账户，如“内部往来”、“其他往来”等账户，这些账户需根据它们的期末余额来确定其所属类别。

在借贷记账法下，每个账户的左方为借方，右方为贷方，期初余额和期末余额与账户记录增加数额的方向一致。属于借方所记录的各项经济业务数额的合计数称为本期借方发生额，属于贷方所记录的各项经济业务数额的合计数称为本期贷方发生额。以下按照各种性质的账户分别说明其结构。

（一）资产类账户结构

资产类账户的借方表示记录资产的增加数额，贷方表示记录资产的减少数额，期末余额在该类账户的借方。资产类账户的基本结构参见图5-1和图5-2。资产类账户期末余额的计算公式如下：

资产类账户期末余额=期初余额（借方）+本期借方发生额-本期贷方发生额

账户名称： 第　页

年		凭证号	摘要	借方	贷方	余额方向	余额
月	日						

图 5－1　资产类账户结构的一般格式

借方　资产类账户名称　贷方

借方	贷方
期初余额 ×××	
本期增加 ××× ××× ×××	本期减少 ××× ××× ×××
本期借方发生额 ×××	本期贷方发生额 ×××
期末余额 ×××	

图 5－2　资产类“T”形账户的基本结构图

（二）负债和所有者权益类账户结构

负债和所有者权益类账户结构完全一致，这两类账户的借方表示记录负债（所有者权益）的减少数额，贷方表示记录负债（所有者权益）的增加数额，期末余额在该类账户的贷方。负债和所有者权益类账户的基本结构参见图 5－3 和图 5－4。负债和所有者权益类账户期末余额的计算公式如下：

负债和所有者权益类账户期末余额＝期初贷方余额＋贷方本期发生额－借方本期发生额

账户名称： 第 页

年		凭证号	摘要	借方	贷方	余额方向	余额
月	日						

图 5－3 负债和所有者权益类账户结构的一般格式

借方		负债和所有者权益类账户名称	贷方
		期初余额	×××
本期减少	×××	本期增加	×××
	×××		×××
	×××		×××
本期借方发生额	×××	本期贷方发生额	×××
		期末余额	×××

图 5－4 负债和所有者权益类“T”形账户的基本结构图

（三）成本类账户结构

成本类账户的基本结构与资产类的账户结构基本一致，在成本类账户中，“生产成本”账户与资产类账户完全一致，期末余额的方向和记账方法可以参照资产类账户结构；“制造费用”账户由于在会计期末要把汇集的各项费用按照一定的标准分配到“生产成本”账户中，所以“制造费用”账户期末一般没有余额。成本类账户的基本结构参见图 5－5 和图 5－6。

账户名称： 第 页

年		凭证号	摘要	借方	贷方	余额方向	余额
月	日						

图 5－5 成本类账户结构的一般格式

借方　　　　　　成本类账户名称　　　　　　贷方

期初余额	0		
本期增加	×××	本期减少	×××
	×××		×××
	×××		×××
本期发生额	×××	本期发生额	×××
期末余额	0		

图 5－6　成本类“T”形账户的基本结构图

（四）损益类账户结构

1. 收入和收益类的账户结构

它们的账户结构与负债类、所有者权益类的账户结构一致，借方记录收入的减少数额或转出数额，贷方记录收入的增加数额，期末没有余额。这主要是因为到会计期末，需按规定把全部收入转出并与费用比较，计算当期最后财务成果。该类账户的基本结构参见图 5－7 和图 5－8。

账户名称：　　　　　　　　　　　　　　　　　　第　　页

年		凭证号	摘要	借方	贷方	余额方向	余额（期末无余额）
月	日						

图 5－7　收入和收益类账户结构的一般格式

借方　　　　　　收入和收益类账户名称　　　　　　贷方

		期初余额	0
本期减少	×××	本期增加	×××
	×××		×××
	×××		×××
本期发生额	×××	本期发生额	×××
		期末余额	0

图 5－8　收入和收益类“T”形账户的基本结构图

2. 费用和支出类账户结构

它们的账户结构与资产类、成本类的账户结构一致，借方记录费用和支出的增加数额或转入数额，贷方记录费用和支出的减少数额或转出数额，期末没有余额。同样是因为到会计期末，需按规定把全部费用转出并与收入比较，计算当期最后财务成果。该类账户的基本结构可参见成本类账户结构，图5－5和图5－6。

三、借贷记账法的记账规则

"有借必有贷、借贷必相等"是借贷记账法的记账规则。这一规则的基本内容是：①把业务发生的金额记入一个会计账户借方的同时，必然要记入另一个（或几个）会计账户的贷方；反之，把业务发生的金额记入一个会计账户贷方的同时，必然要记入另一个（或几个）会计账户的借方。②记入会计账户借方的金额与记入贷方的金额必然相等。可以从不同角度理解借贷记账法的记账规则。

（一）从会计恒等式方面理解

会计恒等式理论告诉我们：①经济业务的发生会引起恒等式左右两边会计要素同时增加或同时减少。这要求我们必须在记账时用一个会计账户记录等式左边受影响的会计要素，同时也要用另一个（或几个）会计账户记录等式右边受影响的会计要素，并且两边记账金额是一致的。②当经济业务单独影响会计恒等式左边有关会计要素时，引起恒等式左边会计要素不同具体项目一个在数量上增加，同时另一个减少；经济业务单独影响会计恒等式右边有关会计要素时也是如此。这要求我们必须在记账时，用一个会计账户记录等式左边受影响的会计要素，并且用另一个（或几个）账户记录另外受影响的会计要素，记账金额要一致。显然，当经济业务单独影响会计恒等式右边的会计要素时，记账法则也是如此。

（二）从复式记账原理方面理解

复式记账法要求把发生的经济业务所引起会计要素的增减变动，以相等的金额，同时在两个或者两个以上的会计账户中，相互联系、相互制约地进行登记。作为复式记账方法的一个种类，借贷记账法对发生的经济业务进行记录时，必须相互联系地在两个或者两个以上的会计账户中记录受影响的会计要素项目，同时记录的金额必须相等。

（三）从借贷记账法的账户结构方面理解

借贷记账法的账户结构告诉我们：任何一个会计账户分为借方、贷方和余额。按照这种账户结构，在记录经济业务时，把受经济业务影响的一个会计要素记录到对应的账户的借方，同时必须把受经济业务影响的另一个（或几个）

会计要素记录到另一个（或几个）会计账户的贷方，而且双方金额必须一致。反之，亦然。

（四）从经济业务对会计要素的影响和账户结构方面同时进行理解

经济业务发生后对会计要素的影响主要包括四类经济业务，见图5－9：

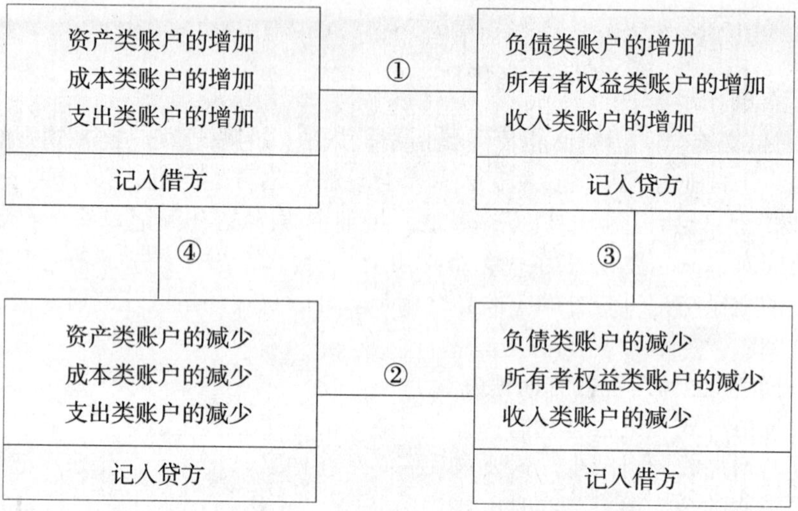

图5－9　借贷记账规则下的经济业务类型图

第一类经济业务：引起资产和负债或所有者权益的同时增加。结合会计账户的结构进行分析，对这类业务进行记录时，一方面要将发生的金额记录到资产类账户的借方，另一方面同时要以相同金额记录到负债或所有者权益账户的贷方。

第二类经济业务：引起资产和负债或所有者权益的同时减少。结合会计账户的结构进行分析，对这类业务进行记录时，一方面要将发生的金额记录到资产类账户的贷方，另一方面同时以相同金额记录到负债或所有者权益账户的借方。

第三类经济业务：引起资产一增一减。结合会计账户的结构进行分析，对这类业务进行记录时，一方面要将发生的金额记录到某一资产类账户的借方，另一方面同时以相同金额记录到另一个资产类账户的贷方。

第四类经济业务：引起负债或所有者权益一增一减。结合会计账户的结构进行分析，对这类业务进行记录时，一方面要将发生的金额记录到某一负债或所有者权益类账户的贷方，另一方面同时以相同金额记录到另一个负债或所有者权益类账户的借方。

第三节　借贷记账法应用

一、运用借贷记账规则的基本程序

第一步，正确分析经济业务对哪些会计要素的增减变化具有影响；

第二步，正确分析经济业务对各会计要素的哪些具体项目（即会计科目）增减变化具有影响；

第三步，正确使用这些会计科目对应的会计账户，并分析在哪些会计账户中记录增加金额、在哪些账户中记录减少金额；

第四步，正确分析这些会计账户的性质（类别）和结构如何，分析增加金额记入在哪个账户的借方（或贷方），同时将减少的金额记入在哪个账户的贷方（或借方），然后进行记账。下面举例阐述借贷记账法的运用。

［例 5－3］　华联股份有限公司 2012 年 3 月 31 日的财务状况如表 5－2 所示：

表 5－2　　**华联股份有限公司资产负债表**

日期：2012 年 3 月 31 日　　单位：元

资产	金额	负债及所有者权益	金额
库存现金	500 000	负债：短期借款	600 000
银行存款	1 000 000	长期借款	1 200 000
应收账款	800 000	应付账款	500 000
原材料	700 000	应交税费	200 000
库存商品	1 300 000	负债合计	2 500 000
固定资产	2 200 000	所有者权益：	
无形资产	500 000	实收资本	3 000 000
		资本公积	900 000
		盈余公积	600 000
		所有者权益合计	4 500 000
资产合计	7 000 000	负债及所有者权益合计	7 000 000

华威制造公司 2012 年 4 月份发生以下经济业务：

(1) 1 日，收到 M 公司归还的前欠货款 800 000 元，存入银行。

分析：本业务影响银行存款的增加，同时影响应收账款的减少，因此应将增加的 800 000 元银行存款记入“银行存款”账户的借方，同时应将减少的 800 000 元应收账款记入“应收账款”账户的贷方。

借方	应收账款	贷方
		(1) 800 000

借方	银行存款	贷方
(1) 800 000		

(2) 2 日，购买原材料 1 000 000 元，其中 800 000 元用银行存款支付，另外 200 000 元根据合同在以后支付。

分析：本业务影响原材料增加、同时影响银行存款的减少和负债中的应付账款增加，因此应将增加的 1 000 000 元原材料记入“原材料”账户的借方，同时应将减少的 800 000 元银行存款记入“银行存款”账户的贷方和将增加的 200 000 应付账款记入“应付账款”账户的贷方。

借方	银行存款	贷方
		(2) 800 000

借方	原材料	贷方
(2) 1 000 000		

借方	应付账款	贷方
		(2) 200 000

(3) 5 日，用银行存款支付上月应交税费 100 000 元。

分析：本业务影响银行存款的减少，同时影响应交税费的减少，因此，应将减少的 100 000 元记入“应交税费”账户的借方，同时应将减少的银行存款记入“银行存款”账户的贷方。

借方	银行存款	贷方
		(3) 100 000

借方	应交税费	贷方
(3) 100 000		

（4）8 日，生产部门领用原材料 1 500 000 元用于生产 A 产品。

分析：本业务影响原材料的减少，同时影响生产成本的增加，因此应将增加的 1 500 000 元记入“生产成本”账户的借方，同时应将减少的 1 500 000 元记入“原材料”账户的贷方。

借方	原材料	贷方
		（4）1 500 000

借方	生产成本	贷方
（4）1 500 000		

（5）10 日，销售 A 产品 1 500 000 元，收到货款并存入银行。

分析：本业务影响银行存款的增加，同时影响主营业务收入的增加，因此应将增加的 1 500 000 元银行存款记入“银行存款”账户的借方，同时应将增加的 1 500 000 元收入记入“主营业务收入”账户的贷方。

借方	主营业务收入	贷方
		（5）1 500 000

借方	银行存款	贷方
（5）1 500 000		

（6）15 日，用银行存款支付上月前欠货款 500 000 元。

分析：本业务影响银行存款的减少，同时影响应付账款的减少，因此应将减少的 500 000 元应付账款记入“应付账款”账户的借方，同时应将减少的 500 000元银行存款记入“银行存款”账户的贷方。

借方	银行存款	贷方
		（6）500 000

借方	应付账款	贷方
（6）500 000		

（7）20 日，用银行存款支付水电费用 400 000 元，其中 300 000 元属于生产 A 产品的车间耗用，100 000 元属于公司管理部门耗用。

分析：本业务影响银行存款的减少，同时影响制造费用和管理费用的增加，因此，应将增加的 300 000 元记入“制造费用”账户的借方，增加的 100 000元记入“管理费用”账户的借方，同时将减少的 400 000 元记入“银行存款”账户的贷方。

借方	银行存款	贷方
		（7）400 000

借方	制造费用	贷方
（7）300 000		

借方	管理费用	贷方
（7）100 000		

（8）25 日，用资本公积转增资本金 500 000 元。

分析：本业务影响资本公积的减少，同时影响实收资本的增加，因此应将减少的 500 000 元资本公积记入“资本公积”账户的借方，同时应将增加的 500 000 元实收资本记入“实收资本”账户的贷方。

借方	实收资本	贷方
		（8）500 000

借方	资本公积	贷方
（8）500 000		

（9）30 日，结转本月已经销售 A 产品的成本 1 100 000 元。

分析：本业务影响库存商品的减少，同时影响主营业务成本的增加，应将减少的 1 100 000 元产成品记入“库存商品”账户的贷方，同时应将增加的 1 100 000 元成本记入“主营业务成本”账户的借方。

借方	库存商品	贷方
		（9）1 100 000

借方	主营业务成本	贷方
（9）1 100 000		

二、会计分录

为了保证账户记录的正确性，对每一项经济业务，在记入有关账户之前，首先应根据经济业务发生时取得或填制的原始凭证编制会计分录。会计分录是指对每一项经济业务，按照借贷记账法的记账规则，分别表明应记账户的名称、记账方向（借或贷）及其金额的一种会计记录。会计分录实际上是会计记账凭证的简化格式。现根据例 5－3 的资料，用借贷记账法编制的会计分录如下：

[例5-4]　华星制造公司2012年4月份发生的经济业务和分析情况，可以将每个经济业务的会计分录编制如下：

(1) 1日，收到M公司归还的前欠货款800 000元，存入银行。

借：银行存款　　800 000

　贷：应收账款　　800 000

(2) 2日，购买原材料1 000 000元。其中800 000元用银行存款支付，另外200 000元根据合同在以后支付。

借：原材料　　1 000 000

　贷：银行存款　　800 000

　　　应付账款　　200 000

(3) 5日，用银行存款支付上月应交税费100 000元。

借：应交税费　　100 000

　贷：银行存款　　100 000

(4) 8日，生产部门领用原材料1 500 000元用于生产A产品。

借：生产成本　　1 500 000

　贷：原材料　　1 500 000

(5) 10日，销售A产品1 500 000元，收到货款并存入银行。

借：银行存款　　1 500 000

　贷：主营业务收入　　1 500 000

(6) 15日，用银行存款支付上月前欠货款500 000元。

借：应付账款　　500 000

　贷：银行存款　　500 000

(7) 20日，用银行存款支付水电费用400 000元。其中300 000元属于生产A产品的车间耗用，100 000元属于公司管理部门耗用。

借：制造费用　　300 000

　　管理费用　　100 000

　贷：银行存款　　400 000

(8) 25日，用资本公积转增资本金500 000元。

借：资本公积　　500 000

　贷：实收资本　　500 000

(9) 30日，结转本月已经销售A产品的成本1 100 000元。

借：主营业务成本　　1 100 000

　贷：库存商品　　1 100 000

会计分录有简单分录和复合分录之分。简单会计分录是指由一个账户的借方与另一个账户的贷方相对应组成的会计分录，或者说是只涉及两个账户的会计分录。复合会计分录是指由一个账户的借方（或贷方）与另几个账户的贷方（或借方）相对应组成的会计分录。一般来说，大部分的复合会计分录都是由几个简单的会计分录合并而成的。因此，上述第二笔业务复合会计分录可以分解为两个简单的会计分录。

借：原材料　　800 000
　贷：银行存款　　800 000

借：原材料　　200 000
　贷：应付账款　　200 000

运用复式记账法处理经济业务，一笔业务所涉及的几个账户之间必然存在着某种相互依存的对应关系，这种关系称为账户的对应关系。存在着对应关系的账户称为对应账户。在借贷记账法下，这种账户对应关系表现为经济业务发生后影响两个或两个以上会计账户之间的应借应贷关系。账户对应关系可以如实反映经济业务的真实情况，并可以为检查会计处理和会计记录的正确性、合法性提供依据。例如，用银行存款购买原材料，此业务将影响“银行存款”账户的减少和“原材料”账户的增加，并需要在这两个账户中进行记录，此时，应借的“原材料”账户和应贷的“银行存款”账户二者之间具有相互对应关系。在借贷记账法下，会计分录账户对应关系主要表现为：

（1）一个借方账户与一个贷方账户相互对应，称为“一借一贷”对应关系，这也是会计分录中最为常见的账户对应关系；

（2）一个借方账户与多个贷方账户相互对应，称为“一借多贷”对应关系；

（3）多个借方账户与一个贷方账户相互对应，称为“多借一贷”对应关系；

（4）多个借方账户与多个贷方账户相互对应，称为“多借多贷”对应关系。这种对应关系总体上的借方和贷方金额相同，但是对其中的一个贷方或借方账户而言，难以明确它所对应的会计科目到底是对方科目群中的哪一个，即一个会计账户与另一会计账户之间对应关系模糊，因此，在实际工作中一般不编制这种“多借多贷”对应关系的会计分录。

三、试算平衡

试算平衡是以会计恒等式和借贷记账规则为理论基础，以借贷平衡关系来检验全部会计账户记录的正确性和完整性的会计检查方法。日常工作中可以对全部会计账户的期末余额和本期发生额进行试算平衡。

（一）余额试算平衡

根据会计账户性质，成本类和损益类会计账户一般不存在期末余额，而资产类、负债和所有者权益类账户期末多数都存在余额。其中，资产类账户的期末余额一般在借方，负债和所有者权益类账户的余额一般在贷方。因此，按照会计恒等式的平衡关系推导，全部账户的期末余额平衡关系可以按以下公式加以检验：

∑全部账户期初（期末）借方余额 = ∑全部会计账户期初（期末）贷方余额

根据前述账户性质，期初期末有余额的账户主要是：资产类账户和成本类账户，其余额在借方；负债类和所有者权益类账户，其余额均在贷方。所以，上述公式可以演变为：

∑资产类账户期初（期末）借方余额 = ∑负债和所有者权益类账户期初（期末）贷方余额

（二）发生额试算平衡

由于采用借贷记账法必须遵守“有借必有贷，借贷必相等”的规则，无论是哪个经济业务发生，都必须在一个（或几个）账户的借方登记一笔金额，同时必须在一个（或几个）账户的贷方登记相等的金额，这样登记的全部账户的借方发生额合计数必然会和全部账户贷方的发生额合计数相等。对于全部账户借方和贷方平衡关系可以按以下公式加以检验：

全部会计账户的本期借方发生额合计 = 全部会计账户的本期贷方发生额合计

在进行试算平衡之前，要把全部账户应该记录的所有经济业务登记入账，并且按照各账户的性质计算出本期借方发生额、本期贷方发生额、期末余额，然后可以按照以上两个公式对有关项目进行试算。如果全部账户的借贷方期初（期末）余额平衡、本期借贷方发生额平衡，可以说明企业记账基本遵循借贷记账法的要求。如果不平衡则需要采用一定的方法（这些方法将在第八章进行介绍）分析并检查出存在的错误，为期末结账和编制财务会计报告奠定基础。

但是，试算平衡并不能检查出记账当中的全部错误，特别是存在以下记账错误时，经过试算后全部账户的借方余额与贷方余额、借方发生额与贷方发生额保持平衡关系：

（1）如果会计人员错误地在有关账户的借方和贷方同时记录了一个错误的数据时，可以通过试算平衡。这种错误常见为：在一个账户借方和对应账户的贷方同时多记一个数字、或同时漏记一个数字、或同时少记一个数字；

（2）如果会计人员在记账时，错误地把应该记入一个账户的借方数据记入该账户的贷方，同时把应该记入另一个账户贷方的数据记入该账户的借方，会计上把这种现象称为记账方向错误或记反方向，此时可以通过试算平衡；

（3）对于没有按照规定在期末进行转账和结账的账户，只要平时记账正确，仍然可以通过试算平衡，如“制造费用”、“管理费用”、“主营业务收入”、“主营业务成本”账户按规定期末应该进行结账，且结账后没有期末余额，但是如果不对它们结账而直接进行试算，仍然会保持以上关系的平衡。转账和结账技术将在第八章进行介绍。

【本章小结】

记账方法要解决的问题是如何把经济业务产生的数据记录到有关账户中去。记账方法经历了一个由单式记账法到复式记账法演变的过程。

借贷记账法是一种复式记账方法，它以“借”和“贷”为记账符号，把发生的经济业务所引起会计要素的增减变动，以相等的金额，同时在两个或者两个以上的会计账户中，相互联系、相互制约地进行登记。

借贷记账法下资产账户、成本账户、费用账户的借方（贷方）分别记录资产、成本、费用的增加（减少）；负债账户、所有者权益账户、收入账户的贷方（借方）分别记录负债、所有者权益、收入的增加（减少）。

“有借必有贷、借贷必相等”是借贷记账法的记账规则。会计分录是指对每一项经济业务，按照借贷记账法的记账规则，分别表明应记账户的名称、记账方向（借或贷）及其金额的一种会计记录。

试算平衡是以会计恒等式和借贷记账规则为理论基础，以借贷平衡关系来检验全部会计账户记录的正确性和完整性的会计检查方法。

【关键术语和概念】

单式记账法　复式记账法　借贷记账法　会计分录　对应账户
记账规则　试算平衡

【复习思考题】

1. 什么是复式记账法？简述其记账时要遵循的原则。
2. 什么是会计分录？会计分录有哪几种类型？
3. 简述借贷记账法下账户的结构。
4. 试述借贷记账法的内容（包括记账符号、账户结构、记账规则、试算平衡等）。

5. 试算平衡的意义何在？有哪几种方法？

【练习题】

一、单项选择题

1. 复式记账法对每项经济业务都以相等的余额在（ ）中进行登记。

   A. 一个账户　　B. 两个账户

   C. 全部账户　　D. 两个或两个以上账户

2. 借贷记账法下，账户哪一方记增加，哪一方记减少，是根据（ ）。

   A. 采用什么核算方法决定的

   B. 采用什么记账形式决定的

   C. 增加数记借方，减少数记贷方的规则所决定的

   D. 账户所反映的经济内容决定的

3. 资产类账户的期末余额一般在（ ）。

   A. 借方　　B. 借方或贷方　　C. 贷方　　D. 借方和贷方

4. 收入或利润的余额在借方表示（ ）。

   A. 资产的增加　　B. 所有者权益的增加

   C. 资产的减少　　D. 所有者权益的减少

5. 在借贷记账法下，所有者权益账户的期末余额等于（ ）。

   A. 期初贷方余额 + 本期贷方发生额 − 本期借方发生额

   B. 期初借方余额 + 本期贷方发生额 − 本期借方发生额

   C. 期初借方余额 + 本期借方发生额 − 本期贷方发生额

   D. 期初贷方余额 + 本期借方发生额 − 本期贷方发生额

6. 借贷记账法的余额试算平衡公式是（ ）。

   A. 每个账户借方发生额 = 每个账户贷方发生额

   B. 全部账户本期借方发生额合计 = 全部账户本期贷方发生额合计

   C. 全部账户期末借方余额合计 = 全部账户期末贷方余额合计

   D. 每个账户期末借方余额 = 每个账户期末贷方余额

7. 复合会计分录是指（ ）。

   A. 一借一贷的分录　　B. 一贷一借的分录

   C. 一借多贷的分录　　D. 按复式记账要求编制的分录

8. 对于双重性质账户的期末余额，下列说法中正确的是（ ）。

   A. 一定有借方余额

   B. 一定有贷方余额

C. 一定没有余额

D. 可能为借方余额，也可能为贷方余额

9. 收到投资者投资，存入银行，根据借贷记账法编制会计分录时，贷方所涉及的账户是（　）。

A. 银行存款账户　　B. 实收资本账户

C. 长期资产账户　　D. 长期借款账户

10. 在借贷记账法下，为保持账户之间清晰的对应关系，不宜编制（　）的会计分录。

A. 一借一贷　B. 多借一贷　C. 一借多贷　D. 多借多贷

11. 存在对应关系的账户称为（　）。

A. 对应账户　B. 平衡账户　C. 总分账户　D. 联系账户

12. 某一账户期初余额在贷方，期末余额在借方，表明（　）。

A. 该账户的性质未变

B. 该账户已从期初的资产变为期末的负债

C. 该账户从期初的负债变为期末的资产

D. 该账户既不属于资产类，也不属于负债类

13. 收益类账户的结构与所有者权益类账户的结构（　）。

A. 一致　B. 无关　C. 相反　D. 基本相同

14. 在编制“总分类账户发生额及余额试算平衡表”中，若出现三对平衡数字，则（　）。

A. 全部总账账户记录一定正确

B. 全部总账账户记录也不能认为肯定无错

C. 全部明细分类账户记录一定正确

D. 全部明细分类账户记录也不能认为肯定无错

二、多项选择题

1. 单式记账法在选择单方面记账时，重点考虑的是（　）。

A. 现金方面发生的经济业务

B. 银行存款方面发生的经济业务

C. 所有者权益方面发生的经济业务

D. 债权债务方面发生的经济业务

2. 复式记账法的优点是（　）。

A. 账户对应关系清楚，能全面、清晰地反映经济业务的来龙去脉

B. 便于试算平衡，以检查账户记录是否正确

C. 能全面、系统地反映经济活动的过程和结果

D. 所记账户之间形成相互对应的关系

3. 在借贷记账法下，属于资产类账户的有（ ）。

A. 银行存款 B. 实收资本 C. 原材料 D. 制造费用

4. 在借贷记账法下，期末结账后，没有余额的账户有（ ）。

A. 资产类账户 B. 收入类账户

C. 负债类账户 D. 费用类账户

5. 借贷记账法下账户借方登记（ ）。

A. 资产增加 B. 费用减少

C. 负债减少 D. 收入、利润增加

6. 会计分录必须具备的要素包括（ ）。

A. 记账方向 B. 记账手段 C. 记账科目 D. 记账金额

7. 下列各项记账差错中，运用试算平衡法不可查出其错误的有（ ）。

A. 在过账时误将借方数额过入贷方

B. 一笔业务的记录全部被漏记

C. 一笔业务的记录借贷双方金额发生同样的错误

D. 某一账户借方或贷方本期发生额的计算有误

8. 复合会计分录是（ ）。

A. 由两个简单会计分录组成的

B. 涉及两个以上账户的会计分录

C. 由两个对应账户组成

D. 按复式记账原理编制的会计分录

9. 借贷记账法下账户贷方登记（ ）。

A. 收入、利润的增加 B. 负债的减少

C. 费用的减少 D. 所有者权益的增加

10. 编制会计分录时，必须考虑（ ）。

A. 经济业务发生涉及的会计要素是增加还是减少

B. 在账簿中登记借方还是贷方

C. 登记在哪些账户的借方或者贷方

D. 账户的余额是在借方还是在贷方

11. 下列各项记账差错中，运用余额试算平衡法可查出其错误的有（ ）。

A. 在过账时误将借方数额过入贷方

B. 一笔业务的记录全部被漏记

C. 一笔业务的记录借贷双方金额发生同样的错误

D. 某一账户借方或贷方本期发生额的计算有误

12. 在实际工作中，尽量不编多借多贷会计分录的理由有（　）。

A. 账户对应关系不清楚　　B. 可能出现过账错误

C. 不便于了解经济业务内容　　D. 登记总账工作量大

13. 某企业生产产品领用材料 6 000 元，车间一般消耗领用 3 000 元，应记入下列（　）账户的借方。

A. 原材料　　B. 管理费用　　C. 生产成本　　D. 制造费用

14. 编制会计分录时，必须考虑（　）。

A. 经济业务发生涉及的会计要素是增加还是减少

B. 在账簿中登记借方还是贷方

C. 登记在哪些账户的借方或者贷方

D. 账户的余额是在借方还是在贷方

三、计算题

华联股份有限公司 2011 年 12 月 31 日有关账户的资料如下：

账户名称	期初余额		本期发生额		期末余额	
	借方	贷方	借方	贷方	借方	贷方
库存商品	500 000		220 000	10 000	（　）	
银行存款	70 000		（　）	80 000	90 000	
应付账款		80 000	50 000	60 000		（　）
短期借款		55 000	（　）	10 000		30 000
应收账款	（　）		30 000	50 000	20 000	
实收资本		350 000	—	（　）		620 000
其他应收款		25 000	25 000	—		（　）

要求：根据账户期初余额、本期发生额和期末余额的计算方法，填列上表中的空缺部分。

第六章　企业主要经济业务的核算

【本章学习要点】

1. 弄清企业生产经营过程中的主要经济业务。
2. 熟悉设置的账户及其经济内容与用途。
3. 熟练掌握日常生产经营业务的核算。

第一节　企业经济业务概述

在资金筹集过程中，企业要接受投资者投入企业的固定资产、原材料或无形资产。企业也可能从银行取得借款，按借款合同约定支付借款利息，到期归还本金。如果企业满足债券发行条件也可以发行企业债券，从资本市场筹集所需的资金。

在供应过程中，企业用货币资金购买材料，支付材料的买价和采购费用，同时还会与材料的供应商发生货款结算关系。因此，在途物资业务和因采购而引起的货款结算业务构成了供应过程的主要业务。

在生产过程中，生产工人借助于劳动资料（设备等），把劳动对象（原材料等）加工成社会需要的产品。生产过程一方面是产品的制造过程，另一方面是物化劳动与活劳动的消耗过程。要发生各项生产费用，如材料的消耗、工资的支付和固定资产折旧等。生产费用具有不同的经济内容和用途，最终都归集和分配到各种产品中去，以便正确计算各种产品的生产成本。因此，生产费用的归集与分配构成了生产过程的主要经济业务。

在销售过程中，企业通过产品的销售收回货币资金，同时还要发生销售费用、缴纳销售税费，同产品的购买单位发生货款结算，这些是销售过程中的主要经济业务。

在财务成果的形成与分配业务过程中，企业取得的营业收入，要弥补生产经营耗费，剩余部分为企业的营业利润。营业利润、营业外收支净额构成企业的利润总额。利润总额首先要按国家规定缴纳所得税，形成净利润，净利润要提取盈余公积金，其余利润作为投资者的收益分配给投资者或留存企业。利润的计算及其分配是在财务成果形成与分配业务过程中的主要经济业务。

第二节 资金筹集业务核算

一、筹资业务核算的内容

所谓资金筹集业务，是指企业为了满足用资的需要，筹措集中资金而发生的业务活动。它是企业生产经营的必要条件。任何企业都可以从两个方面筹资并形成两种性质的资金来源：一是权益资金，它是企业通过向投资者吸收直接投资、发行股票、企业内部留存收益等方式取得的，其投资者包括国家、法人和个人等；二是债务资金，它是企业通过向银行借款、发行债券、商业信用等方式取得的。

（一）权益资金筹集

我国法律规定，设立企业必须要有法定的资本。资本是由投资者认缴并经工商行政管理部门核准注册的资本总额。投资者一旦对企业投资后，即对企业的资产、资产经营的结果、资产经营的权利等享有一种权益，形成所有者权益。投资者对企业的投资，可以是货币、实物、无形资产等形式。投资者向企业投入的资本，在一般情况下无需偿还、只能依法转让；企业对实际收到的资本金，依法享有经营权。因各种原因使企业投资者的出资额超过注册资本的差额，形成企业的资本公积。因此，对所有者投资的核算应包括两方面内容：一是揭示投入资本的形式和来源，即反映所有者对企业的实际投资的形式和金额；二是反映投资后所有者享有的权益，包括实收资本和资本公积。

（二）债务资金筹集

债务资金筹集是指企业通过发行债券、向银行借款等方式筹集资金，即企业吸收债权人投资。债权人投资的形式主要是货币资金；债权人投资后拥有要求企业按照规定的期限、规定的利率偿还本金和利息的权利。对企业主体而言，这部分资金则形成了企业的负债。按照债务资金的内容和偿还期限的长短，它又包括短期借款、长期借款、应付债券等。

短期借款是企业向银行或其他金融机构借入的期限在 1 年以下（含 1 年）的各种借款，企业取得的短期借款主要用于生产周转资金的需要。长期借款是企业向银行或其他金融机构借入的期限在 1 年以上的各项借款。应付债券是企业依照法定程序对外发行、约定在一定期限内还本付息的具有一定价值的证券。

企业借入短期借款所支付的利息支出，在财务费用中列支，并按其数额大小和结算方式不同，可采取以下两种方法处理：一是短期借款利息数额较大且按季支付的，可采取计提办法分月计入财务费用，季末再结算支付；二是短期借款利息数额不大，可采取简化办法，在支付时一次性直接计入当期财务费用。

二、筹资业务核算的账户设置

筹资业务核算的内容决定了应设置两类账户：一类账户核算所有者投资业务；一类账户核算债权人投资业务。

（一）反映权益资金筹集业务的账户

为了总括地核算和监督所有者投入资金及其变动情况，根据所有者投资业务的内容，企业在会计核算中应当设置以下几个账户：

（1）“库存现金”账户。它属于资产类账户，用以核算企业的库存现金。该账户借方登记库存现金的收入数；贷方登记库存现金的支出数；期末借方余额，反映企业实际持有的库存现金数。

（2）“银行存款”账户。它属于资产类账户，用以核算企业存入银行或存入其他金融机构的各种款项。该账户借方登记存款的存入（增加）数；贷方登记存款的支取（减少）数；期末借方余额，反映企业存放在银行的存款实有数。

（3）“固定资产”账户。它属于资产类账户，用以核算企业固定资产的原价。该账户借方登记企业固定资产增加的账面原价；贷方登记因出售、报废、毁损而减少的固定资产的账面原价；期末借方余额反映企业期末固定资产的账面原价。该账户应按固定资产类别设置明细账，进行明细账核算。

（4）“无形资产”账户。它属于资产类账户，用以核算企业为生产商品、提供劳务、出租给他人或为管理目的而持有的、没有实物形态的非货币性长期资产，包括专利权、非专利技术、商标权、著作权、土地使用权等。该账户借方登记企业购入或自行创造并按法律程序申请取得和其他单位投资转入的无形资产原值；贷方登记对外投资或摊销的无形资产；期末借方余额，反映企业已入账但尚未摊销的无形资产的摊余价值。该账户应按无形资产类别设置明细账，进行明细核算。

（5）“实收资本”账户。它属于所有者权益类账户，用以核算企业实际收到投资者投入的资本。该账户贷方登记企业收到投资者投入企业资本的实际数额；借方登记按规定程序减少注册资本的数额，在实际返还资本时入账；期末贷方余额，反映企业实有的资本或股本数额。该账户应按投资者设置明细账，进行明细核算。

（6）“资本公积”账户。它属于所有者权益类账户，用以核算企业取得的资本公积。该账户贷方登记企业因资本溢价等原因而增加的资本公积数额；借方登记用于按法定程序转增注册资本等原因而减少的资本公积数额；期末贷方余额，反映企业实有的资本公积数额。该账户应按资本公积形成的类别设置明细账，进行明细核算。

（二）反映借入资金筹集业务的账户

为了总括地核算和监督债权人投入的债务资金及其变动情况，根据债权人投资业务的内容，企业在会计核算中应当设置以下几个账户：

（1）“短期借款”账户。它属于负债类账户，用以核算企业向银行或其他金融机构等借入的期限在 1 年以下（含 1 年）的各种借款。该账户贷方登记借入资金的实际金额；借方登记偿还的实际金额；期末贷方余额，反映企业尚未偿还的短期借款的本金。该账户应按债权人设置明细账，并按借款种类进行明细核算。

（2）“长期借款”账户。它属于负债类账户，用以核算企业向银行或其他金融机构借入的期限在 1 年以上（不含 1 年）的各项借款。该账户贷方登记借入的本金；借方登记偿还的借款本金额；期末贷方余额，反映企业尚未偿还的长期借款本金。该账户应按债权人设置明细账，并按贷款种类进行明细核算。

（3）“应付债券”账户。它属于负债类账户，用以核算企业为筹集长期资金而实际发行的债券及应付的利息。该账户贷方登记企业发行债券收到的款项和应计提的利息额；借方登记实际支付的偿债本息；期末贷方余额，反映企业尚未偿还的债券本息。该账户应设置“面值”、“利息调整”、“应计利息”等明细账户，进行明细核算。

（4）“应付利息”账户。它属于负债类账户，用以核算企业按照合同约定应支付的利息，包括银行借款、企业债券应支付的利息。资产负债表日，根据计算确定的利息费用，借记“财务费用”、“在建工程”等科目，贷记本科目。实际支付利息时，借记本科目，贷记“银行存款”等科目。

（5）“财务费用”账户。它属于损益类账户，用以核算企业为筹集生产经营所需资金等而发生的费用。该账户借方登记发生的财务费用额；贷方登记期末转入“本年利润”账户的财务费用额；结转后该账户无余额。该账户应按费用项目设置明细账，进行明细账核算。

三、筹资业务的账务处理

下面以 2011 年 12 月份华联股份有限公司在筹资活动中所发生的经济业务，说明其账务处理。

［例 6 - 1］　12 月 1 日，华联股份有限公司收到志远公司投入货币资本 2 000 000元，款项存入银行。

这项经济业务涉及“实收资本”、“银行存款”两个账户。一方面投资者投入资本，使所有者权益增加，应记入“实收资本”账户的贷方；另一方面款项存入银行，使资产增加，应记入“银行存款”账户的借方。这项经济业务编制的会计分录如下：

借：银行存款　　2 000 000

　贷：实收资本　　2 000 000

［例6－2］　12月10日，华联股份有限公司收到宏远公司投入设备一台，双方协议确认的价值为600 000元；材料一批，确认价值为500 000元；专有技术一项，确认价值为800 000元。

这项经济业务涉及“实收资本”、“固定资产”、“原材料”、“无形资产”四个账户。一方面投资者投入资本，使所有者权益增加，就记入“实收资本”账户的贷方；另一方面企业收到设备、材料、专有技术，使资产增加，应按资产的确认价值分别记入“固定资产”、“原材料”、“无形资产”账户的借方。这项经济业务编制的会计分录如下：

借：固定资产——设备　　600 000

　　原材料　　500 000

　　无形资产——专有技术　　800 000

　贷：实收资本　　1 900 000

［例6－3］　12月1日，华联股份有限公司接受新华集团公司追加投资5 500 000元，款项存入银行。双方协议确认，新华集团公司按投资比例应享有的注册资本为5 000 000元，其余作资本溢价处理。

这项经济业务涉及“实收资本”、“资本公积”、“银行存款”三个账户。一方面投资者追加投资，使所有者权益增加，应按新华集团公司享有的投资份额记入“实收资本”账户的贷方，而资本溢价部分应记入“资本公积”账户的贷方；另一方面款项存入银行，使资产增加，应记入“银行存款”账户的借方。这项经济业务编制的会计分录如下：

借：银行存款　　5 500 000

　贷：实收资本　　5 000 000

　　　资本公积——资本溢价　　500 000

［例6－4］　12月1日，华联股份有限公司从银行取得1 200 000元、年利率为6%、6个月后归还本金的生产周转借款。银行通知款项已划入存款账户。

这项经济业务涉及“短期借款”、“银行存款”两个账户。一方面银行提供短期贷款，使负债增加，应记入“短期借款”账户的贷方；另一方面款项转存银行，使资产增加，应记入“银行存款”账户的借方。这项经济业务编制的会计分录如下：

借：银行存款　　　　　　　　　　1 200 000

　贷：短期借款　　　　　　　　　　　1 200 000

［例6－5］　12月4日，华联股份有限公司从银行借入3年期、年利率为9%、到期一次还本付息的设备借款5 000 000元，已转入银行存款账户。

这项经济业务涉及“长期借款”、“银行存款”两个账户。一方面银行提供3年期的设备贷款，使负债增加，应记入“长期借款”账户的贷方；另一方面借款转存银行，使资产增加，应记入“银行存款”账户的借方。这项经济业务编制的会计分录如下：

借：银行存款　　　　　　　　　　5 000 000

　贷：长期借款　　　　　　　　　　　5 000 000

［例6－6］　12月31日，华联股份有限公司对上述生产周转借款采用按月计提利息费用，计算本月应负担的利息支出数6 000元。

这项经济业务涉及“应付利息”、“财务费用”两个账户。一方面应计入本月费用但尚未支付的利息，使负债增加，应记入“应付利息”账户的贷方；另一方面计提的利息应计入本月的财务费用，使费用增加，应记入“财务费用”账户的借方。这项经济业务编制的会计分录如下：

借：财务费用　　　　　　　　　　6 000

　贷：应付利息　　　　　　　　　　　6 000

［例6－7］　12月31日，华联股份有限公司按面值发行3年期、票面利率为8%的债券1 000 000元，债券到期一次性还本付息，款项已转入银行存款账户。

这项经济业务涉及“应付债券”、“银行存款”两个账户。一方面通过债券发行筹集起长期使用的资金，使负债增加，应记入“应付债券”账户的贷方；另一方面债券的发行款项已转存银行，使资产增加，应记入“银行存款”账户的借方。这项经济业务编制的会计分录如下：

借：银行存款　　　　　　　　　　1 000 000

　贷：应付债券　　　　　　　　　　　1 000 000

第三节　供应过程业务核算

一、供应业务核算的内容

供应过程又称采购过程，是指从采购材料物资开始，直到材料物资验收入库为止的整个过程。它的主要任务是组织采购材料物资，正确储备，以保证生产经营的需要。供应过程业务核算包括以下两方面的内容：

（一）取得材料物资，计算在途物资成本，并进行材料物资的验收入库，以备生产领用

企业一旦支付或承付了所购材料物资的款项，就取得了该项材料物资的所有权，可以将其作为一项资产加以确认。材料物资作为资产确认的同时，涉及材料物资的计量问题。一般情况下，材料作为资产按实际成本计价，即按购进时的实际支出计价，包括从支付货款开始到材料验收入库为止的全部支出，通常称为材料物资的采购成本。

材料物资的采购成本由购货价格和采购费用构成，具体包括：①购货价格是指购货发票所注明的价款；②运输费、装卸费、保险费、包装费、仓储费等费用；③运输途中的合理损耗；④入库前的挑选、整理费用；⑤按规定应计入成本的税费；⑥其他费用等。按现行税收制度规定，一般纳税人购货时所支付的价外增值税，不计入采购成本，而作为进项税额处理，在本期纳税时从销项税额中予以抵扣。

（二）与供应单位款项结算

采购过程一方面是取得材料物资，另一方面是支付款项。由于结算方式的制约，在与供应单位结算时会出现以下三种情况：①直接支付货款及采购费用。企业采用支票等结算方式或直接支付库存现金时，可以在购进材料物资的同时支付货款、税费及采购费用。②购进材料物资未付款。购进材料物资时，可按合同协议等规定暂不付款，待到规定的结算期满时再付款，形成企业的应付款项。企业应在购进材料物资时，按材料的货款、税费等应付款项确认负债的增加；支付应付款时，按实际支付的金额作为负债的减少。③预付材料款。由于材料物资供应上的原因，企业可能先预付一部分材料款，待以后再取得材料。企业在预付款时，并未取得材料的所有权，只是将款项变换了存放地点，或者说转移了一笔款项，形成企业一项特定的债权资产；待取得材料时，该款项才是实际的减少，需结转该项债权资产。

二、供应业务核算的账户设置

为了总括地核算和监督材料物资购进业务的情况，根据供应过程业务核算的内容，应设置两类账户：一类账户反映材料物资的增加；一类账户反映款项结算。

（一）反映材料物资增加的账户

反映材料物资增加的账户主要有“原材料”和“在途物资”账户，同时，为了反映不计入采购成本的价外增值税，还需单独设置“应交税费”账户及其所属“应交增值税（进项税额）”明细账。这些账户的性质和基本结构如下：

（1）“在途物资”账户。它属于资产类账户，用以核算企业购入材料、商品等采购成本。该账户借方登记购入物资的买价和采购费用；贷方登记已验收入库、转入“原材料”账户的在途物资成本；期末借方余额，反映尚未到达或已到达尚未验收入库的在途物资。该账户按供应单位和物资品种设置明细账，进行明细核算。

（2）“原材料”账户。它属于资产类账户，用以核算企业库存的各种材料的实际成本。该账户借方登记验收入库的原材料的实际成本；贷方登记出库的原材料的实际成本；期末余额在借方，反映库存材料的实际成本。该账户应按材料的品种、规格设置明细账，进行明细核算。

（3）“应交税费”账户。它属于负债类账户，用以核算企业应交纳的各种税费。该账户贷方登记应交纳的各种税费；借方登记已交纳的各种税费；期末贷方余额，反映尚未交纳的税费；期末如为借方余额，反映企业多交或尚未抵扣的税费。该账户应按税种设“应交增值税”、“应交消费税”、“应交营业税”、“应交所得税”等明细账户，进行明细核算。

其中，“应交税费——应交增值税”账户的借方反映企业购进货物或接受应税劳务支付的进项税额等；贷方反映销售货物或提供应税劳务应交纳的销项税额等。多缴的增值税在期末应转入“应交税费——未交增值税”的借方，少缴的增值税应转入“应交税费——未交增值税”的贷方。“应交税费——应交增值税”账户的借方余额表示尚未抵扣完的进项税额。企业应在交增值税明细账内，设置“进项税额”、“已交税金”、“销项税额”等专栏，并按照规定进行核算。

（二）反映款项结算的账户

由于采购的结算方式不同，反映款项结算的账户也不一样。通常以库存现金和银行存款直接支付款项时，应设置“库存现金”、“银行存款”账户，反映货币资金的增减变化及结存情况；购进材料物资未付款时，构成与供应单位的债务关系，应设置“应付账款”、“应付票据”账户，反映债务的形成及偿还情况；预付材料物资款项时，实际上是转移了一笔款项，会计上应设置“预付账款”账户，专门反映这一款项的转移及其结算情况。上述各主要账户的性质和基本结构如下：

（1）“应付账款”账户。它属于负债类账户，用以核算企业因购买材料、商品或接受劳务供应等而应付给供应单位的款项。该账户贷方登记应支付但尚未支付的款项；借方登记偿还的账款；期末贷方余额，反映企业尚未支付的应付账款。该账户应按供应单位设置明细账，进行明细核算。

（2）“应付票据”账户。它属于负债类账户，用以核算企业因购买材料、商品或接受劳务供应等而开出、承兑的商业汇票，包括银行承兑汇票和商业承兑汇票。该账户贷方登记企业开出、承兑的商业汇票面值；借方登记到期支付的款项或转作应付账款或短期借款的款项；期末贷方余额，反映企业持有尚未到期的商业汇票的票面金额。为了加强应付票据的管理，企业应当设置“应付票据备查簿”，详细登记每一应付票据的种类、号数、签发日期、到期日、票面金额、票面利率、合同交易号、收款人姓名或单位名称、付款日期和应付金额等资料。应付票据到期结清时，应当在备查簿内逐笔注销。

（3）“预付账款”账户。它属于资产类账户，用以核算企业按照购货合同规定预付给供应单位的款项。该账户借方登记企业按购货合同规定预付给供货单位的款项以及结算货款时补付给供货单位的款项；贷方登记企业预付货款中收到的物资的款项以及收到供货单位退回的预付货款；期末借方余额，反映企业实际预付的款项，期末如为贷方余额，反映企业尚未补付的款项。该账户应按供应单位设置明细账，进行明细核算。

预付款项情况不多的企业，也可以将预付的款项直接记入“应付账款”账户的借方，而不设置“预付账款”账户。

三、供应业务的账务处理

下面以2011年12月份华联股份有限公司（一般纳税人）在供应过程中发生的业务，说明其账务处理。

［例6－8］　12月4日，向南方公司购入A材料100 000公斤，增值税专用发票注明的货款400 000元，进项税额68 000元；向飞腾公司购入的A材料50 000公斤，增值税专用发票注明的货款200 000元，进项税额34 000元。材料未到达，货款尚未支付。

这项经济业务涉及“在途物资”、“应交税费”、“应付账款”三个账户。一方面已购进材料，取得其所有权，应按材料的采购成本登记资产的增加，记入“在途物资”账户的借方，按购进材料价外支付的增值税登记负债的减少，记入“应交税费——应交增值税”账户的借方；另一方面款项尚未支付，使企业负债增加，记入“应付账款”账户的贷方。这项经济业务编制的会计分录如下：

借：在途物资——A 材料　　　　　　　　　　600 000
　　应交税费——应交增值税（进项税额）　　102 000
　贷：应付账款——南方公司　　　　　　　　　　468 000
　　　　　　　——飞腾公司　　　　　　　　　　234 000

［例6－9］　12 月 5 日，以银行存款支付上述购入 A 材料的运杂费（假定运费与杂费没有分别计量，因而不考虑运费中准予抵扣的进项税额）18 000 元。

这项经济业务涉及“在途物资”、“银行存款”两个账户。一方面发生的运杂费，应计入在途物资成本，确认为资产的增加，记入“在途物资”账户的借方；另一方面用存款直接支付，使资产减少，应记入“银行存款”账户的贷方。这项经济业务编制的会计分录如下：

借：在途物资——A 材料　　　　　　　　　　18 000
　贷：银行存款　　　　　　　　　　　　　　　18 000

［例6－10］　12 月 6 日，向三星购入 B 材料 8 000 公斤，增值税专用发票上注明的价款 100 000 元，增值税额 17 000 元，另对方垫付运杂费 3 000 元。按合同规定已向对方开出承兑的、面值 120 000 元、期限 6 个月的银行承兑汇票一张。材料尚未验收入库。

这项经济业务涉及“在途物资”、“应交税费”、“应付票据”三个账户。一方面购入材料，按其采购成本，确认资产价值，记入“在途物资”账户的借方，按所承付的税款，记入“应交税费——应交增值税”账户的借方；另一方面通过商业汇票延期付款，使企业负债增加，应记入“应付票据”账户的贷方。这项经济业务编制的会计分录如下：

借：在途物资——B 材料　　　　　　　　　　103 000
　　应交税费——应交增值税（进项税额）　　 17 000
　贷：应付票据——东方山公司　　　　　　　　　120 000

［例6－11］　12 月 7 日，按合同规定，以银行存款 1 000 000 元预付给江南公司购进 C 材料款。

这项经济业务涉及“银行存款”、“预付账款”两个账户。一方面企业虽然支付了款项，但并未获得材料，只是预付货款增加，应记入“预付账款”账户的借方；另一方面存款资产的减少，应记入“银行存款”账户的贷方。这项经济业务编制的会计分录如下：

借：预付账款——江南公司　　　　　　　　1 000 000
　贷：银行存款　　　　　　　　　　　　　　　1 000 000

［例6－12］　12 月 30 日，通过银行支付南方公司材料款项 468 000 元。

这项经济业务涉及“银行存款”、“应付账款”两个账户。一方面企业支付所欠的材料款项，使负债减少，应记入“应付账款”账户的借方；另一方面存款资产的减少，应记入“银行存款”账户的贷方。这项经济业务编制的会计分录如下：

借：应付账款——南方公司　　468 000

　贷：银行存款　　468 000

［例6-13］　12月30日，接仓库通知上述所购入的A、B材料均已如数验收入库。

这项经济业务涉及“在途物资”、“原材料”两个账户。一方面仓库验收入库材料，使存货资产增加，应记入“原材料”账户的借方；另一方面在途物资结束，需结转在途物资成本，又使资产减少，应记入“在途物资”账户的贷方。这项经济业务编制的会计分录如下：

借：原材料——A材料　　618 000

　　　　——B材料　　103 000

　贷：在途物资——A材料　　618 000

　　　　　　——B材料　　103 000

［例6-14］　12月31日，江南公司发来C材料，增值税专用发票上注明的价款2 000 000元，进项税额34 000元。材料已验收入库，余款尚未支付。

这项经济业务涉及“在途物资”、“应交税费”、“预付账款”、“原材料”四个账户。该项经济业务实际上包括两笔相互联系的经济业务：首先，企业购进材料并结算货款。一方面购入材料，需计算在途物资成本，并确认资产的增加，应记入“在途物资”账户的借方，同时，支付的价外增值税进项税额，作为负债的减少，记入“应交税费”账户的借方；另一方面需冲抵预付的款项和结转应付的款项。为了集中核算与该单位的在途物资业务，应将两者均记入“预付账款”账户的贷方。此时，“预付账款”账户可理解为债权债务双重性质的账户。其次，购进材料验收入库。一方面表明库存材料增加，应记入“原材料”账户的借方；另一方面表明采购过程结束，结转在途物资成本，应记入“在途物资”账户的贷方。这项经济业务需编制以下两笔会计分录：

（1）购进材料时：

借：在途物资——C材料　　2 000 000

　　应交税费——应交增值税（进项税额）　　340 000

　贷：预付账款——江南公司　　2 340 000

（2）材料入库时：

借：原材料——C 材料　　2 000 000

　贷：在途物资——C 材料　　2 000 000

第四节　生产过程业务核算

一、生产业务核算的内容

制造企业从材料投入生产，到产品完工入库的全部过程称为生产过程，它是企业再生产过程的中心环节。在这一过程中劳动者利用劳动资料对劳动对象进行加工使之成为社会产品，所以生产过程既是物化劳动（劳动资料和劳动对象）和活劳动的消耗过程，又是产品的形成过程，或者说是生产耗费过程和产品形成过程的统一。因此，生产过程业务的核算也就包括以下两方面的内容：

（一）生产的耗费

生产过程中发生的各种耗费可以归纳为劳动对象的耗费、活劳动的耗费（仅指必要劳动消耗）、劳动资料的耗费以及其他耗费。企业在一定时期内发生的，用货币表现的生产耗费称为生产费用。与此相应，生产费用亦可归纳为材料费用、工资费用、折旧费用和其他费用。

（1）材料费用。作为构成产品实体或有助于产品形成的劳动对象，包括各种原料及主要材料、辅助材料、外购半成品等，经过一个生产过程，将一次性消耗，并改变其实物形态，其价值随之全部转移到新产品中去。企业应在生产领用材料时，按其实际成本，将其确认为材料费用。

（2）工资费用。活劳动是生产的一个重要因素，通过活劳动的耗费使劳动对象得以改变其使用价值，并创造出新的价值。其中劳动者为自己创造的那部分价值以工资的形式支付给劳动者，用于个人消费，并构成产品的成本。企业应按实际支付给劳动者的金额，在计入产品成本时，将其确认为工资费用。

（3）折旧费用。作为劳动资料的固定资产在生产过程中可以长期使用，并保持其原有的实物形态不变，其价值则随着生产使用而损耗，并将逐渐地、部分地转移（即折旧）到新产品的价值中去。企业应按一定的方法计量其损耗的价值，并按期确认折旧费用。

（4）其他费用。在生产过程中，除了上述耗费外，还有许多其他的耗费，如办公费、业务费、保险费、财产税、修理费、水电费、劳保费等。企业必须按其实际发生额归集确认为当期费用。

企业上述发生的生产费用按其经济用途或与产品成本的关系，又可分为生产成本和期间费用两大类：

1. 生产成本

它是指企业为生产产品或提供劳务而发生的、计入产品成本的费用。生产成本按照其计入产品成本的方式又可分为直接费用和间接费用。

（1）直接费用。它是指企业在生产产品和提供劳务过程中所发生的直接材料费用、直接人工费用和其他直接费用。

直接材料费用是指企业在生产产品和提供劳务过程中所消耗的，直接用于产品生产，构成产品实体的原料及主要材料、外购半成品及有助于产品形成的辅助材料和其他材料费用。

直接人工费用是指企业在生产产品和提供劳务过程中，直接参加生产的工人工资以及按生产工人工资总额和规定比例计提的职工福利费等。

其他直接费用是指企业发生的除直接材料费用和直接人工费用以外的，与生产产品或提供劳务有直接关系的费用。

（2）间接费用。它是指应由产品生产成本负担的，不能直接计入各产品成本的有关费用。主要是指企业各生产单位（分厂、生产车间）为组织和管理生产而发生的各项间接费用，包括生产单位发生的管理人员工资及福利费、折旧费、修理费、水电费、机物料消耗、劳动保护费以及其他费用。

间接费用应当按照一定程序和方法进行归集和分配，计入相关产品的生产成本。

2. 期间费用

它是指企业在生产经营过程中发生的，不计入产品成本而直接计入当期损益的各种费用。它与产品的生产没有联系，不能计入产品成本。但它的发生与一定时期实现的收入相关，必须计入当期损益。期间费用主要包括管理费用、财务费用和销售费用。

（1）管理费用。它是指企业为组织和管理企业生产经营所发生的费用，包括企业的董事会费、公司经费、工会经费、咨询费、诉讼费、各种财产税、保险费、业务招待费、技术转让费、无形资产摊销、坏账损失等。

（2）财务费用。它是指企业为筹集生产经营所需资金等而发生的费用，包括企业生产经营期间发生的利息支出（减利息收入）、汇兑损失（减汇兑收益）以及相关的手续费等。

（3）销售费用。它是指企业在销售商品过程中发生的各项费用，包括销售过程发生的销售费用（如运输费、装卸费、包装费、保险费、展览费和广告费等）和专设销售机构的各项经费（如职工工资及福利费、差旅费、办公费、折旧费、修理费、其他经费）等。

生产耗费的核算实际上是生产过程中生产费用的发生、归集和分配的核算。

（二）产品的形成

企业的生产过程不仅是生产的耗费过程，而且是产品的形成过程。在这个过程中，劳动者利用劳动资料对劳动对象进行加工，改变了原劳动对象的形态，转化为满足社会需要的产品。同时为生产产品而发生的各种耗费，也就转化为产品的制造成本，并构成产品的价值。在会计上，产品形成的核算实际上就是产品成本的计算和结转。

二、生产业务核算的账户设置

为了总括地核算和监督企业在生产过程中生产费用的发生、归集和分配情况，根据生产耗费业务核算的内容，应设置以下三类账户：一类是反映生产耗费发生的费用，如设置“原材料”、“应付职工薪酬”、“累计折旧”等账户；一类是反映支付期与受益期不一致的费用，如设置“长期待摊费用”以及“其他应收款”等账户；一类是反映生产费用的归集和分配及成本的结转，如设置“生产成本”、“制造费用”、“管理费用”、“财务费用”、“销售费用”、“库存商品”等账户。下面说明各主要账户的性质和基本结构。

(1)“应付职工薪酬”账户。它属于负债类账户，用以核算企业应付给职工的各种薪酬。本账户可按“工资”、“职工福利”、“社会保险费”、“住房公积金”、“工会经费”、“职工教育经费”、“非货币性福利”、“辞退福利”、“股份支付”等进行明细核算。该账户贷方登记实际发生计入成本、费用的应付职工的工资、福利费、工会经费等；借方登记实际已支付的职工的工资、福利费、工会经费等；本账户期末贷方余额，反映应付未付的职工薪酬。

(2)“累计折旧”账户。它属于资产类备抵账户，用以核算企业固定资产累计损耗的价值。该账户贷方登记企业按月计提的固定资产折旧额；借方登记出售、报废和毁损的固定资产已提折旧额；期末贷方余额，反映现有固定资产已提取的累计折旧额。该账户只进行总分类核算，不进行明细分类核算。若需要查明某项固定资产已提折旧，可以根据固定资产卡片上记载的该项固定资产原价、折旧率和实际使用年数等资料进行计算。企业在期末将“累计折旧”账户的贷方余额备抵“固定资产”账户的借方余额，可求得期末固定资产的净值。

(3)“累计摊销”账户。它属于资产类备抵账户，用以核算企业对使用寿命有限的无形资产计提的累计摊销。本账户可按无形资产项目进行明细核算。企业按期计提无形资产的摊销，借记“管理费用”、“其他业务成本”等科目，贷记本账户。处置无形资产还应同时结转累计摊销。本账户期末贷方余额，反映企业无形资产的累计摊销额。

（4）“长期待摊费用”账户。它属于资产类账户，用以核算企业已经支出，但摊销期限在1年以上（不含1年）的各项费用，包括固定资产修理支出、租入固定资产的改良支出以及摊销期限在1年以上的其他待摊费用。该账户借方登记企业发生的长期待摊费用；贷方登记分期摊销的长期待摊费用；期末借方余额，反映企业尚未摊销的各项长期待摊费用的摊余价值。该账户应按费用种类设置明细账，进行明细核算。

（5）“其他应收款”账户。它属于资产类账户，用以核算企业除应收票据、应收账款、预付账款等以外的其他各种应收、暂付款项，包括应收的各种赔款、罚款，应向职工收取的各种垫付款项等。该账户借方登记企业应收、暂付的各种款项；贷方登记其他应收、暂付款的收回数或转销数；期末借方余额，反映企业尚未收回的其他应收款。该账户应按其他应收款的项目分类，并按不同的债务人设置明细账，进行明细核算。

（6）“生产成本”账户。它属于成本类账户，用以核算企业为生产产品而发生的各项生产费用。该账户借方登记为进行产品生产而发生的各种生产费用，包括直接材料、直接人工和制造费用；贷方登记企业已完工并已验收入库的产成品成本；期末借方余额，反映企业尚未加工完成的各项在产品的成本。该账户应按基本生产车间和辅助生产车间设置“基本生产成本”和“辅助生产成本”两个二级明细分类账户，在“基本生产成本”二级账户下还应按成本核算对象（如产品的品种等）设置明细账，并按规定的成本项目（如直接材料、直接人工、制造费用）设置专栏。

（7）“制造费用”账户。它属于成本类账户，用以核算企业为生产产品和提供劳务而发生的各项间接费用。该账户借方登记发生的各项间接费用；贷方登记期末按一定的分配方法和分配标准将制造费用在各成本计算对象间的分配结转额；期末结转后一般无余额。该账户应按不同的车间、部门设置明细账，并按费用的经济用途和经济性质设置专栏。

（8）“管理费用”账户。它属于损益类账户，用以核算企业为组织和管理企业生产经营所发生的管理费用。该账户借方登记企业发生的各项管理费用；贷方登记应冲销的管理费用和期末转入“本年利润”账户的管理费用；期末结转后无余额。该账户应按费用项目设置明细账，进行明细核算。

（9）“库存商品”账户。它属于资产类账户，用以核算企业库存的各种商品的实际成本。该账户借方登记入库产成品的实际成本，贷方登记发出产成品的实际成本；期末借方余额，反映库存产成品和实际成本。该账户应按产品的种类、品种或规格设置明细账，进行明细核算。

三、生产过程业务的财务处理

下面以2011年12月份华联股份有限公司在生产过程中发生的经济业务，说明其账务处理。

[例6－15]　12月31日，仓库根据当月领料凭证，汇总编制本月材料耗用汇总表，如表6－1所示：

表6－1　**材料耗用汇总表**

2011年12月31日

用途	A材料		B材料		C材料		金额合计（元）
	数量（千克）	金额（元）	数量（千克）	金额（元）	数量（千克）	金额（元）	
制造产品耗用							
其中：甲产品	80 000	329 600	2 000	30 800			360 400
乙产品	50 000	206 000	6 000	92 400			298 400
车间一般耗用					4 000	21 600	21 600
行政管理部门耗用					1 000	5 400	5 400
合计	130 000	535 600	8 000	123 200	5 000	27 000	685 800

这项经济业务涉及"原材料"、"生产成本"、"制造费用"、"管理费用"四个账户。一方面仓库发出材料，使库存材料减少，应记入"原材料"账户的贷方；另一方面材料耗用于产品制造和行政管理，使直接材料费用、间接费用和管理费用增加，应分别记入"生产成本"、"制造费用"、"管理费用"账户的借方。这项经济业务编制的会计分录如下：

借：生产成本——甲产品　　360 400
　　　　　　——乙产品　　298 400
　　制造费用　　21 600
　　管理费用　　5 400
　贷：原材料——A材料　　535 600
　　　　　　——B材料　　123 200
　　　　　　——C材料　　27 000

[例6－16]　12月9日，开出现金支票从银行提取现金88 000元，以备发放工资。

这项经济业务涉及“库存现金”、“银行存款”两个账户。一方面使企业的库存现金增加，应记入“库存现金”账户的借方；另一方面使银行存款减少，应记入“银行存款”账户的贷方。这笔经济业务编制的会计分录如下：

借：库存现金　　88 000
　贷：银行存款　　88 000

［例6－17］　12月10日，以库存现金88 000元支付企业职工的工资。

这项经济业务涉及“库存现金”、“应付职工薪酬”两个账户。一方面使库存现金减少，应记入“库存现金”账户的贷方；另一方面支付职工工资，使应付给职工的工资薪酬减少，应记入“应付职工薪酬”账户的借方。这项经济业务编制的会计分录如下：

借：应付职工薪酬　　88 000
　贷：库存现金　　88 000

［例6－18］　12月31日，根据工资标准和考勤记录，结算出本月应付职工工资总额88 000元，其用途和数额如下：

（1）生产工人工资　　76 000元
其中：制造甲产品生产工人工资　　45 600元
　　　制造乙产品生产工人工资　　30 400元
（2）车间技术、管理人员工资　　5 000元
（3）企业行政管理人员工资　　7 000元
合计　　88 000元

这项经济业务涉及“应付职工薪酬”、“生产成本”、“制造费用”、“管理费用”四个账户。一方面使企业应付给职工的工资债务增加，应记入“应付职工薪酬”账户的贷方；另一方面工资作为活劳动的耗费，使企业的直接工资费用、间接工资费用和管理费用增加，应分别记入“生产成本”、“制造费用”、“管理费用”账户的借方。这项经济业务编制的会计分录如下：

借：生产成本——甲产品　　45 600
　　　　　　——乙产品　　30 400
　　制造费用　　5 000
　　管理费用　　7 000
　贷：应付职工薪酬——工资　　88 000

［例6－19］　12月31日，按本月工资总额的14%提取职工福利费。其具体提取的办法和数额如下：

（1）生产工人福利费：
其中：制造甲产品生产工人福利费　　6 384元

（45 600×14%）

制造乙产品生产工人福利费 4 256 元

（30 400×14%）

（2）车间技术、管理人员福利费 700 元

（5 000×14%）

（3）企业行政管理人员福利费 980 元

（7 000×14%）

合计 12 320 元

这项经济业务涉及“应付职工薪酬”、“生产成本”、“制造费用”、“管理费用”四个账户。一方面企业计提了应付给职工的福利费，使负债增加，应记入“应付职工薪酬”账户的贷方；另一方面按现行制度规定，职工福利费应从成本费用中开支，是企业费用组成部分，该费用同工资费用一样，应按其提取的部门或发生地点分配记入“生产成本”、“制造费用”、“管理费用”账户的借方。这项经济业务编制的会计分录如下：

借：生产成本——甲产品 6 384

——乙产品 4 256

制造费用 700

管理费用 980

贷：应付职工薪酬——职工福利 12 320

［例6－20］ 12月31日，按本月工资总额2%提取工会经费，金额为1 760元；按本月工资总额1.5%提取职工教育经费，金额为1 320元，合计3 080元。

这项经济业务编制的会计分录如下：

借：管理费用 3 080

贷：应付职工薪酬——工会经费 1 760

应付职工薪酬——职工教育经费 1 320

［例6－21］ 12月31日，按规定计提本月份固定资产折旧额9 800元。其中：

生产车间使用固定资产应提折旧额 8 600元

行政管理部门使用固定资产应提折旧额 1 200元

合计 9 800元

这项经济业务涉及“累计折旧”、“制造费用”、“管理费用”三个账户。一方面计提折旧，意味着固定资产的价值减少，应记入“累计折旧”账户的贷方；另一方面折旧费用的发生，使企业的间接费用和期间费用增加，应记入

"制造费用"、"管理费用"账户的借方。这项经济业务编制的会计分录如下：

借：制造费用　　8 600

　　管理费用　　1 200

　贷：累计折旧　　9 800

［例6－22］　12月13日，对租入期限为2年的固定资产进行的技术改造项目完工，共结算应支付的费用48 000元，款项已通过银行转账付讫。

这项经济业务涉及"银行存款"、"长期待摊费用"两个账户。一方面支付技术改造费用，使银行存款减少，应记入"银行存款"账户的贷方；另一方面租入固定资产的技术改造支出，按权责发生制原则，需在2年的租入期内分期摊销，应记入"长期待摊费用"账户的借方。这项经济业务编制的会计分录如下：

借：长期待摊费用　　48 000

　贷：银行存款　　48 000

［例6－23］　12月24日，企业行政管理部门报销办公经费5 000元。

这项经济业务涉及"管理费用"账户遵循会计的重要性的原则，一次性计入管理费用。这项经济业务编制的会计分录如下：

借：管理费用　　5 000

　贷：库存现金　　5 000

［例6－24］　12月31日，摊销应由本月负担的无形资产2 000元，待摊的租入固定资产技术改造费用2 000元。

这项经济业务涉及"无形资产"、"长期待摊费用"、"管理费用"三个账户。结转本月应摊销的费用，一方面使无形资产和长期待摊费用减少，应记入"无形资产"、"长期待摊费用"账户的贷方；另一方面使本期的管理费用增加，应记入"管理费用"账户的借方。这项经济业务编制的会计分录如下：

借：管理费用　　4 000

　贷：累计摊销　　2 000

　　　长期待摊费用　　2 000

［例6－25］　12月17日，公司管理人员李勇，预借差旅费5 000元，以库存现金付讫。

这项经济业务涉及"库存现金"、"其他应收款"两个账户。一方面以库存现金支票方式支付借支款，使存款减少，应记入"库存现金"账户的贷方；另一方面借支差旅费，按权责发生制，非本期费用，而是企业的一项应收暂付债权，应记入"其他应收款"账户的借方。这项经济业务编制的会计分录如下：

借：其他应收款——李勇　　5 000
　贷：库存现金　　5 000

[例6-26]　12月20日，李勇出差回到公司报销差旅4 800元，交回剩余现金200元。

这项经济业务涉及“其他应收款”、“管理费用”、“库存现金”三个账户。一方面报销差旅费和收到库存现金，使费用和资产增加，应记入“管理费用”、“库存现金”账户的借方；另一方面需结转企业的应收暂付款项，应记入“其他应收款”账户的贷方。这项经济业务编制的会计分录如下：

借：管理费用　　4 800
　　库存现金　　200
　贷：其他应收款——李勇　　5 000

[例6-27]　12月31日，将本月发生的制造费用35 900元，分配转入生产成本，其中甲产品应负担的制造费用21 540元，乙产品应负担的制造费用14 360元。

这项经济业务涉及“制造费用”、“生产成本”两个账户。到期末，通过“制造费用”账户归集的间接费用，按一定的方法分配转入不同成本计算对象的生产成本之中（具体计算方法见下一节的说明），在会计处理上，应从“制造费用”账户的贷方转入“生产成本”账户的借方。这项经济业务编制的会计分录如下：

借：生产成本——甲产品　　21 540
　　　　　　——乙产品　　14 360
　贷：制造费用　　35 900

[例6-28]　12月31日，结转本月完工入库甲乙产品的制造成本。甲产品2 000件，每件成本216.962元，计433 924元；乙产品1 000件，每件成本347.416元，计347 416元。

这项经济业务涉及“生产成本”、“库存商品”两个账户。一方面产品验收入库，使库存商品增加，应按入库产品的实际成本记入“库存商品”账户的借方；另一方面生产过程结束，须计算结转其生产成本（计算成本的方法见下一节的说明），应记入“生产成本”账户的贷方。这项经济业务编制的会计分录如下：

借：库存商品——甲产品　　433 924
　　　　　　——乙产品　　347 416
　贷：生产成本——甲产品　　433 924
　　　　　　　——乙产品　　347 416

第五节　销售过程业务核算

一、销售业务核算的内容

销售过程是制造业企业生产经营活动的最终环节。制造业企业从生产过程制造完成的产成品验收入库开始，到产品销售给购买方为止的过程称为销售过程。这一过程既是产品价值和使用价值的实现过程，即收入的实现过程，又是与收入相配比的成本费用的补偿过程。因此，企业销售过程业务的核算包括以下两方面的内容：

（一）收入的实现及货款的结算

在销售过程中，制造业企业通过交换，将实现对外销售产品或提供生产性劳务等主营业务，企业应按照购销双方约定价格向购买单位办理价款结算，并确认为主营业务收入。同时，除主营业务外，还可能发生材料销售、代购代销、包装物出售、固定资产出租以及提供非生产性劳务等其他业务，应按照实际发生的金额向对方单位办理价款结算，并确认为其他业务收入。

在确认收入时，会计上应解决收入确认条件和确认金额问题。《企业会计制度》规定，销售商品的收入只有同时符合以下四项条件时才能加以确认：①企业已将商品所有权上的主要风险和报酬转移给购货方；②企业既没有保留通常与所有权相联系的继续管理权，也没有对已出售的商品实施控制；③与交易相关的经济利益能够流入企业；④相关的收入和成本能够可靠地计量。收入确认时，应按照企业与购货方签订的合同金额或协议金额或双方接受的金额计量。

收入的实现，必然会形成经济利益的流入，并带来资产的增加或负债的减少。因此，进行会计核算时，收入账户的对应账户不是资产账户就是负债账户。但在权责发生制下，收入实现了，并不意味着一定能马上收回货款。由于结算上的原因，货款的结算可能会出现以下三种情况：①销售时直接收取货款；②销售时未收到货款，待以后再收取；③先收取货款，后提供产品。

（二）与收入相配比的成本费用的发生与结转

在销售过程中，企业为取得一定的销售收入，要付出相应的产品或劳务，为制造这些产品或提供这些劳务必然会发生各种耗费，而为销售这些产品或劳务也必然会有各种耗费的发生。不论是生产耗费，还是销售耗费，都应由销售收入弥补。为了确定耗费的补偿尺度，在确认收入实现的同时，必须确认与实现收入配比的成本费用。与收入实现相配比的成本费用包括：①主营业务成本，即已销售产品的制造成本。销售成本采取直接配比方式，在产品销售收入实现的当期期末确认，并结转为取得该收入而发出（销售）产品的制造成本。②产品销售费用，即为销售产品而发生的费用，包括在销售过程中发生的，如运输费、包装费、广告费、保险费等销售费用，以及为销售本企业产品而专门设置的销售机构的职工工资、福利费、业务费等销售费用。发生的销售费用与实现的销售收入之间通常没有直接配比关系，但一般与期间有关，因此销售费用通常采用期间配比的方式，即将本期发生的销售费用全部同当期实现的收入弥补。③营业税金及附加。按照税法规定，企业在取得销售收入时应按规定的税率和销售收入额计算交纳销售税费，其中按税法规定根据销售收入额计算交纳的消费税、资源税等，以及按所交的流转税计算交纳的城市维护建设税和教育费附加，作为价内税，是企业的一项费用，按配比原则，应全部由当期的销售收入弥补；按税法规定根据销售收入额计算，在销售时向购货方收取的增值税的销项税额，是一种价外税，未包括在销售收入之中，不构成企业的一项费用，不能从本期收入中扣除。实际上，销项税额具有代收代缴的性质，企业按规定将其抵扣进项税额后的余额作为应交纳的增值税交纳给税务部门，在会计核算时，它是通过“应交税费——应交增值税”账户的贷方来反映的。④其他业务成本，是指企业除主营业务成本以外的其他销售成本或其他业务所发生的相关成本，按照配比原则，应全部由本期其他业务收入弥补。

二、销售业务核算的账户设置

销售业务核算的内容决定了应设置两类账户：一类账户核算企业收入的实现及其款项的结算业务；一类账户核算与收入相关的成本费用的发生与结转。

（一）反映收入实现及价款结算的账户

为了总括地核算和监督企业主营业务收入和其他业务收入的实现以及价款结算情况，应设置“主营业务收入”、“其他业务收入”、“应收账款”、“应收票据”以及“预收账款”等账户。这些账户的性质和基本结构如下：

（1）“主营业务收入”账户，它属于损益类账户，用以核算企业在销售商品、提供劳务及让渡资产使用权等日常活动中所产生的收入。该账户的贷方登记主营业务收入的实现数额；借方登记销售退回、销售折让冲减本期销售收入数额和期末结转“本年利润”账户的主营业务收入数额；结转后该账户期末无余额。该账户应按主营业务的种类设置明细账，进行明细核算。

（2）“其他业务收入”账户。它属于损益类账户，用以核算企业除主营业务收入以外的其他销售或其他业务的收入。该账户的贷方登记其他业务收入的实现数额；借方登记期末结转“本年利润”账户的其他业务收入额；结转后该账户无余额。该账户应按其他业务的种类设置明细账，进行明细核算。

(3)“应收账款”账户。它属于资产类账户，用以核算企业因销售商品、产品、提供劳务等，应向购货单位或接受劳务单位收取的款项。不单独设置“预收账款”账户的企业，预收的账款也在该账户核算。该账户借方登记发生的应收款项；贷方登记收回的应收款项、转作商业汇票结算的应收款项和已结转坏账损失的款项；期末借方余额反映企业尚未收回的应收账款，期末若为贷方余额，反映企业预收的账款。该账户应按不同的购货单位或接受劳务的单位设置明细账，进行明细核算。

(4)“应收票据”账户。它属于资产类账户，用以核算企业因销售商品、产品、提供劳务等而收到的商业汇票，包括银行承兑汇票和商业承兑汇票。该账户借方登记应收票据的增加数；贷方登记应收票据的减少数；期末借方余额反映企业持有的商业汇票的票面价值和应计利息。该账户应按不同的票据种类分别设置明细账。企业还应设置“应收票据备查簿”，逐项登记应收票据，应收票据到期结清票款后应在备查簿内逐项注销。

(5)“预收账款”账户。它属于负债类账户，用以核算企业按合同规定向购货单位预收的款项。该账户贷方登记向购货单位预收的货款和收到购货单位补付的货款；借方登记销售实现时，所实现的收入和应交增值税销项税额以及退回多付的款项；期末贷方余额，反映企业向购货单位预收的款项；期末若为借方余额，反映企业应由购货单位补付的款项。该账户应按购货单位设置明细账，进行明细核算。

(二) 反映与收入配比的成本费用账户

为了总括地核算和监督企业与收入相配比的销售成本、销售费用、销售税费等的发生与结转情况，应设置“主营业务成本”、“营业税金及附加”、“其他业务成本”、“销售费用”等账户。这些账户的性质和基本结构如下：

(1)“主营业务成本”账户。它属于损益类账户，用以核算企业因销售商品、提供劳务或让渡资产使用权等日常活动而发生的实际成本。该账户借方登记已经销售商品、提供劳务等主营业务的实际成本；贷方登记期末转入“本年利润”账户的主营业务成本；结转后期末应无余额。该账户应按主营业务的种类设置明细账，进行明细核算。

(2)“营业税金及附加”账户。它属于损益类账户，用以核算企业日常活动应负担的税金及附加，包括营业税、消费税、城市维护建设税、资源税和教育费附加等。该账户借方登记按照规定计算出应由主营及其他业务负担的税金及附加，贷方登记收到的先征后返的消费税、营业税等税金及月末转入“本年利润”账户的营业税金及附加，结转后该账户期末应无余额。

（3）“其他业务成本”账户。它属于损益类账户，用以核算企业除主营业务成本以外的其他销售或其他业务所发生其他业务的成本。借方登记发生的其他业务成本，贷方登记期末转入“本年利润”账户的其他业务成本；结转后期末应无余额。该账户应按其他业务的种类设置明细账，进行明细核算。

（4）“销售费用”账户。它属于损益类账户，用以核算企业销售商品过程中发生的费用，包括运输费、装卸费、包装费、保险费、展览费和广告费以及为销售本企业商品而专设的销售机构的职工工资及福利费、类似工资性质的费用、业务费等经营费用。该账户借方登记发生的销售费用；贷方登记期末转入“本年利润”账户的销售费用；结转后期末应无余额。该账户应按费用项目设置明细账，进行明细核算。

三、销售业务的账务处理

下面以2011年12月份华联股份有限公司（一般纳税人）在销售过程中发生的主要经济业务，说明其账务处理。

［例6－29］　12月21日，按合同规定向志远公司预收购买甲产品货款200 000元，款项已存入银行。

这项经济业务涉及“银行存款”、“预收账款”两个账户。一方面预收的货款存入银行，使资产增加，应记入“银行存款”账户的借方；另一方面因产品尚未销售，预收的货款，不能确认为收入，只能视作企业一项将来要用销售产品来偿还的债务，应记入“预收账款”账户的贷方。这项经济业务编制的会计分录如下：

借：银行存款　　　　　　　　　　　200 000
　贷：预收账款——志远公司　　　　　　　200 000

［例6－30］　12月22日，销售给长江公司甲产品800件，增值税专用发票注明的单价为320元，价款256 000元，增值税额43 520元，款项尚未收到。

这项经济业务涉及“应收账款”、“主营业务收入”、“应交税费”三个账户。一方面销售产品，使收入增加，应按售价记入“主营业务收入”账户的贷方，而向购买单位收取的增值税，应上交给税务部门，使企业负债增加，应记入“应交税费——应交增值税（销项税额）”账户的贷方；另一方面款项应收未收，使企业债权资产增加，应记入“应收账款”账户的借方。这项经济业务编制的会计分录如下：

借：应收账款——长江公司　　　　　299 520
　贷：主营业务收入　　　　　　　　　　　256 000

应交税费——应交增值税（销项税额） 43 520

［例6－31］ 12月22日，销售给西塞山公司乙产品900件，增值税专用发票注明的单价为580元，价款522 000元，增值税额88 740元，已收到对方开出的承兑期为4个月的商业汇票。

这项经济业务涉及“应收票据”、“主营业务收入”、“应交税费”三个账户。一方面产品已销售，使企业收入和应交税费增加，应分别记入“主营业务收入”、“应交税费——应交增值税（销项税额）”账户的贷方；另一方面款项采取商业汇票方式结算，使企业债权增加，应记入“应收票据”账户的借方。这项经济业务编制的会计分录如下：

借：应收票据——西塞山公司 610 740

贷：主营业务收入 522 000

应交税费——应交增值税（销项税额） 88 740

［例6－32］ 12月23日，已售产品的维修费2 000元，以银行存款支付产品广告费5 000元。

这项经济业务涉及“银行存款”、“销售费用”两个账户。一方面发生的产品销售费用，应记入“销售费用”账户的借方；另一方面用存款支付销售费用，使资产减少，应记入“银行存款”账户的贷方。这项经济业务编制的会计分录如下：

借：销售费用 7 000

贷：银行存款 7 000

［例6－33］ 12月25日，对外销售不需用的材料一批，取得变卖收入234 000元，已存入银行。

这项经济业务涉及“银行存款”、“其他业务收入”、“应交税费”三个账户。一方面材料售出，使其他业务收入增加，按现行制度规定，出售的材料需交纳增值税，变卖收入234 000元中包含着材料售价和增值税额两部分。因为一般纳税人是按照销售收入（计税价格）和17%的税率计算增值税的，因此，应确认的材料销售收入额为：

材料销售收入额＝234 000÷（1＋17%）＝200 000（元）

应计算的增值税销项税额为：

应交纳的增值税额＝200 000×17%＝34 000（元）

这样，企业应按材料销售收入额和应交纳的增值税额分别记入“其他业务收入”、“应交税费——应交增值税（销项税额）”账户的贷方。另一方面变卖收入存入银行，使资产增加，应记入“银行存款”账户的借方。这项经济业务应编制的会计分录如下：

借：银行存款　　　　　　　　　　　　　　　　234 000

　贷：其他业务收入　　　　　　　　　　　　　　　200 000

　　　应交税费——应交增值税（销项税额）　　　　34 000

［例6－34］　12月26日，按合同规定销售给志远公司甲产品1 000件，增值税专用发票注明的单价为320元，价款320 000元，增值税额54 400元，余额尚未收到。

这项经济业务涉及“预收账款”、“主营业务收入”、“应交税费”三个账户。一方面销售产品，使收入和负债增加，应按价款和税额分别记入“主营业务收入”、“应交税费——应交增值税（销项税额）”账户的贷方；另一方面货款采取预收款方式结算，需冲抵预收的货款和结转应收的余款。为了集中核算与该企业的销售业务，应将两者均记入“预收账款”账户的借方。此时，“预收账款”账户可理解为债权债务双重性质的账户。这项经济业务编制的会计分录如下：

借：预收账款——志远公司　　　　　　　　　　374 400

　贷：主营业务收入　　　　　　　　　　　　　　　320 000

　　　应交税费——应交增值税（销项税额）　　　　54 400

［例6－35］　12月31日，结转本月已售甲产品1 800件的制造成本390 531.60元，乙产品900件的制造成本312 694.40元。假设甲、乙两种产品无期初存货，已售产品均为本月生产，A产品单位成本为216.962元，B产品单位成本为347.416元。

这项经济业务涉及“库存商品”和“主营业务成本”两个账户。一方面本月因销售商品，使库存商品减少，应记入“库存商品”账户的贷方；另一方面按配比原则，结转为取得本期主营业务收入而发生的已售商品的制造成本，应记入“主营业务成本”账户的借方。这项经济业务编制的会计分录如下：

借：主营业务成本　　　　　　　　　　　　703 226.00

　贷：库存商品——甲产品　　　　　　　　　　　　390 531.60

　　　　　　　——乙产品　　　　　　　　　　　　312 694.40

［例6－36］　12月31日，结转已变卖材料的成本180 000元。

这项经济业务涉及“原材料”、“其他业务成本”两个账户。一方面因变卖分行材料，使库存材料减少，应记入“原材料”账户的贷方；另一方面材料是为取得其他业务收入而发出，其成本按配比原则应记入“其他业务成本”账户的借方。这项经济业务编制的会计分录如下：

借：其他业务成本　　　　　　　　　　　　　180 000

贷：原材料　　　　　　　　　　　　　　　　　　180 000

[例 6 – 37]　12 月 31 日，按流转税额计算应交纳的城市维护建设税 4 000 元。

这项经济业务涉及“营业税金及附加”、“应交税费”两个账户。一方面计税，使企业应从销售收入抵扣的销售税金增加，应记入“营业税金及附加”账户的借方；另一方面计算出的税金未交纳，使企业的负债增加，应记入“应交税费”账户的贷方。这项经济业务编制的会计分录如下：

借：营业税金及附加　　　　　　　　　　　　4 000

　贷：应交税费——应交城市维护建设税　　　　　　4 000

[例 6 – 38]　以银行存款缴纳城市维护建设税 4 000 元

这项经济业务编制的会计分录如下：

借：应交税费——应交城市维护建设税　　　　4 000

　贷：银行存款　　　　　　　　　　　　　　　　4 000

第六节　财务成果业务核算

一、财务成果的构成

财务成果是指企业在一定会计期间从事经济活动所取得的经营成果，它是企业一定会计期间的收入与费用相抵后的余额。财务成果的表现形式有利润和亏损两种。当收入大于费用时，其差额表现为利润；反之，当收入小于费用时，其差额为亏损。财务成果是企业经营活动效率与经济效益的综合体现，是衡量企业经营成果和经济效益的综合尺度，因而，财务成果指标是一个非常重要的指标。

财务成果是企业在生产经营过程中形成的，会计上依据“收入 – 费用 = 利润”的会计等式来计算本期的利润。同时，利润形成后，还需要对一定会计期间的净利润在企业与投资者之间进行分配。利润分配直接关系到企业与投资者之间的物质利益关系，关系到各方投资者的权益能否得到保障，具有很强的政策性。因此，财务成果的核算应包括以下两方面的内容：

（一）利润的形成

企业的利润，就其形成来看，既有通过生产经营活动而获得的，也有通过投资活动而获得的，还包括那些与生产经营活动无直接关系的事项所引起的盈亏。根据《企业会计制度》的规定，企业利润包括营业利润营业外收入，减去营业外支出后的数额称为利润总额；利润总额减去所得税费用后的数额称为净利润。用计算公式表示如下：

利润总额（或亏损总额）＝营业利润＋营业外收入－营业外支出

净利润（或净亏损）＝利润总额（或亏损总额）－所得税费用

（1）营业利润。营业利润用计算公式表示如下：

营业利润＝营业收入－营业成本－营业税金及附加－销售费用－管理费用－财务费用－资产减值损失＋公允价值变动收益＋投资收益

（2）营业外收入和营业外支出。营业外收入和营业外支出是指企业发生的与其生产经营活动无直接关系的各项收入和各项支出。其中，营业外收入包括固定资产盘盈、处置固定资产净收益、出售无形资产的净收益、罚款净收入等；营业外支出包括固定资产盘亏、处置固定资产净损失、处置无形资产净损失、罚款净支出、捐赠支出、非常损失等。营业外收入和营业外支出不存在必然联系，因而不存在配比关系，应当分别核算，并在利润表中分列项目反映。

（3）所得税费用。所得税费用是指企业应计入当期损益的所得税费用。它是企业按照税法规定依据应纳税所得额计算并向国家缴纳的税款，是企业利润总额的减项。由于会计利润的计算方法和税法上应纳税所得额的计算方法不一致，应纳税所得额要在会计利润的基础上按税法规定的口径调整计算。在会计核算上，应采用应付税款法或者纳税影响会计法核算所得税费用。

（二）利润和分配

企业净利润实现后，应当按规定进行分配。根据我国有关法规的规定，一般企业和股份制公司当期实现的净利润，首先是弥补以前年度的亏损，然后再按下列顺序进行分配：

（1）提取法定盈余公积。法定盈余公积金按照本年实现净利润的 10% 的比例提取。企业提取的法定盈余公积金累计额达其注册资本的 50% 以上时，可不再提取。企业提取的法定盈余公积金主要用于弥补亏损和转增资本。

（2）提取法定公益金。法定公益金按照本年实现净利润的 5% ～10% 的比例提取。提取的法定公益金用于企业职工的集体福利设施支出。

（3）向投资者分配利润（或股利，下同）。企业提取盈余公积后，还应按照合同或协议的规定，向投资者分配利润。

企业本年实现的净利润加上以前年度未分配利润（或减去期初未弥补亏损）和其他转入后的余额，通常称之为企业可供分配的利润。可供分配的利润，在经过上述分配后的余额，即为未分配利润（或未弥补亏损）。未分配利润可留待以后年度进行分配；而未弥补亏损，可按规定由以后年度实现的利润进行弥补。

二、财务成果核算的账户设置

根据财务成果形成及其分配业务核算的内容，应设置两类账户：一类账户反映利润的形成；一类账户反映利润的分配。

（一）反映利润形成的账户

为了总括地核算和监督企业利润的形成情况，除了前述的收入和费用类账户外，还应设置“投资收益”、“营业外收入”、“营业外支出”、“所得税费用”、“本年利润”等账户。这些账户的性质和基本结构如下：

（1）“投资收益”账户。它属于损益类账户，用以核算企业对外投资取得的收益或发生的损失。该账户的贷方登记对外投资所得到的收益；借方登记对外投资所发生的损失；期末将本期的投资净收益或投资净损失结转到“本年利润”账户，结转后账户无余额。该账户应按投资收益的种类分设明细账，进行明细核算。

（2）“营业外收入”账户。它属于损益类账户，用以核算企业发生的与其生产经营无直接关系的各项收入。该账户的贷方登记发生的营业外收入数；借方登记期末结转到“本年利润”账户的营业外收入数；结转后期末无余额。该账户应按营业外收入项目设置明细账，进行明细核算。

（3）“营业外支出”账户。它属于损益类账户，用以核算企业发生的与其生产经营无直接关系的各项支出。该账户的借方登记发生的营业外支出数；贷方登记期末结转到“本年利润”账户的营业外支出数；结转后期末无余额。该账户应按营业外支出项目设置明细账，进行明细核算。

（4）“所得税费用”账户。它属于损益类账户，用以核算企业按规定从本期损益中减去的所得税费用。该账户的借方登记发生的所得税费用数额；贷方登记期末结转到“本年利润”账户的所得税费用额；结转后期末无余额。

（5）“本年利润”账户。它属于所有者权益类账户，用以核算企业在本年度实现的净利润（或发生的净亏损）。该账户的贷方登记转入的“主营业务收入”、“其他业务收入”、“补贴收入”、“投资收益（贷）”、“营业外收入”账户的期末余额；借方登记转入的“主营业务成本”、“营业税金及附加”、“其他业务成本”、“销售费用”、“管理费用”、“财务费用”、“投资收益（借）”“营业外支出”、“所得税费用”账户的期末余额；年度终了，应将本年实现的净利润（或净亏损）从该账户全部转入“利润分配”账户，结转后该账户无余额。

（二）反映利润分配的账户

为了总括地核算和监督企业净利润的分配情况，应设置“利润分配”、

"盈余公积"、"应付股利"账户。这些账户的性质和基本结构如下：

(1)"利润分配"账户。它属于所有者权益类账户，用以核算企业利润分配（或亏损弥补）的历年分配（或弥补）后的积存余额。该账户的借方登记利润分配数或年末从"本年利润"账户转入的净利润（或待弥补亏损数）；贷方登记年末从"本年利润"账户转入的净利润（或已弥补的亏损数）；年末若为贷方余额，表示历年积存的未分配利润，若为借方余额，表示历年积存未弥补亏损。该账户还应按利润分配的内容设置以下明细账，进行明细核算：①提取法定盈余公积；②提取法定公益金；③应付股利（股利）；④未分配利润；⑤盈余公积补亏等。

(2)"盈余公积"账户。它属于所有者权益类账户，用以核算企业从净利润中提取的盈余公积金和公益金。该账户的贷方登记提取的盈余公积；借方登记盈余公积的补亏数额或增资本数额；期末贷方余额反映企业提取的盈余公积结余额。该账户应按盈余公积的种类设置明细账，进行明细核算。

(3)"应付股利"账户。它属于负债类账户，用以核算企业经董事会或股东大会，或类似权力机构决议确定分配的现金股利或利润。该账户的贷方登记按规定应分配给投资者的现金股利或利润；借方登记已支付给投资者的现金股利或利润；期末贷方余额反映企业尚未支付的现金股利或利润。

三、财务成果的财务处理

下面仍以 2011 年 12 月份华联股份有限公司发生的有关财务成果形成及其分配的基本经济业务，说明其财务处理。

[例 6－39]　12 月 31 日，以银行存款 4 914 元支付税款的滞纳金和罚款。

这项经济业务涉及"银行存款"、"营业外支出"两个账户。一方面支付的滞纳金和罚款不属于正常的经营业务，应作营业外支出处理，记入"营业外支出"账户的借方；另一方面款项的支付，使存款减少，应记入"银行存款"账户的贷方。这项经济业务编制的会计分录如下：

借：营业外支出　　　　　　　　　　　4 914

　贷：银行存款　　　　　　　　　　　　　4 914

[例 6－40]　12 月 31 日，出售无形资产，收入 200 000 元，存入银行。该项无形资产的账面余值 118 000 元，按收入的 5% 计算应纳营业税额 10 000 元。

这项经济业务涉及"银行存款"、"无形资产"、"应交税费"、"营业外收入"四个账户。一方面收入价款存入银行，应记入"银行存款"账户的借方；

另一方面因出售而转出的无形资产的价值，使资产减少，计征应纳的营业税，使负债增加，出售收入减去无形资产的账面余额以及应纳的税费后的余额，作为无形资产出售的净收益，使营业外收入增加，以上事项应分别记入“无形资产”、“应交税费”、“营业外收入”账户的贷方。这项经济业务编制的会计分录如下：

借：银行存款　　200 000
　贷：无形资产　　118 000
　　应交税费——应交营业税　　10 000
　　营业外收入　　72 000

[例6-41]　12月31日，从联营单位分得投资利润500 000元，已存入银行。

这项经济业务涉及“投资收益”、“银行存款”两个账户。一方面分得投资利润，使收益增加，应记入“投资收益”账户的贷方；另一方面利润存入银行，使银行存款增加，应记入“银行存款”账户的借方。这项经济业务编制的会计分录如下：

借：银行存款　　500 000
　贷：投资收益　　500 000

[例6-42]　12月31日，期末结转本期收益。经核算，本月企业各收入类账户的贷方余额为：

主营业务收入　　1 098 000
其他业务收入　　200 000
投资收益　　500 000
营业外收入　　72 000

这项经济业务是期末对企业本月收入的结转，以计算本期财务成果。收入使本年利润增加，应将收入类账户的贷方余额从这些账户的借方，结转到“本年利润”账户的贷方。这项经济业务编制的会计分录如下：

借：主营业务收入　　1 098 000
　其他业务收入　　200 000
　投资收益　　500 000
　营业外收入　　72 000
　贷：本年利润　　1 870 000

[例6-43]　12月31日，期末结转本期成本、费用和支出。经核算，本月企业各费用类账户的借方余额为：

主营业务成本　　703 226

营业税金及附加　　　　　　　　　　4 000
其他业务成本　　　　　　　　　　108 000
销售费用　　　　　　　　　　　　　7 000
管理费用　　　　　　　　　　　　　31 940
财务费用　　　　　　　　　　　　　6 000
营业外支出　　　　　　　　　　　　4 914

这项经济业务是期末对企业本月成本、费用和支出的结转，以计算企业本期的财务成果。费用的增加使利润减少，结转时，应将费用类账户的借方余额从这些账户的贷方结转到“本年利润”账户的借方。这项经济业务编制的会计分录如下：

借：本年利润　　　　　　　　　　865 080
　贷：主营业务成本　　　　　　　　　703 226
　　营业税金及附加　　　　　　　　　4 000
　　其他业务成本　　　　　　　　　108 000
　　销售费用　　　　　　　　　　　　7 000
　　管理费用　　　　　　　　　　　　31 940
　　财务费用　　　　　　　　　　　　6 000
　　营业外支出　　　　　　　　　　　4 914

以上两笔会计分录，将本月所有收入与费用都结转到“本年利润”账户。“本年利润”账户的贷方发生额（即本期收入合计）减去期借方发生额（即本期费用合计）后的差额为1 004 920元，即为本月企业所实现的利润总额。

[例6－44]　12月31日，根据本月实现利润总额（假设无纳税调整事项）的25%计算本月应交所得税费用为251 230元。

这项经济业务涉及“所得税费用”、“应交税费”两个账户。一方面按利润总额计算所得税费用，是对企业的利润的扣除，作为一项费用处理，记入“所得税费用”账户的借方；另一方面已计提尚未缴纳的所得税费用，使企业负债增加，应记入“应交税费”账户的贷方。这项经济业务编制的会计分录如下：

借：所得税费用　　　　　　　　　251 230
　贷：应交税费——应交所得税　　　　　251 230

[例6－45]　12月31日，结转本月所得税费用251 230元。

这项经济业务是期末对企业所得税费用的结转，以便计算本期企业净利润。结转时，应从“所得税费用”账户的贷方结转到“本年利润”账户的借方。这项经济业务编制的会计分录如下：

借：本年利润　　　　　　　　　　　　　　251 230

　贷：所得税费用　　　　　　　　　　　　　　251 230

［例 6－46］　12 月 31 日，按本年净利润的 10%、5% 分别提取法定盈余公积金和法定公益金。假设 1～11 月累计实现净利润 7 246 310 元。

本年净利润为 8 000 000（即 7 246 310＋1 004 920－251 230）元，应提取法定盈余公积金 800 000 元，应提取法定公益金 400 000 元。

这项经济业务涉及“利润分配”、“盈余公积”两个账户。一方面对企业的净利润进行分配，应记入“利润分配”账户的借方；另一方面提取的盈余公积，留存企业，使所有者权益增加，应记入“盈余公积”账户的贷方。这项经济业务编制的会计分录如下：

借：利润分配——提取法定盈余公积　　　　800 000

　　　　　　——提取法定公益金　　　　　400 000

　贷：盈余公积——法定盈余公积　　　　　　　800 000

　　　　　　　——法定公益金　　　　　　　　400 000

［例 6－47］　12 月 31 日，根据协议规定，按净利润的 40% 向投资者分配利润 3 200 000 元。

这项经济业务涉及“利润分配”、“应付股利”两个账户。一方面对企业的净利润进行分配，应记入“利润分配”账户的借方；另一方面利润应分配但尚未支付给投资者，使负债增加，应记入“应付股利”账户的贷方。这项经济业务编制的会计分录如下：

借：利润分配——应付股利　　　　　　　3 200 000

　贷：应付股利　　　　　　　　　　　　　　3 200 000

［例 6－48］　12 月 31 日，月末结转本年净利润 8 000 000 元。

这项经济业务是对企业本年度实现的净利润的结转，应将企业本年净利润额从“本年利润”账户的借方，结转到“利润分配——未分配利润”账户的贷方，以便与后述结转的已分配利润进行比较，最终计算企业本年度未分配利润。这项经济业务编制的会计分录如下：

借：本年利润　　　　　　　　　　　　　8 000 000

　贷：利润分配——未分配利润　　　　　　　8 000 000

［例 6－49］　12 月 31 日，结转全年已分配利润 4 400 000 元。

这项经济业务是对企业本年度已分配的利润的结转，应将“利润分配”账户的除“未分配利润”明细账外的其他明细账的期末的余额，全部结转到“未分配利润”明细账上。经过结转后，“利润分配”账户中只有“未分配利润”明细账有期末余额，其余明细账均无余额。而“未分配利润”明细账的余额反映企业本年度未分配的利润。在会计报表上，未分配利润作为所有者权益项目单独列示。

这项经济业务编制的会计分录如下：

借：利润分配——未分配利润　　　　4 400 000

　贷：利润分配——提取法定盈余公积　　　　800 000

　　　　　　——提取法定公益金　　　　400 000

　　　　　——应付股利　　　　3 200 000

以上两个会计分录，将本年已实现未分配的净利润和已分配的净利润都结转到“利润分配——未分配利润”账户。将“利润分配——未分配利润”账户的贷方发生额与借方发生额相抵后的差额3 600 000元，即为企业本年度未分配利润。

【本章小结】

企业的主要业务活动具体化为资金筹集业务、供应过程业务、生产过程业务、销售过程业务、财务成果形成与分配业务。

资金筹集业务是企业活动的起点。任何企业都可以从两个方面筹资并形成两种性质的资金来源：一是权益资金，二是债务资金。为此，应设置和运用“库存现金”、“银行存款”、“固定资产”、“无形资产”、“实收资本”、“资本公积”账户以及“短期借款”、“长期借款”、“应付债券”、“应付利息”、“财务费用”等账户。

供应过程所发生的业务主要是物资采购业务。为此，应设置和运用“在途物资”、“原材料”、“应交税费”、“应付账款”、“应付票据”、“预付账款”等账户。

生产过程的主要经济业务是生产费用的归集与分配。为此，应设置和运用“应付职工薪酬”、“累计折旧”、“长期待摊费用”、“其他应收款”、“生产成本”、“制造费用”、“管理费用”、“财务费用”、“销售费用”、“库存商品”等账户。

销售过程的主要业务是收入的取得、销售费用的发生、营业税金的缴纳以及销售过程中的结算业务。为此，应设置和运用“主营业务收入”、“其他业务收入”、“应交税费”、“应收账款”、“预收账款”、“坏账准备”、“主营业务成本”、“营业税金及附加”、“销售费用”、“其他业务成本”等账户。

财务成果形成与分配业务过程中的主要经济业务是利润的计算及其分配。为此，应设置和运用“投资收益”、“营业外收入”、“营业外支出”、“所得税费用”、“本年利润”、“利润分配”、“盈余公积”、“应付股利”等账户。

【关键术语和概念】

“实收资本”账户	“资本公积”账户	“在途物资”账户
“原材料”账户	“生产成本”账户	“制造费用”账户
“主营业务收入”账户	“应交税费”账户	“应收账款”账户
“主营业务成本”账户	“营业税金及附加”账户	“销售费用”账户
“本年利润”账户	“利润分配”账户	“盈余公积”账户
“管理费用”账户		

【复习思考题】

1. 资金筹集业务应设置哪些账户？如何运用这些账户？
2. 供应过程业务应设置哪些账户？如何运用这些账户？
3. 生产过程业务应设置哪些账户？如何运用这些账户？
4. 销售过程业务应设置哪些账户？如何运用这些账户？
5. 财务成果形成与分配业务应设置哪些账户？如何运用这些账户？

【练习题】

一、单项选择题

1. 计提短期借款利息支出时，应贷记的账户是（　）。
   A. 短期借款　B. 财务费用　C. 应付利息　D. 银行借款
2. 购买的原材料，当其验收入库后，其实际成本在（　）账户核算。
   A.“材料采购”　B.“原材料”
   C.“库存商品”　D.“在途物资”
3. 企业设置“固定资产”账户是用来反映固定资产的（　）。
   A. 磨损价值　B. 累计折旧　C. 原始价值　D. 净值
4. 某制造企业为增值税一般纳税人。本期外购原材料一批，发票注明买价20 000元，增值税3 400元，入库前的挑选整理费用为1 000元，该批原材料的入账价值为（　）。
   A. 20 000元　B. 23 400元　C. 24 400元　D. 21 000元
5. 常与“主营业务成本”账户的借方相对应的账户是（　）。
   A.“在途物资”账户　B.“库存商品”账户
   C.“原材料”账户　D.“主营业务收入”账户
6. 下列项目中，不属于管理费用的有（　）。
   A. 车间管理人员工资　B. 厂部管理人员工资

C. 厂部消耗材料　　D. 厂部办公用房的租金

7. 通过银行收到销货款，其中属于上月应收 15 000 元，本月应收 30 000 元，预收下月 20 000 元。在权责发生制下，本月的收入应为（　）。

A. 50 000 元　　B. 65 000 元　　C. 30 000 元　　D. 45 000 元

8. 本期已经支付，但应由本期和以后各期负担的费用是（　）。

A. 预计费用　　B. 长期待摊费用

C. 销售费用　　D. 已付费用

9. 下列费用中，不构成产品成本，而应直接计入当期损益的是（　）。

A. 直接材料费　　B. 直接人工费

C. 期间费用　　D. 制造费用

10. 下列内容中，属于制造企业"其他业务收入"的是（　）。

A. 存款利息收入　　B. 清理固定资产净收益

C. 销售产品收入　　D. 销售材料收入

11. 下列属于营业外收入的是（　）。

A. 利息收入　　B. 罚没收入

C. 投资收益　　D. 清理固定资产收入

12. 企业 8 月末负债总额 100 万元，9 月份收回欠款 15 万元，用银行存款归还借款 10 万元，用银行存款预付购货款 5 万元，则 9 月末负债总额为（　）。

A. 110 万元　　B. 105 万元　　C. 90 万元　　D. 80 万元

13. 下列业务属于资产内部一增一减的是（　）。

A. 收回外单位欠款　　B. 支付欠外单位款

C. 借入短期借款　　D. 销售货款存入银行

14. 期间费用账户期末应（　）。

A. 有借方余额　　B. 有贷方余额

C. 没有余额　　D. 同时有借、贷方余额

15. 下列不属于营业外支出的项目是（　）。

A. 固定资产盘亏损失　　B. 非常损失

C. 捐赠支出　　D. 坏账损失

16. 下列费用中，不是期间费用的有（　）。

A. 管理费用　　B. 财务费用　　C. 制造费用　　D. 销售费用

17. "应付职工薪酬"账户是核算应付给职工的（　）。

A. 工资及福利费的账户　　B. 工资及困难补助的账户

C. 工资总额的账户　　D. 退休金

18. “本年利润”账户年内的贷方余额表示（ ）。

A. 利润分配额 B. 未分配利润额

C. 净利润额 D. 亏损额

19. 年末结转后，“利润分配”账户的贷方余额表示（ ）。

A. 实现的利润总额 B. 净利润额

C. 利润分配总额 D. 未分配利润额

20. “固定资产”账户的借方余额减去“累计折旧”账户的贷方余额的差额表示（ ）。

A. 固定资产的损耗价值 B. 固定资产的原始价值

C. 固定资产的折余价值即净值 D. 固定资产的重置完全价值

二、多项选择题

1. 制造业企业的生产经营活动包括（ ）。

A. 供应过程业务 B. 产品生产业务

C. 产品销售业务 D. 财务成果业务

2. 下列能引起资产和所有者权益同时增加的业务有（ ）。

A. 收到国家投资存入银行 B. 提取盈余公积

C. 收到外商投入专有设备一台 D. 将资本公积金转增资本

3. 企业购入材料的采购成本包括（ ）。

A. 材料买价 B. 增值税进项税额

C. 采购费用 D. 销售机构经费

4. 下列项目应在“管理费用”账户中核算的有（ ）。

A. 工会经费 B. 诉讼费 C. 业务招待费 D. 广告费

5. “生产成本”账户的借方登记（ ）。

A. 管理费用 B. 直接人工费用

C. 分配计入的制造费用 D. 直接材料费用

6. “生产成本”账户的对应账户可能有（ ）。

A. “原材料”账户 B. “银行存款”账户

C. “应付职工薪酬”账户 D. “制造费用”账户

7. 下列费用中，属于生产过程中发生的费用有（ ）。

A. 车间机器设备折旧费 B. 在途物资费用

C. 生产工人工资 D. 生产过程耗用的材料

8. （ ）是企业销售过程中所使用的账户。

A. 主营业务收入 B. 营业税金及附加

C. 主营业务成本　　D. 销售费用

9. (　) 属于"利润分配"核算的内容。

A. 提取法定盈余公积　　B. 提取任意盈余公积

C. 分配给投资者利润　　D. 转增资本

10. 期间费用一般包括（　）。

A. 财务费用　B. 管理费用　C. 销售费用　D. 制造费用

11. 为了具体核算企业利润分配及未分配利润情况，"利润分配"账户应设置的明细账户有（　）。

A. 未分配利润　　B. 提取资本公积金

C. 应付利润　　D. 提取盈余公积

12. 关于"本年利润"账户，下列说法正确的有（　）。

A. 借方登记期末转入的各项支出额

B. 贷方登记期末转入的各项收入

C. 贷方余额为实现的净利润额

D. 借方余额为发生的亏损额

13. 下列可在职工福利费中开支的有（　）。

A. 职工的医药费　　B. 职工困难补助

C. 职工退休金　　D. 医务福利人员工资

14. 按权责发生制原则要求，下列应作为本期费用的是（　）。

A. 预付明年保险费　　B. 摊销以前付款的报刊费

C. 尚未付款的本月借款利息　　D. 采购员报销差旅费

15. 下列账户中，月末一般应该没有余额的是（　）。

A. 生产成本　B. 制造费用　C. 管理费用　D. 财务费用

16. 关于实收资本，下列说法正确的有（　）。

A. 是企业实际收到投资人投入的资本

B. 是企业进行正常经营的条件

C. 是企业向外投出的资产

D. 应按照实际投资数额入账

17. 与营业收入相配比的成本包括（　）。

A. 主营业务成本　　B. 销售费用

C. 其他业务成本　　D. 管理费用

18. 下列采购费用不计入在途物资成本，而是列作管理费用的有（　）。

A. 采购人员差旅费　　B. 入库前的挑选费用

C. 市内采购材料的零星运杂费　　D. 运输途中的合理损耗

19. 在在途物资业务核算时，与“在途物资”账户的借方相对应的贷方账户一般有（　）。

A. 应付账款账户　　B. 应付票据账户

C. 银行存款账户　　D. 预付账款账户

20. 关于“制造费用”账户，下列说法正确的是（　）。

A. 借方登记实际发生的各项制造费用

B. 贷方登记分配转入产品成本的制造费用

C. 期末余额在借方，表示在产品的制造费用

D. 期末一般没有余额

三、计算题

华联股份有限公司 2011 年度有关账户发生额资料如下：

主营业务收入	400 000	财务费用	5 000	主营业务成本	200 000
营业税金及附加	20 000	销售费用	10 000	营业外收入	10 000
管理费用	50 000	营业外支出	15 000	其他业务收入	2 000
其他业务成本	4 000	投资收益	3 000		

要求计算下列指标：

（1）营业利润。

（2）利润总额。

（3）若企业所得税率为 25%，并且除投资收益外企业的利润总额等同于应纳税所得额，要求计算企业应纳的所得税。

（4）假定企业分别按净利润的 10% 和 5% 提取盈余公积金和公益金，然后将剩余的 30% 分配给投资者，要求计算企业提取盈余公积金和公益金以及向投资者分配的数额。

第七章　会计凭证

【本章学习要点】

1. 掌握原始凭证的内容和填制要求。

2. 掌握记账凭证的种类和填制要求，学会填制收款凭证、付款凭证、转账凭证等记账凭证。

第一节　会计凭证概述

一、会计凭证的意义

会计凭证是记录经济业务，明确经济责任的书面证明，是登记账簿的依据。

为了如实地反映会计主体经济业务的发生情况，明确各项经济业务经办人的经济责任，在经济业务发生时，必须取得和填制有关的会计凭证。例如，从银行提取一笔现金备用，需开具现金支票，在支票中应填明提取现金的用途、金额，加盖单位财务专用章及其他相关印章等，将现金支票的正联送交银行据以提取现金，存根联单位留下，作为从银行提取现金这笔业务的会计凭证。这样，既能如实地反映该项经济业务的发生，又能明确经济责任，同时还能作为登记现金等账簿的依据。又如，外购材料一批，已付款，为如实反映这项经济业务的发生情况，必须从销货方取得该批材料的发货票，发货票中应填明销货方名称、购货方名称、材料的数量、单价、金额等，同时须加盖销货方的有关印章以示责任。另外，支付购料款的过程中应填制有关付款凭证并向对方索取收据。以上发货票、付款凭证、收款收据均作为该项经济业务的会计凭证，以示在途物资、付款业务的发生，同时可明确有关单位、经办人的责任，又可作为登记材料等有关账簿的依据。

如实地填制和有效地审核会计凭证，具有以下意义：

（一）可以如实地反映经济业务的完成情况

会计凭证是经济业务的载体，每项经济业务的发生都将在会计凭证中加以反映。所有经济业务执行、完成情况的原始面貌，都会在会计凭证中显示出来。这样，既可以满足会计核算客观性原则的要求，又为进一步进行会计核算提供真实、可靠的原始依据。

（二）可以加强经济责任制

会计凭证的填制，包括经办人员签名或盖章这一内容。这样，可以促使经办人员明确自己的职责，增强其责任感，严格按照有关政策和制度处理经济业务。一旦出现经济纠纷等有关问题，便于检查和分清责任，从而加强经济责任制。

（三）为登记账簿提供依据

进行会计凭证的填制和审核，主要目的是为会计账簿的登记提供依据。以审核无误的会计凭证为依据进行账簿登记，可以分类提供连续、系统的会计信息资料，同时，也保证了会计账簿的可验证性。

（四）发挥会计的监督作用，检查经济业务的合法、合理性

通过对会计凭证的审核，可以检查经济业务是否符合国家有关政策、法令、制度，有无违法乱纪行为。例如，通过有关结算凭证的审核，可以检查结算业务是否符合银行结算纪律；通过有关费用成本原始凭证的审核，可以检查费用成本的发生是否遵守了国家规定的成本开支范围等。另外，通过会计凭证审核，可以检查经济业务的合理性，发现不合理现象，应查明原因，及时予以制止或防止以后再度发生。

二、会计凭证的种类

由于经济业务多种多样，使得不同经济业务的会计凭证从具体格式到填制的内容都不尽相同，但是，可以将其按照一定的标准进行归类。一般地，会计凭证按照填制程序和用途进行分类，可分为原始凭证和记账凭证两大类。

（一）原始凭证

原始凭证是指在经济业务发生时取得或填制的，用以记录经济业务发生或完成情况，具有法律效力的书面证明。

原始凭证是伴随着经济业务的发生而出现的，是进行会计核算的初始资料和依据。因此，原始凭证必须能够证明经济业务已经发生或完成。如采购材料的“发货票”，就能够证明在途物资业务已经发生；银行存款的付款凭证，如“转账支票”，就能证明付款业务已经发生并完成。另外，如“收料单”、“领料单”、“收据”、“借据”等，均可作为会计核算的原始凭证。不能证明经济业务已经发生或完成的“貌似”原始凭证的书面资料如“经济合同”、“材料请购单”等，均不能作为会计核算的原始凭证。

原始凭证又可以按不同标准进一步分为不同类别，具体分类标准及分类结果如下：

1. 按来源不同分，可分为外来原始凭证和自制原始凭证

外来原始凭证是指经济业务发生时，从其他单位或个人处取得的原始凭证。如购买材料从外单位取得的“发货票”；从运输部门取得的“运货单”；银行转来“收款通知单”、“付款通知单”等。

自制原始凭证是指由本单位内部经办业务的部门和人员，在办理经济业务时自行填制的原始凭证。如材料验收入库时的“收料单”；材料领用出库时的“领料单”等。

2. 按填制次数分，可分为一次凭证和累计凭证

一次凭证是指在经济业务发生时一次填制完成，用以记录一项或若干项同类经济业务的原始凭证。如上述外来原始凭证都是一次凭证。累计凭证是指在一定时期内连续多次记载若干项不断重复发生的相同经济业务的原始凭证。累计凭证可连续填制到期末，并以期间内的累计数作为记账的依据。如工业企业发出材料时填制的“限额领料单”。

3. 按记录经济业务数量的多少分，可分为单项原始凭证和汇总原始凭证

单项原始凭证是指只记录一项经济业务的原始凭证。如外来原始凭证和销货时的“发货票”、“借款单”等自制原始凭证。

汇总原始凭证是指按反映一定期间许多同类经济业务的原始凭证汇总编制的原始凭证。如“收料汇总表”、“发料汇总表”、“工资结算汇总表”等。

4. 按适用范围不同分，可分为通用原始凭证和单位内部使用原始凭证

通用原始凭证是指在全国或某一地区统一格式、统一印制、统一使用的原始凭证。如“增值税专用发票”、银行的有关结算凭证等。

单位内部使用原始凭证，是指根据单位自身经济业务特点自行设计印制且仅限于本单位使用的原始凭证。如“收料单”、“领料单”、“差旅费报销单”、“借款单”等。

上述各种原始凭证，无论是自制的还是外来的原始凭证以及汇总原始凭证，一般都是以实际发生的经济业务为依据填制的。但也有一些自制原始凭证，是根据账簿记录，把某一项经济业务加以归类、整理而重新编制的。例如，在月末提取折旧时，编制的“固定资产折旧计算表”，是根据固定资产明细账的记录汇总编制的；在计算产品成本时编制的“制造费用分配表”，是根据制造费用明细账的记录数字编制的。这种根据账簿记录编制的原始凭证，又叫做记账编制凭证。其格式和内容如表 7 – 1 所示：

表 7-1 制造费用分配表

2011 年 10 月 单位：元

应借科目		生产工时	分配率	分配金额
生产成本	甲产品	2 000	0.8	1 600
	乙产品	3 000	0.8	2 400
合计		5 000		4 000

（二）记账凭证

记账凭证是指根据审核无误后的原始凭证填制的，用来确定会计分录并直接作为记账依据的会计凭证。换言之，实际会计工作中，编制会计分录是通过记账凭证来实现的。记账凭证可以进一步分类如下：

1. 按适用的经济业务不同，可分为通用记账凭证和专用记账凭证

通用记账凭证是适用于任何经济业务的记账凭证，即无论何种业务均采用相同格式的记账凭证。专用记账凭证是专门用于记录某一类经济业务的记账凭证。按其记录的经济业务与货币资金收付的关系可分为收款凭证、付款凭证和转账凭证。

收款凭证是指反映现金、银行存款收入业务的记账凭证。具体可分为现金收款凭证和银行存款收款凭证。

付款凭证是指反映现金、银行存款付出业务的记账凭证。具体可分为现金付款凭证和银行存款付款凭证。

转账凭证是指反映与现金、银行存款收付无关的经济业务（转账业务）的记账凭证。

2. 按填制的方式不同，可分为单式记账凭证和复式记账凭证

单式记账凭证是指把一项经济业务所涉及的借贷双方会计科目及金额分别填列在不同的记账凭证中，每张凭证只填列一个会计科目及相应金额的记账凭证。

复式记账凭证是指把一项经济业务所涉及的借贷双方会计科目及金额集中填列在一张凭证中的记账凭证。

3. 按汇总方式不同，可分为分类汇总记账凭证和综合汇总记账凭证

分类汇总记账凭证是指分别对收款凭证、付款凭证、转账凭证定期进行汇总的记账凭证，分别称为汇总收款凭证、汇总付款凭证、汇总转账凭证。

综合汇总记账凭证是指定期对全部记账凭证按照相同会计科目进行汇总的记账凭证，称为科目汇总表或记账凭证汇总表。

原始凭证和记账凭证之间存在着密切的联系。原始凭证是记账凭证的基础，在编制记账凭证时，原始凭证就是记账凭证的附件；记账凭证是对原始凭证内容的概括和说明，当某些账户所属明细账户较多时，原始凭证是登记明细账户的依据。二者关系密切，不能分割。

第二节　原始凭证

一、原始凭证的基本内容

会计凭证是记录经济业务，明确经济责任的书面证明，是登记账簿的依据。

原始凭证是用来记录经济业务发生或完成情况的，而经济业务又是多种多样的，那么就需分别填制或取得内容各不相同的原始凭证。但是，不论什么原始凭证，都要遵循如实反映经济业务发生的原貌（发生的时间、内容、数量、金额等）、明确经办人员责任等原则。所以，在原始凭证的格式上，就有共同的构成要素：①原始凭证的名称；②填制凭证的日期；③填制凭证单位名称或填制人姓名；④接受凭证单位名称；⑤经济业务内容；⑥数量、单价和金额；⑦经办人员的签名或盖章。

原始凭证除了必须具备以上基本要素外，还可根据单位自身经济活动的特点及经营管理的需要，补充一些必要的内容。

二、原始凭证的填制

（一）原始凭证的填制要求

为了保证原始凭证能够及时、准确、清晰地反映经济业务的真实情况，提高会计工作质量，填制原始凭证时必须遵循以下要求：

（1）填制必须及时。应在经济业务发生时及时填制，不得拖延。

（2）内容必须真实可靠。对经济业务发生情况应如实地进行记录，不得弄虚作假。

（3）记录必须完整清晰。原始凭证中有关项目必须逐项填写齐全，不得遗漏。各项目要填写清晰，特别是文字说明应字迹工整，简单明了。一式几联的原始凭证，必须用双面复写纸套写（本身具备复写功能的除外），连续编号，并注明各联的用途。

（4）数字必须准确无误。首先，数字书写应规范。阿拉伯数字应单个书写不得连笔；金额大写用汉字应规范，即壹、贰、叁、肆、伍、陆、柒、捌、玖、拾、佰、仟、万、亿、元、角、分、零、整等。其次，阿拉伯数字前应书写人民币符号“¥”；凡阿拉伯数字前面写有人民币符号的，数字后面不再写货币单位。以元为单位的阿拉伯数字应填写到角、分，无角、分的，角位和分位可分别填写“0”或符号“—”；有角无分的，分位应书写“0”，此时不能用符号“—”。填写大写金额时，事先印好的“人民币”字样与大写数字之间不得留空；大写金额数字到元或角为止的，应在其后书写“整”字，如到分为止的，后面可不写“整”字；阿拉伯数字中间有“0”时，汉字大写金额要对应书写“零”字；阿拉伯数字金额中间连续有几个“0”时，汉字大写金额中可以只写一个“零”字；阿拉伯数字金额元位是“0”，或者数字中间连续有几个“0”，元位也是“0”，但角位不是“0”时，汉字大字金额可以只写一个“零”字，也可以不写“零”字。最后，数字计算正确，大小写金额应相符。

（5）责任必须明确。经办业务的单位和个人，一定要认真填写、审查原始凭证，确认无误后，要在原始凭证指定位置上签名或盖章，以便明确责任。按规定，从外单位取得的原始凭证，必须盖有填制单位的公章；从个人取得的原始凭证，必须有填制人签名或印章；自制原始凭证必须有经办单位领导人或者其指定人员的签名或盖章；对外开出的原始凭证，必须加盖本单位的公章。

（6）原始凭证不得涂改、挖补。发现原始凭证有错误的，应当由开出单位重开或者按规定进行更正，更正处应当加盖开出单位的公章。

（二）原始凭证的填制方法

按照原始凭证的填制要求，现分别举例说明一次凭证、累计凭证和汇总原始凭证的填制方法。

一次凭证手续简单，在经济业务发生时，一次即可填制完成。现以“增值税专用发票”、“收料单”为例进行说明。

企业单位销售商品时，须填制发货票一式数联，如为增值税一般纳税人，发货票即为“增值税专用发票”，一般一式四联，那么就需复写；其次，应填明开票日期、购货单位名称、地址、出售商品或劳务名称、商品或劳务的数量、单价、金额，增值税率、税额、销货单位名称等内容。具体格式及填制如表7－2所示：

表 7－2　　　　××省（市、区）增值税专用发票

开票日期：2012 年 5 月 10 日　　　　No. 0136485

<table>
<tr><td rowspan="2">购货单位</td><td>名称</td><td colspan="3">东方公司</td><td colspan="9">纳税人登记号</td><td colspan="10">（略）</td></tr>
<tr><td>地址、电话</td><td colspan="3">（略）</td><td colspan="9">开户银行及账号</td><td colspan="10">（略）</td></tr>
<tr><td colspan="2">商品或劳务名称</td><td rowspan="2">计量单位</td><td rowspan="2">数量</td><td rowspan="2">单价</td><td colspan="9"></td><td rowspan="2">税率（%）</td><td colspan="9">税额</td></tr>
<tr><td colspan="2">φ30mm 圆钢</td><td>百</td><td>十</td><td>万</td><td>千</td><td>百</td><td>十</td><td>元</td><td>角</td><td>分</td><td>百</td><td>十</td><td>万</td><td>千</td><td>百</td><td>十</td><td>元</td><td>角</td><td>分</td></tr>
<tr><td colspan="2"></td><td>千克</td><td>5 000</td><td>20</td><td>¥</td><td>1</td><td>0</td><td>0</td><td>0</td><td>0</td><td>0</td><td>0</td><td>0</td><td>17</td><td></td><td>¥</td><td>1</td><td>7</td><td>0</td><td>0</td><td>0</td><td>0</td><td>0</td></tr>
<tr><td colspan="2"></td><td></td><td></td><td></td><td></td><td></td><td></td><td></td><td></td><td></td><td></td><td></td><td></td><td></td><td></td><td></td><td></td><td></td><td></td><td></td><td></td><td></td><td></td></tr>
<tr><td colspan="2">合计</td><td></td><td>5 000</td><td></td><td>¥</td><td>1</td><td>0</td><td>0</td><td>0</td><td>0</td><td>0</td><td>0</td><td>0</td><td>17</td><td></td><td>¥</td><td>1</td><td>7</td><td>0</td><td>0</td><td>0</td><td>0</td><td>0</td></tr>
<tr><td colspan="2">价税合计（大写）</td><td colspan="22">人民币：壹拾壹万柒仟零佰零拾零元零角零分　¥117 000</td></tr>
<tr><td rowspan="2">销货单位</td><td>名称</td><td colspan="3">振兴公司</td><td colspan="9">纳税人登记号</td><td colspan="10">（略）</td></tr>
<tr><td>地址、电话</td><td colspan="3">（略）</td><td colspan="9">开户银行及账号</td><td colspan="10">（略）</td></tr>
</table>

收款人：×××　　　　开票单位（未盖章无效）：

对于购入材料入库业务，仓库保管员或其他收料人应根据发货票及实际收到的材料等填写“收料单”原始凭证。在“收料单”中应填明收到材料的品种、规格、数量、单价、金额等，并签名盖章。具体格式及填制如表 7－3 所示：

表 7－3　　　　收料单

供应单位：振兴公司　　　　凭证编号：0854

发票编号：0136485　　　　2012 年 5 月 15 日　　　　收料仓库：3 号库

材料类别	材料编号	材料名称及规格	计量单位	数量		金额			
				应收	实收	单价	买价	运杂费	合计
型钢	120120	φ30mm 圆钢	千克	5 000	5 000	20	100 000	1 500	101 500
备注：									

保管员：×××　　　　收料人：×××

收料单一般一式三联，一联仓库留存、一联交财会部门据以记账、一联由供应部门保留。

累计凭证是相对于一次凭证而言的，它要求在一张凭证上连续、累计登记一定时期内相同经济业务，这样可以在一张凭证上反映出同类经济业务的累计发生情况，同时可简化核算手续，减少凭证数量。如工业企业常用的“限额

领料单”，即是反映一定时期内（一般为 1 个月）连续领用同一种材料的原始凭证，并且对领用材料的数量规定有最高限额，一定时期内领用数量不得超过该限额，目的在于控制材料消耗、降低成本。“限额领料单”具体格式及填制如表 7 – 4 所示：

表 7 – 4

限额领料单

2012 年 6 月

领料单位：第 3 分厂　　　　凭证编号：006

材料用途：生产 A 产品　　　　发料仓库：3 号库

材料类别	材料编号	材料名称	材料规格	计量单位	全月领用限额	全月实领			备注
						数量	单价	金额	
型钢	120120	圆钢	φ30mm	千克	2 500	2 400	20. 3	48 720	
领料日期	请领			实发			退库		限额结余
	数量	领料部门负责人签章		数量	领料人签章	发料人签章	数量	退料单编号	
5	500	×××		500	×××	×××			2 000
		×××			×××	×××			
30							100		100
合计	2 500			2 500			100		100

供应部门负责人：×××　　　生产计划部门负责人：×××　　　仓库负责人：×××

表 7 – 4 中的“限额领料单”由生产计划部门和供应部门根据生产情况和材料供应情况具体制定，一般根据当期产品计划产量和材料消耗定额计算。“限额领料单”一式数联（一般一式三联），其中一联交仓库据以发料。每次领料时，应在领料单中填明请领数量，由领料单位负责人签章后，向仓库领料。仓库发料后，应将实发数量和发料后的限额结余填入限额领料单中，并由领料和发料双方签章。月末时计算出实际领用数量和金额。

汇总原始凭证又称原始凭证汇总表，是将许多同类经济业务的原始凭证进行汇总编制而成。目的是为了简化核算手续，提高核算工作效率，为企业管理提供综合性指标。工业企业常用的“收料凭证汇总表”即为汇总原始凭证，其格式及填制方法如表 7 – 5 所示：

表 7－5　　　　　　　　　　收料凭证汇总表

2012 年 6 月　　　　　　　　　　单位：元

收料地点	收料单张数	材料类别			合计
		原料及主要材料	辅助材料	燃料	
1 号仓库	10	9 600	5 700	4 500	19 800
2 号仓库	15	10 700	10 500	8 100	29 300
3 号仓库	18	12 500	2 100	9 800	24 400
合计	43	32 800	18 300	22 400	73 500

会计主管：×××　　　记账：×××　　　稽核：×××　　　制单：×××

表 7－5“收料凭证汇总表”是根据收料单原始凭证分别按材料存放地点及材料类别定期（如按旬、按月）汇总而成的。

三、原始凭证的审核

原始凭证由于来源不同，经办单位和人员各异，为保证原始凭证的真实性和它所反映经济业务的合法、合理性，必须对其进行严格的审核。审核原始凭证，是贯彻国家的有关方针政策和财经纪律、加强管理、发挥会计监督职能的重要手段，是会计确认的重要步骤，是保证会计核算质量、会计信息正确可靠的重要措施。

1. 审核原始凭证所记录经济业务的真实、合法、合理性

首先，进行真实性审核，即审核原始凭证及所记载的经济业务是否真实，有无伪造现象。经济业务的经办单位和个人、经济业务发生的时间和地点、填制凭证的日期和内容、经济业务引起的实物量和价值量等各方面都必须是真实的。其次，进行合法性审核，即审核原始凭证所记载的经济业务是否符合有关财经纪律、法规、制度等的规定，有无违法乱纪行为，若有，应予以揭露和制止。根据《会计法》的规定，对不真实、不合法的原始凭证，有权不予接受，并向单位负责人报告。最后，进行合理性审核，即审核经济业务的发生是否符合事先制定的有关经济业务计划、预算等的要求，有无不讲经济效益、脱离目标的现象，是否符合费用开支标准，有无铺张浪费的行为等。

2. 审核原始凭证是否符合填制要求

对照前述原始凭证的填制要求进行审核。首先，审核原始凭证的各构成要素是否齐全；其次，审核各要素内容填制得是否正确、完整、清晰，特别是对凭证中所记录的数量、金额的正确性要进行认真审核，检查金额计算有无差

错，大小写金额是否一致等；最后，审核各经办单位和人员签章是否齐全。根据《会计法》规定，对记载不准确、不完整的原始凭证予以退回，并要求按国家统一的会计制度的规定更正、补充。

审核原始凭证是一项政策性、业务性很强、十分细致的工作，因此，要求会计人员既要熟悉有关财经政策、法规、制度，又要了解本单位生产经营情况，同时，又要求会计人员做到认真、细致、逐项进行审核。所以，会计人员应当不断提高自身的政策水平、业务水平，增强责任心，严把审核关。

第三节　记账凭证

一、记账凭证的基本内容

各单位依据自身经营业务特点，可设计、使用不同格式的记账凭证。但出于确定会计分录，据以登账这一共同目的，所有记账凭证都必须具备以下内容：①记账凭证的填制日期；②记账凭证的编号；③经济业务的内容摘要；④应借应贷账户名称和金额，即会计分录；⑤所附原始凭证张数；⑥填制凭证人员、稽核人员、记账人员、会计机构负责人、会计主管人员签名或盖章，收款、付款记账凭证还应当由出纳人员签名或盖章。

二、记账凭证的填制

（一）记账凭证填制的基本要求

记账凭证的填制，是在对原始凭证进行整理、分类的基础上，借助复式记账方法，确定经济业务所涉及的账户名称、记账方向及金额，即确定会计分录的工作，是会计核算的重要环节。记账凭证是登账的直接依据，在填制时应遵循以下要求：

（1）要以审核无误的原始凭证为依据。

（2）摘要的填写要求既简明扼要又要说明经济业务的发生情况，这样便于了解经济业务的概况，对于查阅凭证、登记账簿都十分有利。

（3）会计分录编制要正确。会计分录是记账凭证记载的重要内容，要求做到正确无误。首先，会计科目运用要正确。必须按照会计制度规定的会计科目名称及核算内容进行运用，明细科目名称也要如实、正确地填写。其次，记账方向要正确。在借贷记账法下，应借、应贷对应关系要清晰明确，以便反映经济业务的来龙去脉。因此，一张记账凭证只能记录一项经济业务或汇总记录同一类经济业务，不得把不同类型的经济业务记录在同一张记账凭证上。最后，金额计算要正确。一是借贷双方金额要相等；二是总账科目金额与所属明细账科目金额之和应相等。

（4）附件张数要注明。记账凭证的附件即原始凭证，要认真查对，整理并附在记账凭证的后面，同时在记账凭证上注明所附原始凭证的张数。结账和更正错误的记账凭证可以不附原始凭证。如果原始凭证内容十分重要或数量过多须单独保存的，要在摘要栏说明；如果同一张原始凭证需填制两张或两张以上记账凭证时，必须在未附原始凭证的记账凭证的摘要栏注明："××单据附在××号记账凭证上"，以便查对。

（5）记账凭证的编号应根据不同情况采用不同的方法。如果单位的各种经济业务采用通用格式的记账凭证，则凭证的编号可采用顺序编号方法，即将所有的记账凭证按日期顺序编号；如果是将经济业务分类填制记账凭证的，如区分收款业务、付款业务、转账业务进行记账凭证填制的，记账凭证的编号则要采用按字顺序编号法。如对收款、付款、转账三类业务，分别按"收"、"付"、"转"字顺序编号，具体编号为"收字第××号"、"付字第××号"、"转字第××号"；如果收、付款业务需按现金以及银行存款收、付款业务分别反映的，则按字顺序编号法可具体编号为"现收字第××号"、"银收字第××号"、"现付字第××号"、"银付字第××号"、"转字第××号"；如果一笔经济业务需填制一张以上记账凭证时，可采用分数编号法。如某项转账业务需填三张记账凭证，而该项业务本身属第20号转账业务，则填制的三张记账凭证的编号分别为"转字第20 1/3号"、"转字第20 2/3号"、"转字第20 3/3号"。分数中分母为该笔经济业务填制的记账凭证总张数，分子表示在总张数中属第几张凭证。采用上述编号方法进行编号，到期末时，应在最后一张记账凭证的编号旁加注"全"字，以便检查。

（6）记账凭证的填制人员及有关负责人，应在记账凭证填制齐全、确认正确无误后，在凭证相应位置上签章，以示责任。

（7）如果记账凭证填制有误，若尚未据以入账，应当重新填制；若已据以登记入账，如果是当年发现的，要按规定的方法进行纠正（具体方法将在第七章介绍）；如果是以后年度发现的，应当用蓝字填制一张更正的记账凭证并登账。

（8）记账凭证填制完经济业务事项后，如有空行，应当将金额栏最后一笔金额数字下合计金额数字上的空行处划线注销。

（二）不同类型记账凭证的格式及填制方法

1. 通用记账凭证的格式及填制方法

通用记账凭证，是指适用于所有类别经济业务的记账凭证。格式如表7－

6 所示。

［例 7－1］　某企业 2012 年 6 月 5 日向宏兴公司采购甲材料，取得“增值税专用发票”，发票中列明甲材料数量为 100 吨，每吨单位售价 1 000 元，计 100 000 元，进项增值税额为 17 000 元；另外取得对方代垫运费单据一张，列明甲材料运杂费为 500 元。以上款项均未支付。

根据记录该项经济业务的原始凭证，确定会计分录填入通用记账凭证中。其中，凭证中年、月、日按经济业务发生的日期填写；右上方的凭证编号按经济业务排列；借贷金额应相等。具体填制见表 7－6。

表 7－6　　**通用记账凭证**

2012 年 6 月 5 日　　编号：第××号

摘要	会计科目		借方金额										贷方金额										过账
	总账科目	明细科目	千	百	十	万	千	百	十	元	角	分	千	百	十	万	千	百	十	元	角	分	
向宏兴公司	物资采用	甲材料		¥	1	0	0	5	0	0	0	0											√
采购甲材料	应交税费	应交增值税			¥	1	7	0	0	0	0	0											√
贷款未付	应付账款	宏兴公司												¥	1	1	7	5	0	0	0	0	√
合计				¥	1	1	7	5	0	0	0	0		¥	1	1	7	5	0	0	0	0	

附件 2 张

主管：×××　记账：×××　稽核：×××　会计：×××

出纳：×××　制单：×××

2. 收款凭证、付款凭证、转账凭证的格式及填制方法

对于货币资金收付款业务比较频繁的单位，可将经济业务按与货币资金收付是否有关分为收款业务、付款业务及转账业务，那么相应地就需填制收款凭证、付款凭证和转账凭证。具体格式分别见表 7－7、表 7－8、表 7－9。

收款凭证是根据现金、银行存款收款业务的原始凭证填制的，因此，凭证左上方“借方科目”处应填写“库存现金”、“银行存款”科目；年、月、日应填写经济业务发生的日期；右上方凭证字号应按“收字第××号”或“现

收字第××号”、“银收字第××号”顺序编写；贷方科目即“库存现金”或“银行存款”的对应科目；金额栏中填写贷方科目的金额，贷方金额合计即借方科目的金额；“过账备注”栏应注明根据该凭证记入账簿中的页码或以“√”表示已经过账；附件张数即所附原始凭证张数。

［例7-2］　某企业2012年6月10日收回应收中亚公司商品货款200 000元存入银行，银行转来“收款通知”一联通知记账。假设该企业分别按现金、银行存款收款业务编号，该项业务为本期银行存款第六笔收款业务。收款凭证具体填制如表7-7所示。

表7-7　**收款凭证**

借方科目：银行存款　　2012年6月10日　　银收字第6号

摘要	贷方科目		金额										过账备注
	总账科目	明细科目	千	百	十	万	千	百	十	元	角	分	
收回中亚	应收账款	中亚公司		¥	2	0	0	0	0	0	0	0	√
公司前欠													
货款													
合计				¥	2	0	0	0	0	0	0	0	

附件1张

会计主管：×××　　记账：×××　　出纳：×××

稽核：×××　　制单：×××

付款凭证是根据现金、银行存款付款业务的原始凭证填制的，因此，凭证左上方“贷方科目”处应填写“库存现金”、“银行存款”科目；凭证字号应按“付字第××号”或“现付字第××号”、“银付字第××号”顺序编号；金额栏中应填写借方科目金额，借方金额之和即为贷方科目金额。

［例7-3］　某企业2012年6月12日购买厂部行政办公用品，“发货票”列明价款1 000元，用现金支付。假设该业务为本期第八项现金付款业务，付款凭证具体填制如表7-8所示。

在填制收款凭证和付款凭证时，对于现金和银行存款之间相互划转的业务即从银行提取现金、将现金存入银行的业务，一般只编付款凭证，不编收款凭证。例如，对于从银行提取现金的业务，则只需编制银行存款付款凭证，不编现金收款凭证。因为，银行存款凭证既能反映银行存款的付出，又能反映现金的收入，如再编制现金收款凭证，很容易造成重复记账。

另外，出纳员根据收、付款记账凭证收、付款项后，应在收款凭证上加盖“收讫”戳记，在付款凭证上加盖“付讫”戳记，以免重收或重付。

表7－8　　**付款凭证**

贷方科目：库存现金　　2012年6月12日　　现付字第8号

摘要	借方科目		金额										过账备注
	总账科目	明细科目	千	百	十	万	千	百	十	元	角	分	
购买办公用品	管理费用	办公费				¥	1	0	0	0	0	0	√
合计						¥	1	0	0	0	0	0	

附件1张

会计主管：×××　　记账：×××　　出纳：×××

稽核：×××　　制单：×××

转账凭证是根据转账业务原始凭证填制的。在会计科目中，一般按照先借后贷的顺序填写会计科目；金额栏中明细科目金额之和即为总账科目金额，借方金额合计应等于贷方金额合计；凭证字号按转账业务顺序填写“转字第×号”。

［例7－4］　某企业2012年6月末结转已入库甲、乙材料的采购成本。甲在途物资成本为58 000元，乙在途物资成本为42 000元，原始凭证为甲、乙材料“入库单”二张。假设该笔业务为第三十号转账业务，转账凭证具体填制如表7－9所示。

表7－9　　**转账凭证**

2012年6月30日　　转字第30号

摘要	会计科目		借方金额										贷方金额										过账
	总账科目	明细科目	千	百	十	万	千	百	十	元	角	分	千	百	十	万	千	百	十	元	角	分	
结转入库甲乙在途物资成本	原材料	甲材料			¥	5	8	0	0	0	0	0											√
		乙材料			¥	4	2	0	0	0	0	0											√
	在途物资	甲材料													¥	5	8	0	0	0	0	0	√
		乙材料													¥	4	2	0	0	0	0	0	
合计				¥	1	0	0	0	0	0	0	0		¥	1	0	0	0	0	0	0	0	

附件2张

会计主管：×××　　记账：×××　　稽核：×××　　制单：×××

3. 单式记账凭证的格式及填制方法

以上无论是通用记账凭证还是分别收款、付款、转账业务的收款凭证、付款凭证、转账凭证，都可称为复式记账凭证。因为在一张凭证中可以从双方反映一项经济业务的来龙去脉，即某项业务引起的两个或两个以上会计科目的变动情况，均在一张凭证中得到了反映。相对于复式记账凭证的是单式记账凭证，即把一项经济业务所涉及的借方会计科目及金额、贷方会计科目及金额分别填制记账凭证。以借方会计科目填制的记账凭证称借项记账凭证；以贷方会计科目填制的记账凭证称贷项记账凭证。其格式分别见表 7－10 和表 7－11。

表 7－10　　**借项记账凭证**

2012 年 6 月 30 日　　转字第 30 1/2 号

摘要	会计科目		金额										过账备注	
	总账科目	明细科目	千	百	十	万	千	百	十	元	角	分		
结转入库甲乙材料成本	原材料	甲材料			¥	5	8	0	0	0	0	0	√	附件2张
		乙材料			¥	4	2	0	0	0	0	0	√	
对应总账科目：物资采购		合计		¥	1	0	0	0	0	0	0	0		

会计主管：×××　　记账：×××　　稽核：×××　　制单：×××

表 7－11　　**贷项记账凭证**

2012 年 6 月 30 日　　转字第 30 2/2 号

摘要	会计科目		金额										过账备注	
	总账科目	明细科目	千	百	十	万	千	百	十	元	角	分		
结转入库甲、乙材料成本。附件在第 30 1/2 号凭证上	在途物资	甲材料			¥	5	8	0	0	0	0	0	√	附件张
		乙材料			¥	4	2	0	0	0	0	0	√	
对应总账科目：原材料		合计		¥	1	0	0	0	0	0	0	0		

会计主管：×××　　记账：×××　　稽核：×××　　制单：×××

仍以上述复式转账凭证填制时的经济业务为例，分别填制借项记账凭证（表 7－10）和贷项记账凭证（表 7－11）。

复式记账凭证可以在一张凭证中反映出经济业务的来龙去脉，便于了解经济业务的原貌；单式记账凭证便于会计分工，但凭证填制工作量较复式记账凭证要大。因此，单式记账凭证适用于经济业务不多的单位。

4. 联合记账凭证的格式及填制方法

联合记账凭证是指兼有原始凭证和记账凭证双重作用的记账凭证。为了简化记账凭证的填制工作，对于有些转账业务，可以在印有应借、应贷科目专栏的原始凭证或原始凭证汇总表中进行填制。该原始凭证或原始凭证汇总表可以反映经济业务发生情况，既起到了原始凭证的作用，又起到了据以登记账簿即记账凭证的作用，所以可称其为联合记账凭证。工业企业的“发料凭证汇总表”既可按联合记账凭证的要求进行设计，又可用以填列发料业务。其格式见表 7－12。

表 7－12 **发料凭证汇总表**

2012 年 6 月 字第 号

应贷科目 应借科目	原材料			金额合计
	甲材料	乙材料	丙材料	
生产成本 ——A 产品 ——B 产品				
制造费用 ——一分厂 ——二分厂				
管理费用				
合计				

附件 张

会计主管：××× 记账：××× 稽核：××× 制单：××

表 7－12“发料凭证汇总表”联合记账凭证，可根据各种材料的“发料单”原始凭证按材料用途，即应借科目，定期（5 天、10 天、15 天、1 个月）汇总编制。这样，既反映了各种材料发出的原始情况，又清晰地反映了发出材料的应借应贷关系，起到了原始凭证和记账凭证双重的作用。

三、记账凭证的审核

记账凭证是登账的直接依据，为了保证账簿记录的正确性，记账凭证填制完毕以后，必须认真审核。审核的内容有：

（1）所附原始凭证是否完整，记账凭证内容与原始凭证记载的内容是否一致；

（2）记账凭证中会计分录是否正确；

（3）记账凭证中各项内容是否填写齐全、正确，有关人员是否签名盖章；

（4）数字大、小写书写是否规范；

（5）有无涂改、伪造记账凭证现象。

在审核中，如发现差错或遗漏，应按规定及时更正或补充；如已登记入账，要按规定方法进行更正；对伪造、涂改记账凭证等现象，应严厉制止并纠正。只有审核无误的记账凭证才能据以入账。

第四节　会计凭证传递与保管

一、会计凭证的传递

会计凭证的传递，是指会计凭证从填制、审核、整理、记账、装订到归档保管为止，在本单位内部有关部门和人员之间，按照规定的路线、时间进行传递、处理的程序。

一项经济业务，往往要由单位内部若干职能部门分工完成。例如，在途物资入库业务，要由采购部门、仓库部门、财会部门共同完成。因此，会计凭证也要随着经济业务的进程在这些部门之间进行传递。一般地，根据采购材料取得的“发货票”等有关原始凭证并经采购人员、采购部门负责人签章后连同材料一并送交仓库据以验收入库，并填制“收料单”原始凭证，一般一式三份，一份仓库留存，一份交采购部门存查，一份连同“发货票”等送交财会部门。财会部门经过审核后，即可填制采购成本发生、结转入库在途物资成本的记账凭证并登记有关账户。在途物资的上述有关原始凭证、记账凭证登账后，就可装订归档保管。可见，正确及时组织会计凭证的传递，对于及时传递经济业务信息、有效组织经济活动、提高会计工作质量、实行会计监督具有重要意义。因此，会计部门应在调查研究的基础上，会同有关部门共同制定、贯彻执行会计凭证传递程序。

（一）确定会计凭证的传递路线

即结合不同经济业务发生情况及单位内部机构组织和人员分工情况，设计每种会计凭证的份数，规定会计凭证必须经过的环节，使得各有关部门和人员能了解经济业务的情况，及时办理凭证手续，同时要避免凭证传递经过不必要的环节，以提高工作效率。合理的会计凭证传递程序，可以协调单位内部有关部门和人员的行为，搞好分工协作，并且还可使经办业务的有关部门和有关人员之间形成一种相互牵制、相互监督的关系，从而督促有关部门和人员及时正确地完成各自经办的业务。

（二）规定会计凭证的传递时间

根据会计凭证的传递程序，规定凭证在每个环节上的停留时间。在不影响会计工作质量的前提下，尽量节约凭证传递时间，切忌拖延和积压会计凭证。

（三）严密凭证交接手续

会计凭证在各有关部门和人员之间进行传递，就需要办理凭证交接手续。应制定严密的凭证交接手续，即凭证的签收、交接制度。这样，一方面有利于加强岗位责任制；另一方面便于保证会计凭证的安全完整。

二、会计凭证的保管

会计凭证是单位重要的经济资料，是会计档案的重要组成部分。因此，在根据记账凭证登记账簿以后，要定期对会计凭证进行归类整理。会计凭证整理的具体方法和要求如下：

（一）会计凭证的整理

（1）编号。将会计凭证按编号顺序整理，检查有无缺号、重复编号情况，记账凭证所附原始凭证是否齐全。

（2）装订。按期将记账凭证连同所附的原始凭证或者原始凭证汇总表按照编号顺序折叠整齐，装订成册，厚度一般不要超过3cm，并加具封面，注明单位名称、年度、月份和起讫日期、凭证种类、起讫号码，由装订人在装订线封签处签名或者盖章。

对业务件质相同、数量很大的原始凭证或重要的原始凭证，可以单独装订保管，但必须在与之相关的记账凭证上加以说明，以便查对。

（3）归档。年度结束后，会计凭证应归入档案。

会计凭证档案封面格式如表7－13所示。

表7－13　　会计凭证档案封面

（单位名称） 凭证名称 年　月　　共　册　　本册为第　册		
本册起止号码：自　　号至　　号		
本册起止日期：自　月　日起至　月　日止		

会计主管：（签字）　　会计：（签字）　　装订：（签字）

（二）会计凭证的借阅

会计凭证整理后应指定专人负责保管，年度终了后，应移交档案室登记归档并严格调阅制度。一般情况下，本单位会计凭证不得外借，其他单位如因特殊情况需要调阅时，需经本单位会计机构负责人、会计主管人员批准，才可以复制，并在专设的登记簿上登记，由提供人员和收取人员共同签名或盖章。本单位人员调阅会计凭证，也应办理有关手续，如登记调阅档案名称、调阅日期、调阅人、归还时间等。从外单位取得的原始凭证如有遗失，应当取得原开出单位盖有公章的证明，并注明原来凭证的号码、金额和内容等，由经办单位会计机构负责人、会计主管人员和单位领导人批准后，才能代作原始凭证。如果确实无法取得证明的，如火车票、飞机票等，应由当事人写出详细情况，经有关领导批准后，代作原始凭证。

各种会计凭证应按会计档案保管的有关规定，保存一定的年限，以便检查单位的经济活动情况。会计凭证保管期满后，应按规定进行销毁。销毁时，须开列清单，报经批准后由财会部门和档案部门会同销毁，并在销毁清单上签章，以便明确责任。

【本章小结】

会计凭证是记录经济业务，明确经济责任的书面证明，是登记账簿的依据。按照填制程序和用途进行分类，可分为原始凭证和记账凭证两大类。

原始凭证是指在经济业务发生时取得或填制的，用以记录经济业务发生或完成情况，具有法律效力的书面证明。填制原始凭证时必须做到填制及时、内容真实可靠、记录完整清晰、数字准确无误、责任明确、不得涂改挖补等要求。

记账凭证是指根据审核无误后的原始凭证填制的，用来确定会计分录并直接作为记账依据的会计凭证。经济业务不多的企业，不论什么样的经济业务，只需填制通用记账凭证；业务量多的企业，可以按照经济业务是否涉及库存现金、银行存款的收付，分别编制收款凭证、付款凭证和转账凭证。

【关键术语和概念】

会计凭证	原始凭证	记账凭证	自制原始凭证
外来原始凭证	一次原始凭证	累计原始凭证	汇总原始凭证
复式记账凭证			

【复习思考题】

1. 什么是会计凭证？填制和审核会计凭证有何意义？
2. 原始凭证应具备哪些内容？
3. 什么是记账凭证？记账凭证应具备哪些内容？
4. 什么是收款凭证、什么是付款凭证、什么是转账凭证？涉及现金和银行存款的划转业务如何编制记账凭证？
5. 如何审核原始凭证？如何审核记账凭证？
6. 什么是会计凭证的传递程序？会计凭证传递的作用是什么？
7. 会计凭证保管的方法和一般要求是什么？

【练习题】

一、单项选择题

1. 严格地讲，填制记账凭证的依据应是（　）。
   A. 真实的原始凭证　　B. 自制的原始凭证
   C. 外来原始凭证　　D. 审核无误的原始凭证
2. 收料单属于（　）。
   A. 外来原始凭证　　B. 自制原始凭证
   C. 计算凭证　　D. 汇总原始凭证
3. 制造企业的“限额领料单”一般是一种（　）。
   A. 外来原始凭证　　B. 自制累计原始凭证
   C. 自制一次原始凭证　　D. 自制汇总原始凭证
4. 结转完工入库产品的实际成本应编制（　）。
   A. 转账凭证　B. 收款凭证　C. 付款凭证　D. 累计凭证
5. 企业所编制的会计分录不体现在（　）上。
   A. 收款凭证　B. 付款凭证　C. 转账凭证　D. 原始凭证

6. 会计凭证不是（　）。
   A. 记账查账的重要依据，经济业务完成情况的书面证明
   B. 编制会计报表的重要依据
   C. 记录经济业务的书面证明
   D. 明确经济责任的书面证明
7. 填制原始凭证时，应做到以下方面，但是（　）的叙述是错误的。
   A. 阿拉伯数字应当一个一个地写，不得连续写
   B. 凭证发生错误，不得随意涂改、乱擦、挖补
   C. 所有以元为单位的阿拉伯数字，除表示单价等情况外，一律写到角分
   D. 经有关部门批准的业务，其批准文件不能作为原始凭证的附件
8. 下列不能作为会计核算的原始凭证（　）。
   A. 发货票　　B. 合同书
   C. 库存商品库单　　D. 领料单
9. 执行凭证是用来证明经济业务执行和完成的原始凭证，一般不包括（　）。
   A. 收料单　　B. 领料单　　C. 工资结算单　　D. 发货票
10. 记账凭证审核时，一般不包括（　）。
   A. 记账凭证是否附有原始凭证，原始凭证内容是否与记账凭证内容相符
   B. 记账凭证是否附有原始凭证，原始凭证时间是否与记账凭证时间一致
   C. 根据原始凭证所做的会计分录是否正确
   D. 记账凭证中规定的项目是否已填列齐全
11. 下列科目可能是收款凭证贷方科目的是（　）。
   A. 制造费用　　B. 管理费用　　C. 应收账款　　D. 坏账准备
12. 将会计凭证分为原始凭证和记账凭证的依据是（　）。
   A. 填制时间　　B. 取得来源
   C. 填制的程序和用途　　D. 反映的经济内容
13. 记账凭证中不可能有（　）。
   A. 接受单位的名称　　B. 记账凭证的编号
   C. 记账凭证的日期　　D. 记账凭证的名称
14. 原始凭证是（　）。
   A. 登记日记账的根据　　B. 编制记账凭证的根据

C. 编制科目汇总表的根据　　D. 编制汇总记账凭证的根据

15. 制造费用分配表是（　）。

A. 外来原始凭证　　B. 通用记账凭证

C. 累计凭证　　D. 记账编制凭证

16. 将记账凭证分为收款凭证、付款凭证、转账凭证的依据是（　）。

A. 凭证填制的手续　　B. 凭证的来源

C. 凭证所反映的经济业务内容　　D. 所包括的会计科目是否单一

17. 根据账簿记录和经济业务的需要而编制的自制原始凭证是（　）。

A. 转账凭证　　B. 累计凭证

C. 限额领料单　　D. 记账编制凭证

18. 会计凭证登账后的整理、装订和归档存查称为（　）。

A. 会计凭证的传递　　B. 会计凭证的保管

C. 会计凭证的编制　　D. 会计凭证的销毁

19. 根据一定期间的记账凭证全部汇总填制的凭证有（　）。

A. 汇总原始凭证　　B. 科目汇总表

C. 复式凭证　　D. 累计凭证

20. 外来原始凭证一般都是（　）。

A. 一次凭证　　B. 累计凭证

C. 汇总原始凭证　　D. 记账凭证

二、多项选择题

1. 原始凭证的内容必须具备（　）等。

A. 凭证名称　　B. 填制凭证日期

C. 填制凭证单位名称或填制人姓名　D. 经办人员的签名或盖章

2.（　），各单位不得自行设计和印制。

A. 银行汇票、本票　　B. 支票

C. 发货票　　D. 入库单

3. 企业购买材料一批并已入库，该项业务有可能存在如下原始凭证（　）。

A. 发货票　B. 支票　C. 货运单据　D. 入库单

4. 记账凭证必须具备（　）基本内容等。

A. 记账凭证名称　　B. 填制单位名称

C. 填制凭证日期　　D. 会计分录

5. 复式记账凭证的优点体现在（　）。

A. 利于会计人员分工

B. 在一张记账凭证上反映该笔经济业务的全貌

C. 减少凭证的数量

D. 便于汇总计算每一会计科目的发生额

6. 某一张记账凭证的编制依据可以是（　）。

A. 某一张原始凭证

B. 反映同类经济业务的若干张原始凭证

C. 汇总原始凭证

D. 有关账簿记录

7. 产品完工验收入库，该项业务所编制的记账凭证，一般应依据（　）。

A. 出库单　　B. 入库单

C. 制造费用分配表　　D. 库存商品成本计算单

8. 如果某一笔经济业务需填制两张记账凭证，该凭证顺序号为 70 号，则此两张记账凭证的编号应为（　）。

A. 70 号　　B. 71 号　　C. 70—1/2　　D. 70—2/2

9. 会计凭证的传递是指从原始凭证的填制或取得时开始，经过（　）直到归档保管为止。

A. 填制　　B. 审核　　C. 记账　　D. 保管

10. 组织会计凭证的传递应满足以下几方面的要求（　）。

A. 适合本单位经济业务特点

B. 保证会计凭证经过的环节已进行了有关的处理和审核

C. 适合本单位机构设置、人员分工

D. 避免会计凭证在不必要的环节停留

11. 下列属于外来凭证的有（　）。

A. 购入材料的发票　　B. 出差住宿费收据

C. 银行结算凭证　　D. 收款凭证

12. 收款凭证和付款凭证是（　）。

A. 登记现金、银行存款日记账的依据

B. 编制报表的直接依据

C. 调整和结转有关账项的依据

D. 成本计算的依据

13. 记账凭证的编号方法有（　）。

A. 顺序编号法　　B. 分类编号法

C. 奇偶数编号法　　D. 任意编号法

14. 正确地组织会计凭证的传递的意义在于（　）。
A. 可以及时地反映和监督经济业务的发生和完成情况
B. 合理有效地组织经济活动
C. 有利于原始凭证的编制
D. 可以加强经济管理责任制

15. 自制原始凭证按其填制程序和内容不同，可以分为（　）。
A. 外来凭证　　B. 一次凭证
C. 累计凭证　　D. 汇总原始凭证

16．外来原始凭证应该是（　）。
A. 从企业外部取得的　　B. 由企业会计人员填制的
C. 一次凭证　　D. 盖有填制单位公章的

17. 填制原始凭证时应做到（　）。
A. 会计科目正确　　B. 记录真实
C. 填写认真　　D. 内容完整

18. 记账凭证应该是（　）。
A. 由经办业务人员填制的　　B. 由会计人员填制的
C. 经济业务发生时填制的　　D. 登记账簿的直接依据

19. 下列凭证中，属于汇总原始凭证的有（　）。
A. 发料汇总表　　B. 制造费用分配表
C. 发货票　　D. 现金收入汇总表

20. 会计凭证的保管应做到（　）。
A. 定期归档以便查阅　　B. 查阅会计凭证要有手续
C. 由企业自行销毁　　D. 保证会计凭证的安全完整

三、判断是非题

1. 编制汇总原始凭证的目的是便于控制管理。(　)
2. 有关货币资金收付的原始凭证如果填写错误，绝不允许在凭证上进行更正，只能按照规定手续报废，重新填写。(　)
3. 记账凭证的主要作用在于对原始凭证进行归类、整理，确定应记账户名称、方向和金额，编制会计分录并据以记账。(　)
4. 记账凭证的填制日期与原始凭证的填制日期应当相同。(　)
5. 为了简化和便于记账凭证的填制工作，可以先将同类的原始凭证编制原始凭证汇总表，再据以填制记账凭证。(　)

6. 用于调整、结账和更正错误的记账凭证可以根据有关账簿记录填制。( )
7. 收款凭证、付款凭证和转账凭证都设主体科目。( )
8. 采用单式记账凭证，要为经济业务涉及的每一个账户编制一张记账凭证。( )
9. 原始凭证不得外借，其他单位如因特殊原因需要使用原始凭证时，经本单位领导批准后，方可外借。( )
10. 单式记账凭证只适宜会计部门内部分工较细的单位。( )

四、业务分析题

华联股份有限公司 2011 年 10 月份发生了下列经济业务：

1. 1 日，从顺达工厂购入材料一批，价款 10 000 元，增值税 1 700 元，材料已验收入库，货款尚未支付。
2. 2 日，以银行存款支付车间水费 2 800 元。
3. 2 日，职工张强因公出差暂借差旅费 600 元，以现金支付。
4. 3 日，采购员赵同报销市内交通费 20 元，以现金付款。
5. 4 日，收到红星工厂归还的前欠货款 15 350 元，存入银行存款户。
6. 5 日，向银行借短期借款 8 000 元，存入银行存款户。
7. 6 日，企业管理部门购买办公用品 100 元，以现金支付。
8. 7 日，以银行存款交上月应交增值税计 1 600 元和应交所得税5 000 元。
9. 8 日，售给天龙公司产品 500 件，每件售价 90 元（不含增值税），增值税 7 650 元，全部款项收妥存入银行。
10. 9 日，以银行存款偿还前欠顺达工厂货款及税款 23 400 元。
11. 10 日，向银行提取现金 9 800 元，准备发放工资。
12. 11 日，以现金支付本月职工工资 9 800 元。
13. 11 日，从银行提现金 1 000 元备用。
14. 13 日，领用 b 材料 8 000 元，其中生产 a 产品耗用 6 000 元，管理部门消耗 2 000 元。
15. 14 日，车间成本核算员报销零星办公费 18 元，以现金付讫。
16. 15 日，职工张小强出差归来，实报差旅费 380 元，余款交回现金 120 元。
17. 16 日，计提银行借款利息 300 元。
18. 20 日，从雄互工厂购某种材料一批，价款 40 000 元，增值税 6 800 元，尚未支付。

19. 21 日，以银行存款支付广告费 2 000 元。
20. 21 日，售出另一种产品 600 件，每件价款 120 元，增值税 12 240 元，款项尚未收到。
21. 24 日，银行扣收借款利息 900 元。
22. 25 日，以银行存款 25 000 元归还银行借款。
23. 26 日，以银行存款 5 460 元支付电费，其中生产车间电费 5 000 元，行政管理部门电费 460 元。
24. 27 日，计提固定资产大修理费用 2 100 元，其中生产车间 1 600 元，企业管理部门 500 元。
25. 28 日，计提固定资产折旧 9 000 元，其中生产车间应提折旧费 7 000 元，企业行政管理部门应提折旧费 2 000 元。
26. 29 日，分配本月份职工工资，其中生产工人工资 5 600 元，车间管理人员工资 1 800 元，行政管理人员工资 2 400 元。
27. 30 日，将本月发生的制造费用 17 218 元转入生产成本。
28. 30 日，结转本月生产完工的产品成本 84 000 元。
29. 30 日，将本月主营业务收入 177 000 元、主营业务成本 76 000 元、管理费用 6 660 元、财务费用 300 元、营业费用 2 000 元转入本年利润账户。

要求：根据以上资料编制收款凭证、付款凭证和转账凭证。

第八章　会计账簿

【本章学习要点】

1. 掌握会计账簿的种类、适用范围、登记规则。

2. 掌握对账内容和结账方法，学会运用正确的方法更正账簿中的错误。

第一节　会计账簿概述

一、会计账簿的意义

会计账簿是指以会计凭证为依据，由具有专门格式而又相互联系的若干账页组成，全面、连续、系统地记录经济业务的簿籍。

每个企业、经济单位所发生的经济业务，都必须取得、填制并审核会计凭证，对经济业务的详细内容加以记录，以反映和监督各项经济业务的完成情况。但会计凭证数量多而且分散，每张会计凭证只能各自反映其不同的经济业务，这说明个别经济业务的内容不能连续、系统、全面地反映企业、经济单位在一定时期内同类和全部资金的增减变化情况，不能满足经济管理的要求。因此，有必要设置账簿，以便把会计凭证所提供的多而且分散的会计资料加以归类整理，登记到有关会计账簿中。这样就可以了解各项财产物资和资金的增减变动情况，正确计算成本、费用和利润，系统、全面地为经济管理提供各种必要的数据资料和经济信息。

设置和登记账簿是会计核算工作的一个重要环节，对加强经济管理有十分重要的意义，概括起来有以下几个方面：

(1) 可以为经济管理提供连续、全面、系统的会计信息。会计账簿是分不同的账户、按照经济业务发生的时间顺序、毫无遗漏地进行记录。这样，提供的会计信息就具有连续性、全面性；同时，有关账户之间又相互联系地进行登记，所以，提供的会计信息就具有系统性。全面、连续、系统的会计信息可以从价值方面反映出单位内部一定时期内生产经营活动的状况，即单位财务状况和经营成果，有利于加强单位内部经济管理，有助于正确地进行经营决策。

(2) 可以保护财产物资的安全和完整。通过账簿中对财产物资增减变动情况的记录，反映财产物资实物的变化情况；通过定期财产清查进行账实核对，检查财产物资账实是否相符，从而起到保护财产物资安全、完整的作用。

（3）便于企业、单位考核成本、费用和利润计划的完成情况。制订成本的计划、目标是成本管理的一个重要方面；利润目标的制订为企业单位指明了经营的目标。必须借助于账簿提供的成本费用、利润的实际发生数与计划、目标数进行比较，才能考核出计划目标的完成情况，从而有利于总结经验教训，挖掘降低成本费用的潜力，使利润最大化。

（4）可以为编制会计报表提供资料。会计期末结账对账后，正确无误的账簿资料是编制会计报表的直接依据。通过编制会计报表，可以使账簿资料更加概括，借助于报表，可以了解企业、单位经营活动的全貌。

（5）可以为会计检查、会计分析提供资料。会计核算、会计检查、会计分析是会计方法体系中三个主要部分，且它们是互相联系的。会计核算为会计检查、会计分析提供依据，会计检查是会计核算正确性的保证，反过来，会计分析是会计核算的继续和深化。所以，作为会计核算中心环节的账簿登记，可以提供各项资产、负债、所有者权益等增减变动情况以及收入、费用、利润形成的资料，为开展会计检查、会计分析提供重要的依据。

二、账簿种类及账式

会计账簿的形式多种多样，不同的会计账簿所登记的内容、方法各不相同。为了具体地认识各种账簿的特点，以便更好地掌握和运用，应对账簿从不同的角度进行分类。

（一）按账簿用途分，可将其分为日记账簿、分类账簿和备查账簿

1. 日记账簿

日记账簿又称序时账簿，是按经济业务发生时间的先后顺序，逐日逐笔登记的账簿。日记账按照登记的内容不同分为普通日记账和特种日记账。普通日记账又称分录日记账，是用来登记全部经济业务的日记账。特种日记账是专门记录某一类经济业务的日记账，如库存现金日记账是按时间先后顺序逐日逐笔记录企业库存现金收付余变动情况；银行存款日记账是按时间先后顺序逐日逐笔记录企业银行存款收付余变动情况。企业必须设置库存现金日记账和银行存款日记账，不得用银行对账单或者其他方法代替，以便加强对货币资金的管理。特种日记账还有销货日记账和购货日记账等。

2. 分类账簿

分类账簿是区别不同账户分类登记经济业务的账簿。账户按提供指标详细程度可分为总分类账户和明细分类账户，那么，分类账簿也可分为总分类账簿和明细分类账簿。根据总分类账户开设的账簿，叫总分类账簿，用来总括记录

各类经济业务、提供总括会计核算资料；根据明细分类账户开设的账簿，叫明细分类账簿，用来详细记录某一类经济业务、提供详细会计核算资料。

3. 备查账簿

备查账簿是对某些在日记账簿和分类账簿中不能记录登记或记录不全的经济业务进行补充登记的账簿。如“租入固定资产登记簿”、“代管委托加工材料登记簿”、“商业汇票登记簿” 等。

（二）按外表形式分，可将其分为订本式账簿、活页式账簿和卡片式账簿

1. 订本式账簿

订本式账簿即把印有专门格式的账页按页码的先后顺序，固定地装订在一起的账簿。这种账簿能够避免账页散失，防止抽、换账页。但是，因为账页固定，不能增减，不便于调整各账户页数，如果某一账户预留空白账页过多，会造成浪费；相反，如果某账户预留空白账页太少而账户记录前后分开，则不便于登记和查阅；另外，不便于分工记账和提高工作效率。因此，订本式账簿适用于重要经济事项的记录。如现金日记账、银行存款日记款、总分类账可采用订本式账簿。

2. 活页式账簿

活页式账簿是由若干零散的具有专门格式的账页组成的账簿。这种账簿可根据需要随时添加或减少账页，同时也有利于分工记账，提高登账工作效率。但是，活页式账页容易散失或被抽换，不利于账簿资料的完全、完整。为防止这种弊端，账页必须编号并由有关人员在账页上签章，平时可装置在账夹中保管使用，年度终了，装订成固定本册并归档保管。活页式账簿适用于各种明细账的设置。

3. 卡片式账簿

卡片式账簿是由若干零散的、具有专门格式的卡片组成的账簿。每一卡片均需编号，登记后按顺序放置在卡片箱内以免散失。这种账簿的优缺点同活页式账簿一样，固定资产明细账一般适宜采用卡片式账簿。

（三）账簿按账页格式分类

会计账簿按照账页格式分为两栏式账簿、三栏式账簿、多栏式账簿、数量金额式账簿和横线登记式账簿。

1. 两栏式账簿

一般只设有借方和贷方两个栏目，如普通日记账可以运用两栏式账簿。

2. 三栏式账簿

一般设有借方和贷方和余额三个主要栏目或收入、付出和结余三个主要栏目。总账、债权债务明细账一般运用三栏式账簿；库存现金日记账和银行存款日记账也主要运用三栏式账簿。

3. 多栏式账簿

根据经济业务的特点和管理的需要，在账页的借方或贷方设置若干个栏目，列示更具体、详细的项目，提供更详细的资料信息。多栏式账簿有借方多栏式账簿、贷方多栏式账簿以及借贷双方多栏式账簿三种。成本明细账、费用明细账一般运用借方多栏式账簿；收入明细账一般运用贷方多栏式账簿；“应交税费——应交增值税”一般运用借贷双方多栏式账簿。

4. 数量金额式账簿

它是在三栏式账簿的基础上建立的，在收入、付出和结余三个主要栏目中分别设置数量、单价、金额栏，这样既可以为管理提供实物量信息，又可以提供货币计量的信息。它通常适用于原材料、库存商品等财产物资的明细记录。

5. 横线登记式账簿

它是利用平等式账页，将前后密切相关的经济业务从发生到结束的全部事项在同一行进行详细登记的账簿。如物资采购、其他应收款等明细账一般运用横线登记式账簿。

尽管账簿的格式多种多样、不同账簿格式所包括的具体内容也不尽一致，但各种账簿应具备一些基本要素。这些基本要素主要包括以下三项内容：

（1）封面。在封面上应写明账簿的名称及记账单位的名称。账簿名称如“总分类账”、“现金日记账”、“原材料明细账”等。

（2）扉页。在扉页上应填制“账簿启用及经管人员一览表”，在表中应填明账簿名称、编号、页数、启用日期、经管人员姓名及交接日期、账户目录、主管会计人员签章等。

（3）账页。账簿是由账页组成的，在账页上应列明账户名称，总页数和分户页数；账页中还应设置登账日期栏、凭证字号栏、摘要栏、借方金额栏、贷方金额栏、余额栏等。

第二节　记账规则

一、账簿的启用规则

账簿是重要的会计档案。为了确保账簿记录的合规和完整，明确记账责任，在启用账簿时，应当在账簿封面上写明单位名称和账簿名称。另外，登记账簿之前，必须在账簿扉页上印制、填写“账簿启用表”，表中主要内容有：启用日期、账簿页数、记账人员和会计机构负责人、会计主管人员姓名，并加盖名章和单位公章、交接记录等。具体格式如表 8－1 所示：

表 8－1　　账簿启用和经管人员一览表

启用日期　　账簿页数

账簿编号　　会计主管（签章）

单位（公章）　　记账人员（签章）

交接记录	经管人员		接管				移交				备注
	姓名	性别	年	月	日	签章	年	月	日	签章	

启用账簿时，应填列以上内容（活页账和卡片账应在装订成册后填列），以便明确记账内容和记账责任。其中，“账簿页数”填列之前，应先对账簿进行页码编号，订本账应从第一页到最后一页，顺序编订页数，不得跳页、缺号；活页式账簿，应按账户顺序编号，装订成册后再按实际使用的账页编定页码，另加目录，记明每个账户的名称和页次。经管账簿人在调动工作时，应办理交接手续，在“交接记录”内填写交接日期及交接人员签章。以上内容填写完毕之后，应在该页上贴印花税票，并划线注销，表明该账的合法性。

启用订本账簿，应当按账户顺序编号，并须定期装订成册。装订后再按实际使用的账页顺序编写页码，另加目录，记明每个账户的名称和页次。

二、记账的基本规则

登记账簿时，一般应遵循以下规则，以保证账簿提供信息的质量。

（一）必须以审核无误的会计凭证为依据登记账簿

为保证账簿记录的客观、公正，记账时，必须以审核无误的会计凭证为依据。具体地应将凭证的日期、凭证字号、摘要和金额逐项记入账簿内，同时，在记账凭证上注明账簿页数或划“√”符号，以免重记和漏记。

（二）必须用钢笔和蓝黑水记账

为了防止涂改，以保证账簿记录的清晰、完整，并便于长期保管，记账时要用钢笔和蓝黑墨水书写，不得使用铅笔和圆珠笔；红色墨水只在以下情况下使用：①按照红字冲账的记录凭证，冲销错误记录；②在不设借贷等栏的多栏式账页中冲销错误记录；③在三栏式账户的余额栏前，如未印明余额方向的，在余额栏登记负数余额等。

（三）文字和数字书写必须工整、规范

为使账簿记录清晰，易于使用，记账时，文字、数字书写必须规范、工整、不得潦草。文字和数字都应紧靠行格底线书写，占全格 1/2 的位置，留有余地，以便更正错账时书写正确的文字和数字。

（四）必须按顺序逐页、逐行登记

账簿必须按页次连续逐行登记，不得隔页跳行。如果发生隔页、跳行时，不得任意涂改、撕毁，应在空白账页和行格上划对角线，以示注销，并注明“此页空白”、“此行空白”字样，并由记账人员签章证明。

（五）每页账面记完时，应办理转页手续

为保证记账的连续性，每张账页记完时，应办理转页手续，即在账页最后一行，加计本页发生额并结出余额，在摘要栏内注明“转次页”字样，然后将发生额合计数及余额记入下一页的第一行，并在摘要栏内注明“承前页”字样。

（六）在账页上注明账户余额方向

为明确账户余额的方向，应在账页“借或贷”栏目内注明“借”或“贷”字样，表明账户为借方余额或贷方余额；余额为零的账户，应在“借或贷”栏内注明“平”字样并在余额栏内用“0”表示。

（七）账簿记录发生错误

不准涂改、挖补、刮擦或者用药水消除字迹，不准重新抄写，应按规定的方法进行更正。

（八）期末各种账簿均应结账

各种账簿期末时都应计算出每个账户的本期发生额、期末余额，进行结账，并将期末余额转入下期该账户，作为各账户的期初余额。年初开始启用新账簿时，也应将上年末各账户余额转入新账户余额栏内，并在摘要栏注明“上年结转”或“年初余额”字样。

三、日记账的登记规则

（一）普通日记账的设置与登记

普通日记账是指对全部经济业务按照发生的时间顺序进行登记的账簿。通常是把每日所发生的每项经济业务，分别编制成会计分录计入账簿中，因此，普通日记账又称分录簿。普通日记账有两栏式和多栏式之分。

1. 两栏式普通日记账的格式及登记方法

两栏式普通日记账是指在账页上开设借方金额和贷方金额两个主要栏目的日记账。其格式如表 8－2 所示。

表 8－2　两栏式普通日记账

20××年		凭证		摘要	账户名称	借方金额	贷方金额	过账备注
月	日	字	号					
6	2	转	1	采购材料、货款未付	在途物资	20 000		√
					应交税费	3 400		√
					应付账款		23 400	√
	3	银收	1	收回东方公司前欠货款	银行存款	100 000		√
					应收账款		100 000	√
	31			本月合计		1 569 780	1 569 780	

两栏式普通日记账的登记方法是：根据记账凭证中所记录的日期、凭证字号及摘要填入日记账中相应栏目中；然后，将记账凭证所记录的会计科目名称按照先借后贷的顺序登记“账户名称”栏，而后分别记录借方金额和贷方金额；根据日记账登记总分类账后，在“过账备注”栏中加以注释，或打“√”符号或注明总账页码。

两栏式日记账具有全面反映经济业务发生情况、账户对应关系清楚、便于了解经济业务来龙去脉等优点。但是，将全部经济业务记入一本日记账，不利于分工协作。此外，逐日逐笔根据日记账登记总账，工作量较重且相同经济业务不能归类进行反映。所以，这种日记账主要适用于经济业务发生情况较少或采用电子计算机进行账务处理的企业、单位。

2. 多栏式普通日记账的格式及登记方法

多栏式普通日记账是指把常用的账户在账页中设若干专栏，逐日逐笔分别反映每个账户借、贷方发生额情况的账簿。

多栏式普通日记账的登记方法是：根据专栏中账户所在记账凭证的日期，凭证字号及摘要登记日记账的相应栏目，并分清借、贷方向将凭证中账户的金额记录在日记账相应账户的借、贷专栏里。对于没有设专栏的账户，登记方法与两栏式普通日记账相同。对设有专栏的每个账户，期末时合计出借、贷方发生额，并据以一次过入相应的总账账户中。过入总账后，在日记账每个账户借、贷金额合计数下注明总账页码。没有设专栏的账户，应逐日逐笔记入各账户总分类账簿中，而后在“过账备注”栏打“√”或标明登入的总账页码。具体登记情况如表 8－3 所示：

表 8－3

多栏式普通日记账

20×× 年		凭证		摘要	现金		银行存款		应收账款		物资采购（借方）	生产成本（借方）	主营业务收入（贷方）	其他			过账备注
月	日	字	号		借方	贷方	借方	贷方	借方	贷方				会计科目	借方	贷方	
6	3	银付	1	从银行提取现金	10 000			10 000						制造费用	1 500		√
	5	银收	1	收回前欠货款			50 000			50 000				管理费用	1 000		√
	5	转	1	销售产品，货款未收					60 000				60 000	累计折旧		2 500	√
	31			本月合计	500 000	300 000	100 000	400 000	450 000	400 000	350 000	650 000	1 200 000				
				过总账页码	第 3 页	第 3 页	第 6 页	第 6 页	第 20 页	第 20 页	第 30 页	第 40 页	第 46 页				

多栏式普通日记账与两栏式普通日记账相比，其优点是将经常发生的经济业务进行了归类反映，使同类经济业务得以综合、全面地反映；另外，简化了登记总账的工作，提高了会计工作效率。但是，多栏式普通日记账账页会很大，不便于记账，也不便于分工协作。因此，该种日记账适用于业务类型简单且同类业务经常发生的企业、单位。

（二）库存现金日记账的登记方法

现金日记账，是指逐日逐笔记录库存现金收入、支出、结余情况的日记账。其格式有三栏式、多栏式。格式不同，其登记方法也就有一定的差异。

1. 三栏式现金日记账及其登记方法

三栏式现金日记账主要有“收入”“支出”、“结余”三个栏目。具体格式如表 8－4 所示：

表 8－4　　库存现金日记账

2012 年		凭证		摘要	对方科目	收入	支出	结余
月	日	字	号					
6	1			月初余额				10 000
	2	现付	1	张强出差预借款	其他应收款		2 000	8 000
	4	现付	2	购买厂部办公用品	管理费用		1 000	7 000
	6	银付	1	从银行提取现金	银行存款	5 000		12 000
	…							
	30			本月合计		130 000	100 000	40 000

三栏式现金日记账的登记方法是：根据现金收款记账凭证、付款记账凭证逐日逐笔登记“收入栏”和“支出栏”，并逐笔结出余额；对于从银行提取现金的业务，由于只填制了付款凭证，因此在登记现金收入时，应以银行存款付款凭证进行登记；为了反映每笔业务的来龙去脉，应把现金收入、付出时的对应科目登记在“对方科目”栏中；每日末了，应将现金日记账的账面余额与库存现金数进行核对，检查是否相等。

三栏式现金日记账的优点是序时反映每笔现金的收入、支出及结余情况，而且清晰地反映出每笔收入、支出业务的来龙去脉。但是，由于只设了一个“对方科目”栏而没有给每个对应科目设专栏，所以不能反映对应科目经济业务的全部情况，不便于总账的登记。但由于其方法简单，三栏式现金日记账被广泛使用。

2. 多栏式现金日记账及其登记方法

多栏式现金日记账是指分别按现金收入和支出的对应科目设若干专栏，详细反映现金收入来源和支出去向的账簿。

多栏式库存现金日记账的登记方法是：逐日逐笔根据现金收款记账凭证中“现金”科目的对应科目（贷方）及金额登记在日记账“贷方科目”相应栏目中，对于从银行提取现金的业务，则应根据银行存款付款凭证登记“银行存款”栏目；根据现金付款凭证中“现金”科目的对应科目（借方）及金额登记在日记账中“借方科目”相应栏目中；各笔业务登记完毕后，均应计算出现金收入合计数和支出合计数，并结出余额；期末，计算出各栏目本期发生额合计及本期现金收入、支出合计数，结出现金期末金额。

期末，可根据各栏目会计科目合计数登记相应的总分类账户，但银行存款账户除外。因为现金日记中银行存款的收入、支出在银行存款日记账中进行了记录，为避免重复过账，故现金日记账中的银行存款栏目金额就不再过入银行存款总账了。具体登记见表 8－5。

表 8－5　多栏式库存现金日记账

2012 年		凭证		摘要	贷方科目		现金收入合计	借方科目			现金支出合计	余额
月	日	字	号		银行存款	其他业务收入		银行存款	应付职工薪酬	管理费用		
6	1			期初余额								10 000
	1	银付	1	从银行提取现金	50 000		50 000					60 000
	1	现付	1	购买办公用品						1 000		59 000
	2	现付	2	将现金存入银行				5 000			5 000	56 000
	…											
	30			本月合计	150 000	5 000	155 000	70 000	80 000	3 000	153 000	12 000
				过总账页码	—	第 36 页	第 3 页	—	第 25 页	第 40 页	第 3 页	第 3 页

如果“库存现金”科目对应科目较多，账页势必要很大，这样，会给登账带来一定的困难。为解决这一问题，可以分别设置库存现金收入日记账和库存现金支出日记账，其格式见表8－6、表8－7。

表8－6

多栏式库存现金收入日记账

2012年		凭证		摘要	贷方科目		现金收入合计	现金支出合计	结余
月	日	字	号		银行存款	其他业务收入			
6	1			期初余额					10 000
	1	银付	1	从银行提取现金	50 000		50 000		
	1	银付	1	包装物租金收入		2 000	2 000		
	1			本日合计	50 000	2 000	52 000	1 000	61 000
	…								
	30			本月合计	150 000	5 000	155 000	153 000	12 000
				过总账页码	—	第36页	第3页	—	第3页

表8－7

多栏式库存现金支出日记账

2012年		凭证		摘要	借方科目			现金支出合计
月	日	字	号		银行存款	应付职工薪酬	管理费用	
6	1	现付	1	购买办公用品			1 000	1 000
	2	现付	2	将现金存入银行	5 000			5 000
	…							
	30			本月合计	70 000	80 000	3 000	153 000
				过总账页码	—	第25页	第40页	第3页

多栏式现金收入、支出日记账的登记方法与多栏式现金日记账的登记方法基本相同，只是每日应将现金支出日记账中的支出合计数，记入现金收入日记账中的“现金支出合计”栏内，以便计算出当日现金结余数。

多栏式现金日记账的优点是既可以反映每笔现金收入、支出业务的来龙去脉，又通过“库存现金”科目的对应科目若干专栏的设置，反映出相同业务在一定时期内的全貌；另外，期末计算出各专栏发生额合计数，并一次过入各相应总账账户，减少了登记总账的工作量。但是，多栏式现金日记账如果账页过大，会给记账造成一定困难。多栏式现金日记账适用于现金收付业务比较频繁且收入来源、支出用途比较固定的单位。

（三）银行存款日记账的登记方法

银行存款日记账，是指逐日逐笔记录银行存款收入、支出、结余情况的日记账。其格式也有三栏式和多栏式。

1. 三栏式银行存款日记账及其登记方法

三栏式银行存款日记账主要设有“收入”、“支出”、“结余”三个栏目。

三栏式银行存款日记账的登记方法是：根据银行存款收款凭证、付款凭证逐日逐笔登记“收入”栏、“支出”栏，并逐笔结出余额；对于将现金存入银行的业务，由于只填制了现金付款凭证，因此，登记银行存款收入时，应根据现金付款凭证进行登记；为了反映银行存款收支的来龙去脉，应将银行存款收入、支出时的对应科目记入“对方科目”栏中；银行存款的日记账余额应定期与银行送来的对账单进行核对，以检查银行存款日记账登记的正确性及完整性。具体登记如表 8－8 所示：

表 8－8　　银行存款日记账

2012 年		凭证		摘　要	结算凭证		对方科目	收入	支出	结余
月	日	字	号		种类	编号				
6	1			期初余额						650 000
	2	银付	1	归还前欠货款	支票	0371	应付账款		200 000	450 000
	4	银付	1	收回应收款项	托收承付	0415	应收账款	360 000		810 000
	5	现付	3	将现金存入银行			现金	50 000		860 000
	…									
	30			本月合计				870 000	950 000	570 000

2. 多栏式银行存款日记账及其登记方法

分别按银行存款收入和支出的对应科目设若干专栏，以详细反映银行存款收入来源和支出去向。

多栏式银行存款日记账的登记方法是：逐日逐笔根据银行存款收款记账凭

证中“银行存款”科目的对应科目（贷方）及金额登记在日记账中“贷方科目”相应栏目中，对于将现金存入银行的业务，则应根据现金付款凭证登记“现金”栏目；根据银行存款付款记账凭证中“银行存款”科目的对应科目（借方）及金额登记在日记账中“借方科目”相应栏目中；各笔业务登记完毕后均应计算出银行存款收入合计数和支出合计数，并结出余额；期末，计算出各栏目相应科目本期发生额合计及银行存款收入、支出合计数，最后结出银行存款期末余额。

期末，可根据各栏目会计科目合计数，登记相应总分类账，但现金账户除外，因为银行存款日记账中现金的收入、支出，在现金日记账中也进行了记录，为避免重复过账，故银行存款日记账中的现金栏目的金额就不再过入现金总账了。具体登记情况见表 8－9。

表 8－9　　　　多栏式银行存款日记账

2012年		凭证		摘要	贷方科目				银行存款收入合计	借方科目						银行存款支出合计	结余
月	日	字	号		主营业务收入	应收账款	现金	其他业务收入		物资采购	现金	应付账款	应交税费	管理费用	营业费用		
				过入总账页码	第 页	第 页	第 页	第 页	第 页	第 页	第 页	第 页	第 页	第 页	第 页	第 页	第 页

同样，如果“银行存款”科目对应会计科目过多，可分别设“多栏式银行存款收入日记账”和“多栏式银行存款支出日记账”，其格式和登记方法可参照多栏式现金收入、支出日记账，在此不再赘述。

由于三栏式、多栏式银行存款日记账与三栏式、多栏式现金日记账格式相同，所以，二者的优缺点及适用范围也是一致的。

（四）转账日记账的登记方法

转账日记账，是指根据转账凭证逐日逐笔顺序登记的日记账。其格式见表8－10。

表8－10　　转账日记账

2012年		凭证		摘　要	借　方		贷　方	
月	日	字	号		总账科目	金额	总账科目	金额

这种格式为二栏式转账日记账，分别根据转账凭证借、贷方会计科目和金额进行登记。为了集中反映某一账户增减变动情况，也可参照多栏式普通日记账的格式设置并登记多栏式转账日记账。

四、明细分类账的登记规则

明细分类账的账页格式一般分为“三栏式”、“数量金额式”和“多栏式”三种。

（一）三栏式明细分类账的登记方法

三栏式明细分类账的格式是：设置借方、贷方、余额三个金额栏。这种格式适用于只需要进行金额核算，不需要提供数量变化情况的账户。如“应收账款”、“应付账款”、“其他应收款”、“其他应付款”、“预收账款”、“预付账款”、“实收资本”等的明细分类核算。

三栏式明细分类账的登记方法是：根据有关记账凭证逐笔进行借方、贷方金额登记，而后结出余额。如为借方余额，在“借或贷”栏目中填写“借”字，如为贷方余额，则填写“贷”字。具体格式及登记见表8－11。

（二）数量金额式明细分类账的登记方法

数量金额式明细分类账是对具有实物形态的财产物资进行明细分类核算的账簿。因此，该账簿的账页格式是：设“收入”、“发出”、“结余”三栏，每栏分别按“数量”、“单价”、“金额”进行登记，故称“数量金额式”明细账。如“原材料明细分类账”、“库存商品明细分类账”、“包装物明细分类账”等。具体格式见表8－12。

表 8－11　　**应付账款明细账**

明细科目：振兴公司

年		凭证		摘　要	借方	贷方	借或贷	余额
月	日	字	号					
6	1			期初余额			贷	65 000
	5	转	1	采购材料款未付		23 400	贷	88 400
	10	银付	5	偿还前欠货款	80 000		贷	8 400
	31			本期发生额及期末余额	80 000	23 400	贷	8 400

数量金额式明细分类账的登记方法是：根据财产物资收入、发出的原始凭证或原始凭证汇总表分别进行“收入”栏、“发出”栏的登记。如根据材料的“收料单”原始凭证可以登记材料明细账的“收入”栏，根据“发料单”可以登记“发出”栏，而后计算出“结余”栏的数量、单价、金额。

表 8－12　　**材料明细分类账**

类别：型钢　　仓库：3 号库

名称、规格：30 mm 圆钢　　编号：120120

计量单位：元/千克

年		凭证		摘要	收入			发出			结余		
月	日	字	号		数量	单价	金额	数量	单价	金额	数量	单价	金额
6	1			期初余额							5 000	100	500 000
	5	转	4	购入 1 000 千克	1 000	100	100 000				6 000	100	600 000
	10	转	5	生产领用 2 000 千克				2 000	100	200 000	4 000	100	400 000
	31			本期发生额及期末余额	1 000	100	100 000	2 000	100	200 000	4 000	100	400 000

（三）多栏式明细分类账

多栏式明细分类账，是指在明细账账页中设置若干专栏，以集中反映某明细账户核算资料的账簿。与上述两种明细分类账相比，多栏式明细分类账，不仅要按明细账户分设账页，而且各账页要设若干专栏，详细反映各明细账户的核算情况。这种明细账一般适用于成本计算、集合分配等类别的账户。如“生产成本”、“物资采购”、“制造费用”等账户的明细核算。具体格式如表8－13所示：

表8－13　**生产成本明细账**

产品品种：甲产品

2012年		凭证		摘要	借方（成本项目）					贷方	余额
月	日	字	号		直接材料	直接人工	其他直接费用	制造费用	合计		
6	30	转	10	生产投料	80 000				80 000		80 000
	30	转	11	生产工人工资及福利费		17 100			17 100		97 100
	30	转	12	生产用电			2 000		2 000		99 100
	30	转	13	分配制造费用				4 000	4 000		103 100
	30	转	14	结转完工产品生产成本						103 100	0
	30			本期发生额及期末余额	80 000	17 100	2 000	4 000	103 100	103 100	0

通过表8－13可以看出，为了详细反映甲产品的生产成本构成情况，在明细账借方设置了若干专栏，分别对构成甲产品成本的每个项目进行专门反映。

多栏式明细账的登记方法：根据有关原始凭证、记账凭证、费用分配计算表进行登记。如表8－13“生产成本明细账”，就可根据“发料凭证汇总表”（联合凭证，兼有原始凭证和记账凭证双重功能）、工资及制造费用的转账记账凭证（结合工资及制造费用分配计算表）等进行借方若干项目的登记；贷方则根据结转完工产品成本的转账记账凭证登记，而后结出余额。

五、总账的登记规则

总分类账是对经济业务进行分类核算提供总括的核算资料。因此，总分类账只要求提供金额指标。那么，总分类账账页的格式一般是设借方、贷方、余额三个主要栏目且只进行金额的登记，而无数量记录。其格式见表8－14。

总分类账的登记方法是：根据审核无误的记账凭证或汇总记账凭证等逐笔或定期汇总登记。至于具体依据何种凭证登记，要视企业的账务处理程序而定，这一问题将在本章第四节述及。

表 8－14 总分类账

会计科目：固定资产

20××年		凭证		摘要	借方	贷方	借或贷	余额
月	日	字	号					
6	1			期初余额			借	100 000
	10	转	1	接受投资设备一台	300 000		借	400 000
	17	转	5	报废设备一台		50 000	借	350 000
	30			本期发生额及期末余额	300 000	50 000	借	350 000

六、总账和明细账的平行登记

（一）总分类账和明细分类账的关系

分类账的特点是按账户分别反映不同类别经济业务的增减变动情况。由于账户有总分类账户和明细分类账户之分，所以，分类账簿也可以分为总分类账簿和明细分类账簿。

总分类账簿，简称总分类账，是根据总分类账户开设的，由若干具有一定格式的账页组成的簿籍。总分类账可以为经营管理提供总括的核算资料，反映单位经营活动的总括情况。因此，总分类账簿是单位账簿体系中的重要组成部分。

明细分类账簿，简称明细账，是根据总分类账户所属明细分类账户开设的，由若干具有一定格式的明细账页组成的簿籍。如根据“原材料”总账账户所属的明细分类账户可设“原材料明细分类账簿”；根据“库存商品”总分类账户所属的明细分类账户可设“库存商品明细分类账簿”等。明细分类账对总分类账起着补充说明的作用，能为经营管理提供详细的核算资料。因此，也是会计账簿体系中不可缺少的一部分。

总分类账与明细分类账的关系是：

（1）二者反映的经济内容是相同的，只不过提供核算指标的详细程度不同，总分类账提供某类经济业务总括的核算指标，明细分类账则提供某类经济业务详细的核算指标。

（2）总分类账控制、统驭明细分类账，即总分类账控制着明细分类账的核算内容和核算数据，明细分类账则对总分类账起着辅助和补充说明的作用。

（3）总分类账的借方（或贷方）本期发生额等于所属明细分类账借方（或贷方）本期发生额之和；总账期末余额等于所属明细分类账期末余额之和。

（二）总分类账与明细分类账的平行登记

平行登记是指经济业务发生后，一方面登记有关总分类账户，另一方面登记所属的明细分类账户的会计处理方法。总分类账与明细分类账之间只有进行平行登记，才能起到总账控制明细账、明细账补充说明总账的作用；另外，通过平行登记，总账与明细账之间进行核对，可以检验账户登记是否正确。

平行登记方法为：

（1）双方登记，即对所发生的经济业务，同一会计期间内，一方面记入有关的总分类账户；另一方面要记入其所属的有关明细分类账户。

（2）方向相同，即对所发生的经济业务进行登账时，记入总分类账户的方向应与记入明细分类账户的方向一致。总分类账户记入借方（或贷方），明细分类账户也应在借方（或贷方）进行登记。

（3）金额相等，即总账与明细账双方进行了同方向登记后，记入总分类账户的金额必须与记入所属明细分类账户的金额之和相等。具体来讲，可编制"明细分类账户本期发生额及余额表"，提供明细分类账户发生额、余额的合计数，并将其与总分类账户进行核对，检验二者金额是否相等。

平行登记举例如下：

［例8－1］　华联股份有限公司2011年10月份"在途物资""应付账款"期初余额如下：

（1）在途物资　　150 000元

其中：甲材料4 000千克，单价20元，计80 000元

　　　乙材料2 000千克，单价35元，计70 000元

（2）应付账款　　100 000元

其中：东方公司　　60 000元

　　　中亚公司　　40 000元

该企业10月份发生下列在途物资业务（为简化起见，购料过程的增值税会计处理从略）：

（1）10月5日，向东方公司购入甲材料3 000千克，单价20元，计60 000元，对方代垫运杂费150元，货款未付。

（2）10月8日，向中亚公司购入乙材料2 500千克，单价32元，计80 000元，货款未付。以现金支付运杂费200元。

（3）10 月 15 日，以银行存款偿还东方公司货款 100 000 元，偿还中亚公司 90 000 元。

（4）10 月 24 日，向中亚公司购入甲材料 2 000 千克，单价 20 元，计 40 000 元；购入乙材料 1 000 千克，单价 35 元，计 35 000 元。对方代垫运杂费 300 元，货款未付（运杂费按甲、乙材料重量进行分配）。

（5）10 月 29 日，以银行存款偿还中亚公司货款 100 000 元。

（6）10 月 31 日，上述材料已全部入库，结转其采购成本。

根据上述资料，“在途物资”账户和“应付账款”账户总账与明细账之间的平行登记如下：

首先，将两个账户的期初余额分别在总账和明细账中进行登记。见表 8－15至表 8－20。

其次，根据资料可编制会计分录：

（1）借：在途物资——甲材料　　60 150
　　　贷：应付账款——东方公司　　60 150
（2）借：在途物资——乙材料　　80 200
　　　贷：应付账款——中亚公司　　80 000
　　　　　库存现金　　200
（3）借：应付账款——东方公司　　100 000
　　　　　　　　——中亚公司　　90 000
　　　贷：银行存款　　190 000
（4）借：在途物资——甲材料　　40 200
　　　　　　　　——乙材料　　35 100
　　　贷：应付账款　　75 300
（5）借：应付账款——中亚公司　　100 000
　　　贷：银行存款　　100 000
（6）借：原材料——甲材料　　180 350
　　　　　　　——乙材料　　185 300
　　　贷：在途物资——甲材料　　180 350
　　　　　　　　　——乙材料　　185 300

再次，根据上述会计分录，采用平行登记方法，在“在途物资”、“应付账款”总账与其所属明细账中进行登记。分别见表 8－15、表 8－16、表 8－17、表 8－18。

表 8－15　**总分类账**

会计科目：在途物资

2011 年		凭证		摘要	借方	贷方	借或贷	余额
月	日	字	号					
10	1			期初余额			借	150 000
	5	转	1	购入材料	60 150		借	210 150
	8	转 现付	2 1	购入材料	80 200		借	290 350
	24	转	3	购入材料	75 300		借	365 650
	31	转	4	结转入库在途物资成本		365 650	平	—
	31			本期发生额及期末余额	215 650	365 650	平	—

表 8－16　**物资采购明细分类账**

材料名称：甲材料

2011 年		凭证		摘　要	借　方			贷方	借或贷	余额
月	日	字	号		买价	运杂费	合计			
10	1			期初余额					借	80 000
	5	转	1	购入材料	60 000	150	60 150		借	140 150
	24	转	3	购入材料	40 000	200	40 200		借	180 350
	31	转	4	结转入库在途物资成本				180 350	平	—
	31			本期发生额及期末额	100 000	350	100 350	180 350	平	—

表 8－17　**物资采购明细账**

材料名称：乙材料

2011 年		凭证		摘要	借方			贷方	借或贷	余额
月	日	字	号		买价	运杂费	合计			
10	1			期初余额					借	70 000
	8	转 现付	2 1	购入材料	80 000	200	80 200		借	150 200

（续上表）

2011年		凭证		摘要	借方			贷方	借或贷	余额
月	日	字	号		买价	运杂费	合计			
	24	转	3	购入材料1	35 000	100	35 100		借	185 300
	31	转	4	结转入库在途物资成本				185 300	平	—
	31			本期发生额及期末余额	115 000	300	115 300	185 300	平	—

表8－18　　总分类账

会计科目：应付账类

2011年		凭证		摘要	借方	贷方	借或贷	余额
月	日	字	号					
10	1			期初余额			贷	100 000
	5	转	1	购入材料货款未付		60 150	贷	160 150
	8	转	2	购入材料货款未付		80 000	贷	240 150
	15	银付	1	归还前欠货款	190 000		贷	50 150
	24	转	3	购入材料货款未付		75 300	贷	125 450
	29	银付	2	归还前欠货款	100 000		贷	25 450
	31			本期发生额及期末余额	290 000	215 450	贷	25 450

表8－19　　应付账款明细分类账

明细科目：东方公司

2011年		凭证		摘要	借方	贷方	借或贷	余额
月	日	字	号					
10	1			期初余额			贷	60 000
	5	转	1	购入材料货款未付		60 150	贷	120 150
	15	银行	1	归还前欠货款	100 000		贷	20 150
	31			本期发生额及期末余额	100 000	60 150	贷	20 150

表 8－20　　应付账款明细账

明细科目：中亚公司

2011 年		凭证		摘要	借方	贷方	借或贷	余额
月	日	字	号					
10	1			期初余额			贷	40 000
	8	转	2	购入材料货款未付		80 000	贷	120 000
	15	银行	1	归还前欠货款	90 000		贷	30 000
	24	转	3	购入材料货款未付		75 300	货	105 300
	29	银付	2	归还前欠货款	100 000		贷	5 300
				本期发生额及期末余额	190 000	155 300	贷	5 300

最后，根据表 8－15、表 8－16、表 8－17、表 8－18 编制“在途物资”、“应付账款”明细分类账户本期发生额及余额表（表 8－21、表 8－22）并与“在途物资”、“应付账款”总账进行核对，检验平行登记是否正确。

表 8－21　　在途物资明细分类账户本期发生额及余额表

明细科目	期初余额		本期发生额		期末余额	
	借方	贷方	借方	贷方	借方	贷方
甲材料	80 000		100 350	180 350	—	
乙材料	70 000		115 300	185 300	—	
合　计	150 000		215 650	365 650	—	

表 8－22　　应付账款明细分类账户本期发生额及余额表

明细科目	期初余额		本期发生额		期末余额	
	借方	贷方	借方	贷方	借方	贷方
东方公司		60 000	100 000	60 150		20 150
中亚公司		40 000	190 000	155 300		5 300
合　计		100 000	290 000	215 450		25 450

将表 8－21、表 8－22 分别与“在途物资”总账，“应付账款”总账进行

核对，其中期初、期末余额及借、贷方发生额栏合计数与总账期初期末余额及借、贷方发生额相符，说明平行登记正确。

七、账簿更换规则

会计年度末，在本年经济业务全部入账并进行了年度结账后，应将本年账簿更换为下年新账。具体更换规则为：总类账、日记账和大部分明细分类账必须每年更换一次，只有少部分明细分类账，如固定资产明细账——固定资产卡片，不必每年更换，可继续使用，因为固定资产变动情况很少，有变动的固定资产，只需要更换个别卡片即可。

账簿更换的关键在于如何将旧账余额结转新账。一般是将各账户的余额直接抄入新账各账户第一页第一行，并在摘要栏内注明“上年结转”或“年初余额”字样，无须编制记账凭证。另外，应先编制“账户余额表”将各账户的余额列入表中，并注明各账户余额账页页码，以备查考。根据“账户余额表”将各账户的余额登入新账各账户中。“账户余额表”格式如表 8－23 所示：

表 8－23

账户余额表

2012 年 × 月 × 日

账户名称	账户余额	余额账页页码	备注

第三节　对账、结账与错账更正

一、对账与结账

为了保证账簿登记的正确性，总结单位一定会计期间（月份、季度、年度）经济活动发生情况，必须定期进行账目核对与结算，即进行对账与结账工作。

对账，是指定期对各种账簿记录进行核对，以保证账簿核算资料正确可信的会计工作。通过对账，可以发现和更正记账差错，做到账证相符、账账相符、账实相符，为编制会计报表，加强企业、单位经营管理提供正确、可信的核算资料。各单位对账工作每年至少进行一次。

（一）对账的主要内容

1. 账证核对

指各种账簿记录与其所依据的会计凭证进行核对。核对账簿记录与会计凭证的内容是否相吻合。账证核对，日常核算中即可进行，使错账能及时得到改正。期末若出现账簿记录有误，则应重新与会计凭证核对，使账证相符，保证账簿记录的正确性。

具体核对方法是：检查各账户是否为记账凭证中所列示的会计科目；账户中经济业务内容摘要、凭证字号、记账方向、金额与记账凭证中相应内容是否一致。

2. 账账核对

是指各种账簿之间的核对。包括所有总账借方余额合计数与贷方余额合计数核对；总分类账户余额与所属明细分类账户余额之和进行核对；现金、银行存款日记账余额应同现金总账、银行存款总账余额进行核对；会计部门各种财产物资明细分类账余额应同财产物资保管部门账面余额核对。通过以上账账之间的核对，如果核对相符，说明账簿登记正确；如有不相符的情况，则应查出错误，并进行纠正。具体可通过编制“总分类账户本期发生额及余额试算平衡表”检查核对总账借、贷余额是否相符；通过编制“明细分类账户本期发生额及余额表”并与总账进行核对，可检查总账余额与所属明细账余额之和是否相符，等等。

3. 账实核对

指账簿记录的各种财产物资余额与财产物资实际结存数进行核对。包括：现金日记账每天应与库存现金实有数进行核对；银行存款日记账应与银行对账单定期核对；财产物资账面余额应与实际结存数核对；各种债权、债务账面余额与对方单位相应的债务、债权核对。对有核对不符的情况，应查明原因，进行更正。

（二）结账

结账，是指在将本期内所发生的经济业务全部登记入账的基础上，按照规定的方法对该期内的账簿记录进行小结，结算出本期发生额合计和余额，并将其余额结转下期或者转入新账的工作。

1. 结账前的准备工作

检查月份内所有的经济业务是否已经全部正确登记入账。一是月份内发生的经济业务（实业务）是否根据原始凭证编制记账凭证并据以入账；二是按权责发生制原则于月末要求调整的账项（虚业务）是否调整入账，如待摊费用的分期摊销、预提费用的分期预提、预收账款的分期确认等；三是月末的账项结转业务是否结转入账，如月末结转制造费用、结转完工产品成本、结转已销产品的生产成本、各损益类账户结转本年利润等。

2. 各种不同的结账方法

为了正确反映一定时期内的经济业务，总结有关经济业务活动和财务状况，各单位应在会计期末进行结账，不得为赶编会计报表而提前结账，更不得先编制会计报表后结账。结账时，应当根据不同的账户记录，分别采用不同的方法。

(1) 对不需要按月结计本期发生额的账户，如各项应收、应付款明细账和各项财产物资明细账等，每次记账以后，都要随时结出余额，每月最后一笔余额即为月末余额。也就是说，月末余额就是本月最后一笔经济业务记录的同一行内的余额。每月结账时，只需要在最后一笔经济业务记录之下通栏划红单线，不需要再结计一次余额。划线的目的是为了突出有关数字，表示本期的会计记录已经截止或者结束，并将本期与下期的记录明显分开。

(2) 现金、银行存款日记账和需要按月结计发生额的收入、费用等明细账，每月结账时，要在最后一笔经济业务记录下面通栏划红单线，结出本月发生额和余额，在摘要栏内注明“本月合计”字样，在下面再通栏划红单线。

(3) 需要结计本年累计发生额的某些明细账户，每月结账时，应在“本月合计”行下结出自年初起至本月末止的累计数额，登记在月份发生额下面，在摘要栏内注明“本年累计”字样，并在下面再通栏划红单线。十二月末的“本年累计”就是全年累计发生额，全年累计发生额下通栏划红双线。

(4) 总账账户平时只需结出月末余额。年终结账时，为了总括反映本年各项资金运动的全貌，核对账目，要将所有总账账户结出全年发生额和年末余额，在摘要栏内注明“本年合计”字样，并在合计数下通栏划红双线。

年度终了结账时，有余额的账户，要把余额结转下年。结转的方法是，将有余额的账户的余额直接记入新账余额栏内，不需要编制记账凭证，也不必将余额再记入本年账户的借方或者贷方，使本年有余额的账户的余额变为零。因为，既然年末是有余额的账户，其余额应当如实地在账户中加以反映，否则，容易混淆有余额的账户和没有余额的账户。

二、错账更正

(一) 查错的基本方法

记账错误，会造成总分类账借贷金额不平衡、总账金额与其所属的明细账金额不平衡等。因此，应首先复核试算平衡表，检查表中各账户的期初、期末余额，本期借、贷方发生额与账簿中相应账户的期初、期末余额，借贷方发生额是否相符，表中金额方向与账户中方向是否一致，这样可以发现试算表中有无记错账户、重记、漏记等情况。其次，复核“明细分类账户本期发生额及余额表”，检查其编制的正确性。以上复核工作完毕后，如试算表借、贷仍不平衡，总账金额与所属明细账金额仍不相等，则说明记账本身有差错，可以采用以下方法进行查找。

1. 顺查法

顺查法是按会计核算程序，从会计凭证到账簿，按先后顺序进行查错。首先，检查记账凭证与所附原始凭证内容是否相符，金额是否正确；其次，将记账凭证与有关总账、日记账、明细账逐笔核对，以发现错误所在。

2. 逆查法

逆查法是与会计核算程序相反，从账簿到凭证，逆向查找。首先，检查各账户余额计算是否正确；其次，将总分类账与明细分类账进行核对，检查平行登记是否正确；再次，逐笔核对账簿记录是否与记账凭证相符；最后，逐项核对记账凭证与所附原始凭证是否相符，记账凭证中会计分录是否正确。

3. 余额复核法

余额复核法是查找总账余额计算是否正确的方法。首先，逐笔计算各账户余额是否正确，特别应注意上下页余额过账有无错误；其次，检查分析某些账户的余额有无不正常现象，从中找出问题；最后，检查总账与所属明细账余额是否一致。

4. 二除法

二除法是将差额数除以 2 以查找错账的方法。在记账时，如果某账户金额记错了方向，如应计入借方的金额记入了贷方；或应记入贷方的金额记入了借方，则必然会出现一方合计数增多，而另一方合计数减少的情况，其差额应是记错方向金额数字的两倍，且差错数必为偶数，那么，以该差额数除以 2，结果即为记错的数字。然后在账簿中查找与之相同的数字，而不必逐笔查找，这样，很容易找出错账所在。例如，某账户贷方总额超过借方总额 12 000 元，用 12 000 除以 2 得出 6 000 元，则在该账户中查找是否有一笔金额为 6 000 元的记录，错将借方金额登记在贷方了。

5. 九除法

九除法是将差错数除以 9 来检查错账的方法。记账时，如果出现数字移位情况，如把十位数记成百位数，或把千位数记成百位数，那么，正确数与移位数之差可被九除尽，以此为线索，查找记账错误。如移一位，使原数扩大或缩小 9 倍，除以 9；如移两位，使原数扩大或缩小 99 倍，除以 99，以此类推。

（1）小数记成大数的移位，如将 100 误记为 1 000，差错为 900，除以 9 得 100，则 100 应为正确数。

（2）大数记成小数的移位，如将5 400误记为54，差数为5 346，除以99得54，则54为错记数。

在实际查账工作中，如怀疑某数为移位数，首先判断是扩大移位还是缩小移位，若为扩大移位，则将其差数除以9或99等，那么商数可能为正确数；若为缩小移位，则将其差额数除以9或99等，那么商数可能为错误数。

（二）错账的更正方法

账簿登记要求正确、及时、完整，使提供的会计信息便于各信息使用者使用。因此，会计人员必须认真、细致地做好记账工作。如果出现登账错误，如账户名称即会计科目记错、借贷方向记错、金额记错以及重记、漏记等，必须遵循一定的规则进行更正。不得任意刮、擦、挖补、涂抹等。错账更正规则或更正方法有三种，分别是：划线更正法、红字更正法、补充登记法。三种方法适用于不同错误的更正，分别介绍如下：

1. 划线更正法

在结账之前，如果发现账簿记录有错误，而记账凭证无错误，即纯属文字或数字上的错误，应采用划线更正法更正。具体做法是：先将错误数字全部划一条红线予以注销。但不得只划线更正其中个别数字；对已划销的数字，应当保持原有字迹仍可辨认，以备查核。然后，将正确的数字用蓝字写在划线上面，并由记账员在更正处盖章，以明确责任。例如：把5 130.00元误记为5 730.00元，应将错误数字全部用红线注销，然后写上正确的数字，即5 130.00，而不能只删改一个“7”字。

2. 红字更正法

红字更正法一般适用于下列两种情况：

（1）记账以后，发现记账凭证中应借应贷符号、科目或金额有错误时，可采用红字更正法更正。更正时应用红字填写一份与原来科目、借贷方向和金额相同的记账凭证，以冲销原来的记录，然后用蓝字重新填制一份正确记账凭证，并登记入账。

[例8－2]　华联股份有限公司购进材料1 000元，货款尚未支付。编制记账凭证时，误作下列会计分录，并已登记入账。

①借：在途物资　　1 000

　　贷：应收账款　　1 000

当发现记错账时，先照原分录用红字填制一张记账凭证冲销原会计分录：

② 借：在途物资　　1 000

　　贷：应收账款　　1 000

同时再用蓝字填一张正确的记账凭证，其分录为：

③ 借：在途物资　　　　　　　　　　　　1 000
　　贷：应付账款　　　　　　　　　　　　1 000

（2）在记账以后，如发现记账凭证和账簿记录的金额有错误，而原记账凭证中应借、应贷会计科目并无错误。记账错误表现是：所记金额大于应记金额。这时可采用红字更正法，将多记的金额（即正确数与错误数之间的差数）用红字填写一张记账凭证，用以冲销多记金额，并据以记入账户。现举例如下：

[例8-3]　华联股份有限公司以银行存款归还所欠货款1 000元。误作下列分录，并已登记入账。

①借：应付账款　　　　　　　　　　　　10 000
　　贷：银行存款　　　　　　　　　　　　10 000

当发现错误后，应将多记的金额用红字作如下分录：

②借：应付账款　　　　　　　　　　　　（9 000）
　　贷：银行存款　　　　　　　　　　　　（9 000）

红字更正法不仅能保持账户间的对应关系，而且还能保持账户中的正确发生额，不至于因改正错账而使数字虚增或虚减。

3. 补充登记法

记账以后，如果发现记账凭证上应借、应贷的会计科目并无错误，但所填金额小于应填金额，可采用补充登记法更正，即再填一张补充少记金额记账凭证，并将其补记入账。

[例8-4]　华联股份有限公司销售产品一批，计20 000元，货款尚未收到，金额误记为2 000元，即记账凭证少记18 000元。原分录是：

①借：应收账款　　　　　　　　　　　　2 000
　　贷：主营业务收入　　　　　　　　　　2 000

当发现错账时，可将少记的18 000元再编制一张记账凭证如下：

② 借：应收账款　　　　　　　　　　　　18 000
　　贷：主营业务收入　　　　　　　　　　18 000

第四节　账务组织程序

一、账务组织程序概述

（一）会计循环

会计信息系统在反映经济活动的同时也形成了具有其独特规律的处理程序

与方法，也就是顺序依次进行的会计过程，而且这种过程循环往复、周而复始，我们把它称为会计循环。构成会计循环的基本步骤有：

1. 设置账户

企业的经济业务是多种多样的，有时是错综复杂的，要想描述这些经济业务，需要建立与之相适应的会计系统，全面、连续、系统、综合地反映企业所发生的经济业务的实质，为决策者提供有用的经济信息。而要建立这个系统，首先要做的事情就是设置账户。每一个账户反映某一经济业务的类型，如"库存现金"账户反映库存现金的增减变化和结存的情况，"原材料"账户反映各种原材料的增减变化和结存情况。

2. 编制会计分录

每一项经济业务发生后，要编制会计分录，也就是分析该业务对哪些账户（两个或两个以上）有影响，影响的数量是多少，影响的方式如何（增加还是减少了该账户的余额），等等。在实际工作中，编制会计分录就是根据记载经济业务的原始凭证对经济业务做出相应分类，并在记账凭证上做出分类登记。在手工操作中，会计凭证是统一印制的，会计人员只需要填入相应项目的内容即可。在计算机系统中，会计凭证模块会有统一记账格式，输入相应的内容和数据之后，打印出来就是记账凭证（通常不需打印）。而在有的企业，为了工作的方便，把经济业务记到日记账中，这个日记账记录的是每日发生的全部经济业务，相当于分录簿，一般称为普通日记账。而记录某一项特殊业务的日记账则成为特种日记账，如现金日记账、银行存款日记账等。

3. 过账

过账就是将会计分录所记载的有关账户的金额登记到相应的账簿中去。

4. 试算平衡

把会计事项编成会计分录并过入分类账之后，就可以编制试算平衡表了（见表8－21）。试算平衡表是检验各个分类账户借方余额合计与贷方余额合计是否相等的测算表格（这个检测很重要）。在任何情况下，借贷金额都必须相等，所以在试算表中，所有借方余额的总和与所有贷方余额的总和总是相等，但这并不能保证在编制分录和过账的程序中没有错误。科目记得不对、个别分录没有计入分类账、重复过账等都不一定能影响试算平衡表中的平衡关系。另外，试算平衡也为下一步的会计程序作了进一步的准备。

5. 调整分录

在把已经发生的经济业务全部登记到账簿中去之后，根据会计原则，需要对应归属本期和不应归属本期的收入和费用项目进行调整。一般我们把在每月终了时，对应调整的内容所编制的会计分录称作调整分录，并要将其过入到有关账户。账项调整主要有以下内容：①确认应计而未入账的收入。企业的某些应属于当期的收入，因为未收到对方的付款或其他的原因，没有计入有关账户。月末，应对这些收入加以确认，编制会计分录，并过入有关账户。此外，企业有时会收到客户预付的款项，应在若干个会计期间内分别计入收入账户，对于这种款项中应计入本期的收入，也应加以确认。②确认应计而未入账的费用。同样，有些属于当期的费用，由于尚未支付或其他原因，也没有记账。在月末，应当对这些费用加以确认，编制会计分录并过账。③确认已经支付但尚未计入本期的费用。企业的待摊费用、无形资产和递延资产都是由几个会计期间收益的费用组成，其款项已经支付，但需要在几个收益期内摊销。月末时，将应摊入本月的费用做调整分录，并过入有关账户。④固定资产折旧的计提。固定资产在使用中所减少的价值，应在月末按规定的方法和标准计入有关的费用，即计提折旧。⑤费用的分配。企业在生产经营过程中还会发生一些由几种产品共同承担的费用，比如制造费用，月末应该把这些费用按照一定的方法和标准分配计入各产品的生产成本中去。

6. 结账

当试算平衡和账项调整之后，企业就可以结账了。结账就是在月末编制结账分录，将各虚账户的余额转入实账户，以便能进行下一个会计程序的工作。

虚账户，包括有关的收入类和费用类账户。每一个会计期末，这些账户的余额结转为零。相应地，实账户是指那些能体现到最终的资产负债表中去的账户，它们累计企业成立以来账户余额的增加或减少，每一个会计期末不结转为零。需要结转的虚账户主要包括主营业务收入、其他业务收入、营业外收入、投资收益、主营业务成本、其他业务成本、营业外支出、财务费用、管理费用、销售费用等账户。

7. 编制会计报表

在结账程序结束后，就可以进行会计报表的编制工作了。会计报表是会计信息系统对企业会计信息的输出，是反映企业财务状况、经营成果和现金交易情况的综合文件，企业外部各界人士主要是通过会计报表来了解企业的情况，因此，会计报表对于投资人和债权人来说是很重要的。

以上是一般会计循环的基本步骤。在实行会计电算化的企业，上述步骤是用计算机来完成的。在操作时，很多步骤都是自动完成的，这并不说明会计循环不存在了，只是表现形式不同罢了。

（二）会计组织程序的概念与作用

所谓会计组织程序就是规定凭证、账簿的种类、格式和登记方法及各种凭证之间、账簿之间和各种凭证与账簿之间，以及各种报表之间，各种账簿与报表之间的相互联系及编制的程序。

企业、行政事业等单位（以下简称单位）选用合适的账务处理程序，对于科学地组织本单位的会计核算工作，减少会计人员的工作量，节约人力和物力，提高会计工作的质量和效率都有着重要的意义：

(1) 可以使会计工作合理分工、精简手续、减少不必要的核算环节，从而提高工作效率。

(2) 可以保证会计记录的及时性、准确性、完整性，从而提高会计信息的质量。

(3) 可以使会计工作有条不紊地进行，迅速编制出会计报表，形成及时的财务信息，为企业的经营管理提供准确、及时的资料。

(4) 有利于实现会计工作的科学化、标准化，以便于有效地开展外部和内部的会计监督、检查。

(5) 为会计工作电算化系统流程和程序流程的设计提供依据。

二、记账凭证账务处理程序

（一）记账凭证账务处理程序的概念和特征

记账凭证账务处理程序，是直接根据记账凭证登记总账的一种最基本的账务处理程序。其他类型的账务处理程序都是在此基础上发展起来的。它的主要特征就是直接根据记账凭证登记总账。在这种账务处理程序下，记账凭证是登记总账的直接依据，即每一张记账凭证所记录的内容要逐项登记在有关总分类账中。同时，每一张记账凭证所记录的内容也要逐项分别登记在日记账和明细分类账中。所以，账簿记录的内容和记账凭证记录的内容是相同的。

（二）记账凭证账务处理程序的凭证、账簿组织

在采用记账凭证账务处理程序下，会计凭证一般包括原始凭证、汇总原始凭证（或称原始凭证汇总表）和记账凭证。

记账凭证账务处理程序要求设置的账簿主要有：日记账、总分类账和明细分类账。日记账主要是用来核算和监督现金和银行存款的收付和结存情况，所以，应单独设置现金和银行存款日记账，一般不设置其他序时日记账，而由记账凭证作为全部经济业务的序时记录。

（三）记账凭证账务处理流程

(1) 在经济业务发生或完成后，及时取得或填制原始凭证；必要时，根据原始凭证编制汇总原始凭证。

(2) 根据原始凭证或汇总原始凭证编制收款凭证、付款凭证和转账凭证（或通用的记账凭证）。

(3) 根据收款凭证、付款凭证（或通用的记账凭证）序时、逐笔登记现金日记账和银行存款日记账。

(4) 根据各种记账凭证及所附原始凭证、汇总原始凭证逐笔登记明细分类账。

(5) 根据各种记账凭证逐项登记总分类账。

(6) 根据明细账编制明细账发生额和余额表，根据总账编制总账发生额和余额表。

(7) 月末，将现金和银行存款日记账的期末余额与现金和银行存款总账的期末余额核对，将明细账的期末余额分别与有关总分类账的期末余额通过发生额和余额表核对。

(8) 月末，根据核对无误的账簿记录定期编制财务会计报告。

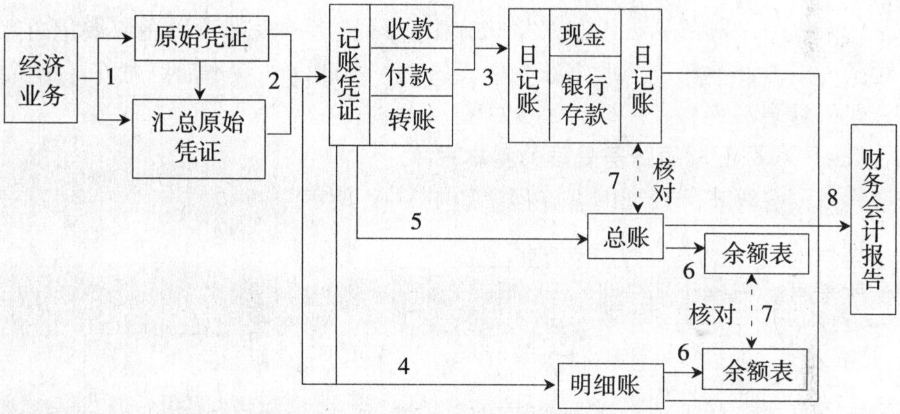

图 8－1　记账凭证账务处理程序

（四）记账凭证账务处理程序的优缺点和适用范围

记账凭证账务处理程序的账簿组织严密，记账程序简单明了，易于操作和掌握。另外，总账的登记直接依据记账凭证，可以同时起到序时账及分类账的作用。但是，由于总账是根据记账凭证逐项登记的，因此，登记总账的工作量很大。

记账凭证账务处理程序一般适用于规模较小、业务简单、记账凭证不多的小型企业和事业、行政单位。

三、科目汇总表账务处理程序

（一）科目汇总表账务处理程序的概念和特征

当企业规模较大，业务繁杂，记账凭证较多时，若仍采用上节讲述的记账凭证财务处理程序登记总账，其核算的工作量将相当大。为了节约登记总账的时间，可先定期根据记账凭证编制科目汇总表，然后再根据科目汇总表登记总分类账。这种账务处理程序就叫做科目汇总表账务处理程序。

从上述科目汇总表账务处理程序的概念可知，其最主要的特征是，先定期将所有记账凭证汇总编制成科目汇总表，然后根据科目汇总表登记总分类账。

（二）科目汇总表账务处理程序的凭证及账簿设置

采用科目汇总表账务处理程序，其账簿的种类与记账凭证账务处理程序相同，即都要设置现金日记账、银行存款日记账、总分类账和明细分类账。所不同的是还应设置并定期依据记账凭证编制“科目汇总表”。

科目汇总表的编制方法是：每隔一定时期（可以是五天、十天等）将全部的记账凭证，按照相同的会计科目归类汇总，计算出每一科目的借方发生额合计数和贷方发生额合计数，并将其合计数分别填入科目汇总表的借、贷方栏内。若采用带余额的科目汇总表格式，由于科目汇总表即可以用以登记总账，同时又可以方便地用以与明细账余额表核对，因此，一般不需要另外再重复编制总账科目余额表。

（三）科目汇总表账务处理的基本程序

科目汇总表账务处理的基本程序如图 8－2 所示：

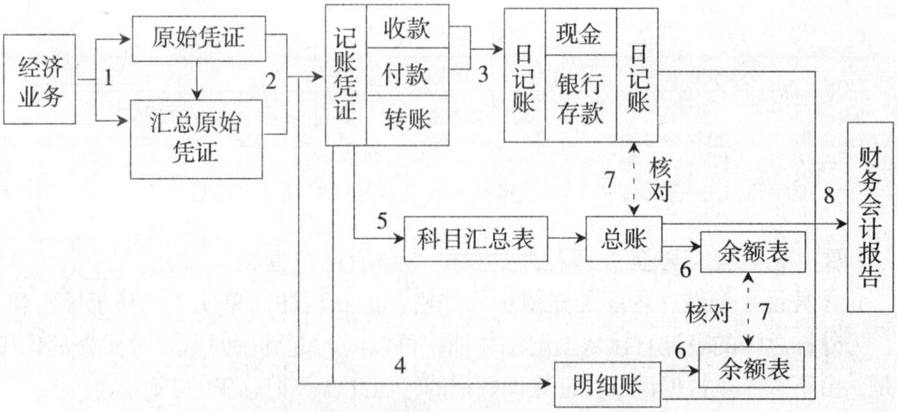

图 8－2　科目汇总表账务处理程序

从流程图中可以看出，它与记账凭证账务处理程序的区别主要在于第 5 步：先定期将所有记账凭证汇总编制成科目汇总表，然后据以登记总分类账。

（四）科目汇总表账务处理程序的优缺点和适用范围

科目汇总表账务处理程序的优点是：根据科目汇总表登记总分类账，可以简化总分类账的记账工作；同时，通过编制科目汇总表，可以根据全部会计科目本期借方发生额合计数与贷方发生额合计数相等的关系，进行试算平衡，以便及时发现记账错误。

科目汇总表账务处理程序的缺点是：由于科目汇总表和总账中都不反映科目之间的对应关系，因此，采用这种账务处理程序不便于对账目的详细查对和分析经济业务的来龙去脉。这种账务处理程序适用于规模较大、经济业务较多的单位。

【本章小结】

会计账簿是指以会计凭证为依据，由具有专门格式而又相互联系的若干账页组成，全面、连续、系统地记录经济业务的簿籍。

按用途分，账簿可分为日记账簿、分类账簿和备查账簿；按外表形式分，可分为订本式账簿、活页式账簿和卡片式账簿；按照账页格式分，可分为两栏式账簿、三栏式账簿、多栏式账簿、数量金额式账簿和横线登记式账簿。

账簿登记必须遵守一定的规则。总账与其所属的明细账登记时应做到平行登记。如果出现错误，不得涂改、挖补、刮擦或者用药水消除字迹，而应该按照正确的更正方法进行更正，正确的更正方法有划线更正法、红字更正法和补充登记法。

对账，是指定期将各种账簿记录进行核对，以保证账簿核算资料正确可信的会计工作。对账包括账证核对、账账核对和账实核对。结账，是指在将本期内所发生的经济业务全部登记入账的基础上，按照规定的方法对该期内的账簿记录进行小结，结算出本期发生额合计和余额，并将其余额结转下期或者转入新账的工作。

会计循环实质就是会计信息的加工处理流程。会计信息系统中会计凭证、会计账簿和会计报表相结合形成了各种不同的账务处理程序，常见的程序主要有记账凭证账务处理程序和科目汇总表账务处理程序等。

【关键术语和概念】

会计账簿　日记账　总账　明细账　平行登记　对账
结账　划线更正法　红字更正法　补充登记法　会计循环
记账凭证账务处理程序　科目汇总表账务处理程序

【复习思考题】

1. 会计账簿有哪些种类？会计账簿有什么作用？
2. 怎样登记库存现金日记账和银行存款日记账？
3. 总账账簿的格式如何？怎样登记？
4. 明细账账簿有哪些格式？如何进行平行登记？
5. 错账更正时有哪些更正方法？分别如何运用？
6. 对账包括哪些内容？
7. 会计期末如何结账？
8. 什么是会计循环？什么是会计账务处理程序？

【练习题】

一、单项选择题

1. 特种日记账是（　）。
   A. 序时登记全部经济业务和多种经济业务的日记账
   B. 对常见的经济业务分设专栏登记，不常发生的经济业务，设一个综合栏集中登记，然后逐笔过账
   C. 专门用来登记某一类经济业务的日记账
   D. 专门用来登记货币资金的日记账
2. 银行存款日记账的借方除了根据银行存款收款凭证登记外，有时还要根据（　）登记。
   A. 银行存款付款凭证　　B. 现金收款凭证
   C. 现金付款凭证　　D. 转账凭证
3. 多栏式明细分类账适用于（　）。
   A. 应收账款明细账　　B. 库存商品明细账
   C. 原材料明细账　　D. 物资采购明细账
4. 总分类账适用于（　）账簿。
   A. 订本式　　B. 活页式　　C. 多栏式　　D. 数量金额式
5. 不可以采用三栏式账页的有（　）。
   A. 总账　　B. 应付账款明细账
   C. 现金日记账　　D. 原材料明细账
6. 可以采取数量金额式的有（　）。
   A. 生产成本明细账　　B. 库存商品明细账
   C. 物资采购明细账　　D. 主营业务成本明细账

7. 应在存货分类账簿中登记的事项有（ ）。

A. 购入一台机器设备　　B. 采购原材料一批

C. 租入一台机器设备　　D. 接受一批委托加工材料

8. 记账后，如果发现记账错误是由于记账凭证所列会计科目或金额有错误引起的，可采用（ ）。

A. 红字更正法　　B. 划线更正法

C. 补充登记法　　D. AB 均可

9. 必须逐日逐笔登记的账簿有（ ）。

A. 明细账　　B. 总账　　C. 日记账　　D. 备查账

10. 记账凭证上记账栏中的“√”记号表示（ ）。

A. 已经登记入账　　B. 不需登记入账

C. 此凭证作废　　D. 此凭证编制正确

11. 能够通过试算平衡发现的错误是（ ）。

A. 开出支票 1 500 元偿还所欠货款，分录为：

借：应付账款　　1 500

　贷：应收账款　　1 500

B. 收回欠款 2 400 元，分录为：

借：现金　　240

　贷：产品销售收入　　240

C. 用现金 960 元购买材料，分录为：

借：在途物资　　960

　贷：现金　　690

D. 提取现金 2 000 元，分录为：

借：银行存款　　2 000

　贷：现金　　2 000

12. 多栏式现金日记账属于（ ）。

A. 备查账簿　　B. 分类账簿　　C. 序时账簿　　D. 联合账簿

13. 可以作为编制会计报表直接依据的账簿是（ ）。

A. 序时账簿　　B. 备查账簿　　C. 分类账簿　　D. 特种日记账

14. 序时账簿按其记录内容的不同可以分为（ ）。

A. 现金日记账和普通日记账

B. 普通日记账和日记总账

C. 普通日记账和特种日记账

D. 三栏式日记账和多栏式日记账

15. 总账、明细账都可以采用的格式是（　）。
A. 三栏式　B. 二栏式　C. 单栏式　D. 数量金额式
16. 下列各项不能作为登记总账的根据的是（　）。
A. 记账凭证　B. 记账凭证汇总表
C. 原始凭证　D. 汇总记账凭证
17. 总账与明细账之间进行平行登记的原因是总账与明细账的（　）。
A. 格式相同　B. 登记时间相同
C. 反映经济业务内容相同　D. 提供指标详细程度相同
18. 登记明细账的依据（　）。
A. 一定是记账凭证　B. 一定是原始凭证
C. 一定是汇总记账凭证　D. 是记账凭证和原始凭证
19. 对于某些在序时账簿和分类账簿中未能记载的经济业务进行补充登记的账簿是（　）。
A. 序时账簿　B. 分类账簿　C. 订本账　D. 备查账簿
20. 将账簿划分为序时账、分类账、备查账的依据是（　）。
A. 账簿的登记方式　B. 账簿的用途
C. 账簿登记的内容　D. 账簿的外表形式

二、多项选择题

1. 企业到银行提取现金 500 元，此项业务应在（　）中登记。
A. 现金日记账　B. 银行存款日记账
C. 总分类账　D. 明细分类账
2. 可以作为现金日记账记账依据的有（　）。
A. 现金收款凭证　B. 现金付款凭证
C. 银行存款收款凭证　D. 银行存款付款凭证
3. 红字更正法的方法要点是（　）。
A. 用红字金额填写一张与错误记账凭证完全相同的记账凭证并用红字记账
B. 用红字金额填写一张与错误原始凭证完全相同的记账凭证并用红字记账
C. 用蓝字金额填写一张与错误原始凭证完全相同的记账凭证并用蓝字记账
D. 再用红字重填一张正确的记账凭证，登记入账

4. (　) 属于登记账簿的要求。

A. 账簿书写的文字和数字上面要留适当空距，一般应占格长二分之一

B. 登记账簿要用圆珠笔、蓝黑或黑色墨水书写

C. 不得用铅笔

D. 各种账簿按页次顺序连续登记，不得跳行、隔页

5. 企业的各种明细分类账（　）。

A. 可以逐笔登记　　B. 可以逐日、定期汇总登记

C. 可以根据记账凭证登记　　D. 可以根据原始凭证登记

6. 采用划线更正法，（按顺序）其要点是（　）。

A. 在错误的文字或数字（单个数字）上划一条红线注销

B. 在错误的文字或数字（整个数字）上划一条红线注销

C. 在错误的文字或数字上划一条蓝线注销

D. 将正确的文字或数字用蓝字写在划线的上端

7. 在（　）情况下，可使用补充登记法更正差错。

A. 在记账后

B. 所填金额大于应填金额

C. 发现记账凭证中应借、应贷科目有错

D. 发现记账凭证中应借、应贷科目无错

8. 设置和登记会计账簿具有以下作用（　）。

A. 全面、系统、连续记载和反映各项会计要素的变化情况

B. 可以为计算成本费用、利润等提供详细资料

C. 为编制会计报表提供系统的会计核算资料

D. 为分析、检查企业经济活动提供依据

9. 对于现金收、付款业务较多而且较复杂的单位，可以分别设置（　）。

A. 现金日记账　　B. 现金收入日记账

C. 现金支出日记账　　D. 现金余额账

10. 对于（　）往往要根据原始凭证登记才能全面。

A. 原材料明细账　　B. 固定资产明细账

C. 应收账款明细账　　D. 物资采购明细账

11. 在会计工作中红色墨水可用于（　）。

A. 记账　　B. 结账　　C. 对账　　D. 冲账

12. 会计上允许使用的更正错误的方法有（　）。

A. 划线更正法　　B. 红字更正法

C. 补充登记法　　D. 用涂改液修正

13. 对账的内容包括（　）。
A. 账证核对　B. 账表核对　C. 表表核对　D. 账账核对
14. 银行存款日记账的登记依据可以是（　）。
A. 银行存款收款凭证　B. 银行存款付款凭证
C. 现金收款凭　D. 现金付款凭证
15. 红色墨水可以用来（　）。
A. 登账　B. 冲销账簿记录
C. 专门填写摘要栏　D. 结账划线
16. 账簿按外表形式可以分为（　）。
A. 订本式账簿　B. 多栏式账簿
C. 活页式账簿　D. 卡片式账簿
17. 多栏式明细账适用于（　）。
A. 在途物资明细分类核算　B. 其他应收款明细分类核算
C. 营业外支出明细分类核算　D. 生产成本明细分类核算
18. 序时账簿按其记录业务内容不同可以分为（　）。
A. 特种日记账　B. 普通日记账
C. 通用日记账　D. 三栏式日记账
19. 结账工作主要内容包括（　）。
A. 核对有关账目
B. 将本期发生的经济业务全部登记入账
C. 按权责发生制原则调整和结转有关账项
D. 对有关业务核算中出现的差错予以更正
20. 年度结束后，对于账簿的保管应该做到（　）。
A. 装订成册　B. 加上封面　C. 统一编号　D. 归档保管

三、判断是非题

1. 在整个账簿体系中，日记账和分类账是主要账簿，备查账为辅助账簿。（　）
2. 三栏式账簿一般适用于费用、成本等明细账。（　）
3. 企业对代销的商品，可以设备查账簿进行登记。（　）
4. 分栏日记账实际上是普通日记账的一种特殊形式。（　）
5. 结账之前，如果发现账簿中所记文字或数字有过账笔误或计算错误，而记账凭证并没有错，可用划线更正法更正。（　）
6. 账簿即会计账户。（　）

7. 租入的固定资产不能在“固定资产”分类账中登记，而应在备查账簿中登记，因此，应在编制会计报表时，“固定资产”项目应是“固定资产”分类账与备查账簿的金额之和。(　)
8. 对现金业务而言，目前我国企业设现金日记账和现金总分类账，同时还应设现金明细分类账。(　)
9. 总分类账、现金及银行存款日记账一般都采用活页式账簿。(　)
10. 普通日记账既可以取代记账凭证，也可以取代总分类账。(　)
11. 货币资金的日记账可以取代其总账。(　)
12. 转账日记账可以取代非货币资金项目的分类账。(　)
13. 总账可采用三栏式账页，而明细账则应根据其经济业务的特点采用不同格式的账页。(　)
14. 平行登记要求总账和其相应的明细账必须同一时刻登记。(　)
15. 明细账必须逐日逐笔登记，总账必须定期汇总登记。(　)
16. 为了加强租入固定资产的管理，记录租入、使用、归还情况，企业需要开设分类账簿进行核算。(　)
17. 订本式账簿的优点是适用性强，便于归类汇总，可以根据需要开设，利于会计分工，提高工作效率。(　)
18. 卡片式账簿的优点是能够避免账页散失，防止不合法地抽换账页。(　)

四、业务分析题

(一) 习题一

1. 华联股份有限公司2012年3月1日“原材料”总分类账户及其所属明细分类账户（按材料名称设）的月初余额如下：

名称	数量	单价	金额
甲材料	300吨	500元	150 000元
乙材料	900千克	40元	36 000元
“原材料”借方余额	186 000元		

该公司“应付账款”总分类账户及其所属明细分类账户（按付款单位名称设）的月初余额如下：

东方工厂	贷方余额	15 000元
光辉工厂	贷方余额	8 000元
“应付账款”贷方余额		23 000元

2. 该公司本月发生的各项经济业务：

（1）向沪光工厂购入以下材料，货款未付材料已验收入库。

名称	数量	单价	金额
乙材料	400 千克	40 元	16 000 元
丙材料	1 000 件	25 元	25 000 元
合　计			41 000 元

（2）以银行存款 10 000 元偿还前欠东方工厂货款。

（3）向光辉工厂购入丙材料 200 件，单价为 25 元，货款暂欠，材料验收入库。

（4）仓库本月发出以下材料投入生产：

名称	数量	单价	金额
甲材料	200 吨	500 元	100 000 元
乙材料	500 千克	40 元	20 000 元
丙材料	700 件	25 元	17 500 元
合　计			137 500 元

要求：

（1）根据期初资料开设"原材料"和"应付账款"总分类账及所属明细账户并填入期初余额。

（2）根据本月发生的经济业务编制会计分录，登记"原材料"和"应付账款"总分类账户及所属明细账户（其他账户从略）。

（3）结合各种账户的"本期发生额"和"期末余额"编制"原材料"和"应付账款"明细分类账户本期发生额、余额对照表。将"原材料"和"应付账款"总分类账户的本期发生额及期末余额分别与所属各明细分类账户的本期发生额和余额对照表核对，双方是否相符。

（二）习题二

华联股份有限公司在记账以后发生下列错账。

1. 核对银行对账单，发生本厂错记两笔账的金额：

（1）购买材料 10 000 元，错记为 1 000 元。

（2）厂部购买办公用品 500 元，错记为 5 000 元。

2. 厂部用现金购买办公用品 30 元，借方错记入制造费用。

3. 签发转账支票 3 000 元，预付本季度办公用房租金。原编记账凭证的会计分录为：

借：预提费用　　3 000

　贷：银行存款　　3 000

4. 结转本月实际完工产品的生产成本 49 000 元，原编记账凭证的会计分录为：

借：库存商品　　94 000

　贷：生产成本　　94 000

5. 结转本月职工工资，其中生产工人工资为 14 000 元，管理人员工资为 3 400 元。原编记账凭证的会计分录为：

借：生产成本　　1 400

　　管理费用　　340

　贷：应付职工薪酬　　1 740

6. 以现金支付采购人员差旅费 2 000 元，原编记账凭证的会计分录为：

借：其他应付款　　2 000

　贷：库存现金　　2 000

7. 车间管理人员出差回来报销差旅费 1 900 元，交回现金 100 元，予以转账。原编记账凭证的会计分录为：

借：管理费用　　1 900

　　库存现金　　100

　贷：其他应收款　　2 000

要求：根据以上资料按规定的更正错账的方法进行更正

（三）习题三

1. 某工厂 2011 年 8 月 31 日有关总分类账户和明细分类账户余额如下：

（1）总分类账户：

"原材料"账户借方余额 200 000 元。

"应付账款"账户贷方余额 50 000 元。

（2）明细分类账户：

"原材料——甲材料"账户 800 千克，单价 150 元，借方余额 120 000 元。

"原材料——乙材料"账户 200 千克，单价 100 元，借方余额 20 000元。

"原材料——丙材料"账户 500 千克，单价 120 元，借方余额 60 000 元。

"应付账款——A 公司"账户贷方余额 30 000 元。

"应付账款——B 公司"账户贷方余额 20 000 元。

2. 该公司 2011 年 9 月份发生部分经济业务如下：

（1）以银行存款偿还 A 公司前欠货款 15 000 元。

（2）购进甲材料 100 千克，单价 150 元，税价合计 17 556 元（含增值税 17%），以银行存款支付，材料入库。

（3）生产车间向仓库领用材料一批，计甲材料 200 千克，单价 150 元，乙材料 100 千克，单价 100 元，丙材料 250 千克，单价 120 元，共计领料金额 70 000 元。

（4）以银行存款偿还 B 公司前欠货款 10 000 元。

（5）向 A 公司购入乙材料 100 千克，单价 100 元，材料入库，货款 11 700 元（含增值税 17%），以银行存款支付。

要求：

（1）根据材料 2 的内容，用借贷记账法编制会计分录。

（2）开设“原材料”、“应付账款”总分类账和明细分类账，登记期初余额，并平行登记总分类账和明细分类账，并结出各账户本期发生额和期末余额。

（3）编制“原材料”、“应付账款”总分类账和明细分类账本期发生额及余额明细表。

第九章 财产清查

【本章学习要点】

1. 了解财产清查的意义和种类。
2. 掌握货币资金、实物资产和往来账款的清查方法与会计处理方法。
3. 掌握清查结果的账务处理方法。

第一节 财产清查的意义、种类和程序

一、财产清查的意义及作用

财产清查，是指通过对货币资金、实物资产和往来账款的实地盘点与核对，确定其实存数，查明账存数与实存数是否相符，并据以调整账簿记录，保证账实相符的一种专门方法。

准确反映财产物资和债权债务的真实情况，达到账实相符，是会计核算的客观要求。但在实际工作中，由于种种原因，财产物资账面数与实存数有时不一致。造成这种账实不符的原因是多方面的：如财产物资保管过程中发生的自然损耗；财产收发过程中由于计量或检验不准，造成多收发或少收发从而导致账存数与实存数不符；在账簿记录中发生的漏记、重记、错记；由于有关凭证未到，形成未达账项，造成结算双方账实不符；由于管理不善造成的财产损坏、丢失、被盗，发生意外灾害等。在会计工作中，为了查明造成账实不符的具体原因，并采取相应的措施，及时加以解决，力求做到账实相符，保证会计信息资料的真实与正确，就要求必须进行财产清查。

财产清查对于会计核算及企业管理的重要作用在于：

其一，保证账实相符和会计信息的真实可靠。通过财产清查，可以查明各项财产物资的实有数量，确定各项财产账存数与实存数是否相符。若账实不符，则查明原因和有关人员责任，以便及时调整账面记录，保证账簿记录与实存数相一致，从而保证会计信息的真实可靠。

其二，保护各项财产物资的安全完整。通过财产清查，发现各种问题，可以查明各项财产有无被贪污、盗窃情况，有无因制度不健全、管理不完善造成损失浪费，以便采取措施，制定相关的责任制度，加强管理，从而保证单位财

产的安全和完整。

其三，可以挖掘财产物资的潜力，促进财产物资的有效利用。通过财产清查，可以查明各项财产物资的储备情况和利用情况。对于储备不足抓紧进货，对于超储积压积极处理，对于不合理应用，及时采取措施，做到物尽其用，从而不断挖掘财产物资潜力，提高利用效果。

其四，促使企业遵守财经纪律和结算制度。通过财产清查，以便查明各项债权债务的清算情况，可以及时掌握各单位对财经纪律和结算制度的遵守情况，查明有无不合理占用资金和不按规定进行收支结算等问题，从而促使各单位严格维护财经纪律，执行结算制度。

二、财产清查的种类

（一）按财产清查的范围，分为全面清查和局部清查

（1）全面清查，是指对全部财产进行盘点和核对。全面清查范围大、内容多，需投入时间长，参与人员多。需要进行全面清查的情况主要有：①年终决算之前；②单位撤销、合并或改变隶属关系前；③中外合资、国内合资前；④企业股份制改制前，开展全面的资产评估、清产核资前；⑤单位主要领导调离工作前等。

（2）局部清查，指根据需要对部分财产物资进行盘点与核对。主要是对货币资金、存货等流动性较大的财产的清查。局部清查范围小、内容少、时间短、参与人员少，但专业性较强。需要进行局部清查的情况主要有：①现金应由出纳员每日清点核对一次；②银行存款和借款每月至少同银行核对一次；③债权债务每年至少核对一至两次；④各项存货应有计划、有重点地抽查，贵重物资每月应清查盘点一次。

（二）按财产清查的时间，分为定期清查和不定期清查

（1）定期清查，指根据预定计划的时间对财产物资进行的清查。定期清查一般在期末进行，可以是全面清查，也可以是局部清查。企业在编制年度财务报告前，应当进行全面清查，季末、月末进行局部清查。

（2）不定期清查，指根据实际需要对财产物资进行的临时性清查。不定期清查一般属于临时性清查：如更换现金出纳员和财产物资保管人员时的清查；发生自然灾害和意外损失时进行的临时性清查等。不定期清查可以是全面清查，也可以是局部清查。企业在编制年度财务会计报告前，应当全面清查财产、核实债务；各单位应当定期将会计账簿记录与款项、实物及有关资料相互核对，保证账实相符。

三、财产清查的一般程序

(1) 建立财产清查组织。开展财产清查工作，应当在本单位的行政领导下，由会计、业务、仓库等有关部门人员组成财产清查的专门组织，具体负责财产清查的组织和领导，进行组织分工，明确各自职责。

(2) 组织清查人员学习有关政策规定，掌握有关法律、法规和相关业务知识，提高财产清查工作的质量。

(3) 确定清查对象、范围，明确清查进程及任务。

(4) 制订清查方案，具体安排清查内容、时间、步骤、方法以及必要的清查前准备。

(5) 清查时本着先清查数量、核对有关账簿记录等，后认定性质的原则进行。

(6) 填制清查盘存清单。

(7) 根据盘存清单，填制实物、往来账项清查结果报告表。

第二节 财产清查的方法

一、货币资金的清查方法

(一) 库存现金的清查

库存现金清查的主要方法是采用实地盘点的方法来确定库存现金的实存数，然后再与库存现金日记账的账面余额核对，以查明账存与实存是否相符及盈亏情况。

库存现金是一个单位重要的货币资产，应当切实查明其账存数与实存数是否相符，保证库存现金的安全、完整。另外，通过库存现金的清查，还应当考察库存现金管理制度的执行情况，检查被清查单位是否制定了有关库存现金的管理和核算制度，是否执行“钱账分管，双人经办”的管理原则，是否按规定控制库存现金的开支范围，是否有白条抵库的现象，是否按规定执行库存现金限额，检查被清查单位库存现金收支手续是否严密，是否及时反映库存现金收支情况。

盘点结束后，应当根据盘点的结果，填写“库存现金盘点报告表”（如表9-1），并由盘点人员和出纳人员签章，作为一种重要的原始凭证，据以调整现金日记账的账面记录。

表 9－1　　库存现金盘点报告表

单位名称：　　　　　　　　　　年　月　日

实存金额	账存金额	对比结果		备注
		盘盈	盘亏	

负责人（签章）：　　　　　　盘点人（签章）：　　　　　　出纳员（签章）：

（二）银行存款的清查

银行存款的清查是采取与银行核对账目的方法进行的。通过企业银行存款日记账与开户银行转来的“对账单”进行逐笔核对，查明银行存款的实有数额。

在与银行核对账目前，首先要将本企业到清查日止银行存款的收、付款业务登记入账，对于发生的记账差错，应及时进行更正。然后再与银行的“对账单”进行逐笔核对，若二者余额相符，一般说明无错误；若发现二者不相符，则可能存在着未达账项。

未达账项，是指在企业和银行之间，由于凭证的传递时间不同，导致双方记账时间不一致，即一方已接到有关结算凭证登记入账，而另一方由于尚未接到有关结算凭证尚未入账的款项。概括说来，未达账项主要有以下四种情况：

（1）企业已收款记账，银行尚未收款入账，简称企增银未增。

（2）企业已付款记账，银行尚未付款入账，简称企减银未减。

（3）银行已收款记账，企业尚未收款入账，简称银增企未增。

（4）银行已付款记账，企业尚未付款入账，简称银减企未减。

以上（1）、（4）两种未达账项，会使企业日记账存款余额大于银行对账单存款余额；（2）、（3）两种未达账项，会使企业日记账存款余额小于银行对账单存款余额。上述任何一种情况发生，都会使企业账面余额和银行对账单的余额不相一致。因此，财会部门应编制“银行存款余额调节表”进行调节。经过调节后，双方余额相等，基本可以说明双方账目未出差错。

“银行存款余额调节表”的编制，应在企业银行存款日记账余额和银行对账单余额的基础上，分别加减未达账项，调整后的双方余额应该相符。现举例说明“银行存款余额调节表”的具体编制方法。

[例 9－1] 某企业 2011 年 5 月 31 日银行存款日记账的余额为 250 000 元，银行对账单的余额为 240 000 元，经核对发现以下未达账项：

（1）企业将收到的销货款 50 000 元存入银行，企业已登记银行存款增加，而银行尚未记增加。

（2）企业开出转账支票15 000元，支付购料款，企业已登记银行存款减少，而银行尚未记减少。

（3）银行已为企业代收到某单位汇来的购货款60 000元，银行已登记增加，企业尚未记增加。

（4）银行已代企业支付水电费35 000元，银行已登记减少，企业尚未记减少。

根据上述资料编制“银行存款余额调节表”（如表9-2）。

表9-2 银行存款余额调节表

单位名称：某企业 2011年5月31日

项目	金额	项目	金额
企业银行存款日记账余额	250 000	银行对账单余额	240 000
加：银行已收企业未收	60 000	加：企业已收银行未收	50 000
减：银行已付企业未付	35 000	减：企业已付银行未付	15 000
调节后存款余额	275 000	调节后存款余额	275 000

调节后的存款余额相等，表示企业可以动用的银行存款实有数额。应当注意，企业不能根据银行存款余额调节表来调整账簿记录，只有在收到有关结算凭证和银行收、付通知后，按照正常的会计处理方法进行账务处理。

二、实物资产的清查方法

实物资产主要包括固定资产、材料、在产品、库存商品等。实物资产清查的方法是实地盘点，即对各项实物资产进行实地盘点以确定实际数额。由于实物资产的形态、体积、重量、堆放方式等不尽相同，因而可以采用以下两种不同的盘点方法：①实地盘点法。是指在财产物资存放现场逐一清点数量或用计量仪器确定其实存数的一种方法。②技术推算法。是指利用技术方法推算财产物资实存数的方法。它适用于大量成堆、难以逐一清点的财产物资，用量方、计尺等来确定其实存数量。

盘点财产物资，盘点人员要做好盘点记录，盘点结束后，盘点人员应根据财产物资盘点记录，编制“盘点报告表”（格式见表9-3）。由盘点人员、财产物资保管人员及有关责任人签名盖章，同时根据有关账簿资料和盘存表填制“清查结果报告表”（格式见表9-4），作为调整账面记录的原始凭证，分析差异原因，作出相应处理。

表9－3　　　　**盘点报告表**

单位名称：　　　　存放地点：

财产类别：　　　　盘点时间：　　　　编号：

序号	名称	规格	计量单位	盘点数量	单价	金额	备注

表9－4　　　　**清查结果报告表**

单位名称：　　　　年　月　日

<table>
<tr><th rowspan="2">序号</th><th rowspan="2">名称</th><th rowspan="2">规格</th><th rowspan="2">计量单位</th><th rowspan="2">单价</th><th colspan="2">实存</th><th colspan="2">账存</th><th colspan="2">盘盈</th><th colspan="2">盘亏</th><th rowspan="2">备注</th></tr>
<tr><th>数量</th><th>金额</th><th>数量</th><th>金额</th><th>数量</th><th>金额</th><th>数量</th><th>金额</th></tr>
<tr><td></td><td></td><td></td><td></td><td></td><td></td><td></td><td></td><td></td><td></td><td></td><td></td><td></td><td></td></tr>
</table>

三、往来款项的清查方法

各种往来款项的清查和银行存款的清查一样，采取与对方核对账目的方法进行。在清查之前，必须将一切应当入账的凭证全部登记入账。然后根据有关明细分类账账面记录按账户编制往来款项对账单，派人或发函送对方单位核对。往来款项对账单一式两联，其中一联作为回单。若对方单位核对相符，则在回单上盖章后退回；若数字不符，则应将不符的情况在回单上注明，或另抄对账单退回，以便进一步清查。

收到往来款项对账单回单后，应据此编制“往来款项清查表”（格式见表9－5），注明核对相符与不相符的款项，对不相符的款项按未达账项、有争议账项等情况归类合并，针对具体情况及时采取措施予以解决。

表9－5　　　　**往来款项清查表**

总分类账户名称：　　　　年　月　日

<table>
<tr><th colspan="2">明细分类账户</th><th colspan="2">清查结果</th><th colspan="3">核对不符原因分析</th><th rowspan="2">备注</th></tr>
<tr><th>名称</th><th>账面余额</th><th>核对相符金额</th><th>核对不符金额</th><th>未达账项金额</th><th>有争议款项金额</th><th>其他</th></tr>
<tr><td></td><td></td><td></td><td></td><td></td><td></td><td></td><td></td></tr>
</table>

第三节　财产清查结果的处理

一、财产清查结果的处理要求

财产清查结果的处理是财产清查工作的重要环节。为了充分发挥财产清查的作用，促使企业进一步管好用好各项财产物资，必须对财产清查的结果，以国家的有关政策、法令、制度和有关规定为依据，进行严肃认真的处理。

（一）分析产生差异的原因和性质，提出处理建议

对于通过财产清查确定的财产物资的盘盈、盘亏问题，应进一步查明原因，明确经济责任，并按规定提出处理建议。属于定额以内或是自然原因引起的盘盈、盘亏，应按规定办理手续及时转账；属于保管人员责任引起的盘亏或损失，应视情节轻重，按规定程序报请领导处理；属于贪污盗窃，应会同有关部门查处；属于有关会计核算、财产管理制度和整个经营管理上存在的问题，应认真总结经验教训，提出改进建议。

（二）及时调整账簿记录，保证账实相符

财产清查所发现的差异及对差异的处理，都应在账簿上予以反映，必须根据清查中取得的原始凭证编制记账凭证，登记有关账簿，通过账簿记录的调整，使各种财产物资的账存数与实存数相一致，做到账实相符。

（三）积极处理多余积压财产，清理往来款项

在清查过程中发现多余的和不需要的积压物资，应订立计划，报请领导批准后，积极进行处理；属于盲目采购或生产造成的积压，一方面要积极利用或出售，另一方面要组织内部调剂，减少采购和生产。对于长期挂账的往来账款，应进行专项清理；确实无法清理的，应按财产损失审批权限报上级处理。

（四）总结经验教训，建立健全各项管理制度

建立健全各项财产物资管理制度，是管好用好财产的一个重要前提条件，通过建立健全各项财产物资管理制度，不仅可以查明账实是否相符，还可以发现单位财产管理制度中存在的利弊。财产清查后，要针对存在的问题和不足，总结经验教训，采取必要措施，建立健全财产物资管理制度，进一步提高财产管理水平。

二、财产清查结果的处理步骤及账户设置

财产清查结果的账务处理分两步进行：第一步，对于财产清查中发现的盘盈、盘亏，在报经有关领导审批前，应根据“清查结果报告表”、“盘点报告

表”等原始凭证中列明的财产盘盈、盘亏和毁损的数字，编制记账凭证并登记有关账簿，使各项财产的账存数与实存数保持一致。同时，根据企业的管理权限将处理建议报股东大会、董事会或经理（厂长）会议等类的机构批准。第二步，经过审批后，根据发生差异的原因和批复意见，编制记账凭证，并据以登记入账，进行差异处理，调整账项。

为记录、反映在财产清查过程中查明的各种财产的盈亏、盘亏及其报经批准后的转销数额，企业应设置“待处理财产损溢”账户。该账户属于双重性质账户，下设“待处理流动资产损溢”和“待处理固定资产损溢”两个明细分类账户，进行明细分类核算。该账户借方登记各项财产的盘亏或毁损数额和各项盘盈财产报经批准后的转销数；贷方登记各项财产的盘盈数额和各项盘亏或毁损财产报经批准后的转销数。按规定，企业的各项盘盈、盘亏必须于期末结账前处理完毕，所以该账户期末无余额。

三、财产清查结果的账务处理举例

［例9-2］某企业进行库存现金清查中发现长款1 500元。其会计处理如下：

（1）发现长款时，依据“库存现金盘点报告表”，先进行账务调整。会计分录：

借：库存现金　　1 500元

　贷：待处理财产损溢——待处理流动资产损溢　　1 500元

（2）经反复核查，上项长款未查明原因，报经批准转作营业外收入处理。会计分录：

借：待处理财产损溢——待处理流动资产损溢　　1 500元

　贷：营业外收入　　1 500元

［例9-3］某企业进行库存现金清查中发现短款100元。其会计处理如下：

（1）发现短款时，依据“库存现金盘点报告表”，先进行账务调整。会计分录：

借：待处理财产损溢——待处理流动资产损溢　　100元

　贷：库存现金　　100元

（2）经反复核查，上项短款系出纳员王×责任，应由王×赔偿。会计分录：

借：其他应收款——应收王×款项　　100元

　贷：待处理财产损溢——待处理流动资产损溢　　100元

［例9－4］某企业进行财产清查中盘亏设备一台，其账面原价5 000元，已提折旧1 000元，后经批准列作营业外支出。

（1）清查盘亏时，根据“清查结果报告表”所确定的固定资产盘亏情况，先进行账务调整。会计分录：

借：待处理财产损溢——待处理固定资产损溢　4 000元

　　累计折旧　1000元

　贷：固定资产　5 000元

（2）经批准，列作营业外支出时，会计分录：

借：营业外支出　5 000元

　贷：待处理财产损溢——待处理固定资产损溢　5 000元

［例9－5］某企业进行财产清查中盘亏甲产品200千克，单位成本每千克100元。经查明属于定额内合理损耗，经批准后计入管理费用。

（1）清查盘亏时，根据“清查结果报告表”所确定的盘亏情况，先行进行账务调整。会计分录：

借：待处理财产损溢——待处理流动资产损溢　23 400元

　贷：库存商品——甲产品　20 000元

　　　应交税费——交增值税（进项税额转出）　3 400元

（2）经批准后，计入管理费时，会计分录：

借：管理费用　23 400元

　贷：待处理财产损溢——待处理流动资产损溢　23 400元

【本章小结】

本章分三节阐述了财产清查的意义、种类、程序、方法以及结果的处理要求和账务程序。

财产清查，是指通过对货币资金、实物资产和往来账款的实地盘点与核对，确定其实存数，查明账存数与实存数是否相符，并据以调整账簿记录，保证账实相符的一种专门方法。

财产清查按范围分，可分为全面清查和局部清查；按时间分，可分为定期清查和不定期清查。

库存现金清查的主要方法是采用实地盘点的方法来确定库存现金的实存数；银行存款的清查是采取与银行核对账目的方法进行的；实物资产清查是对各项实物资产进行实地盘点以确定实际数额；各种往来款项的清查采取与对方核对账目的方法进行。

财产清查结果的账务处理分两步进行：第一步，对于财产清查中发现的盘盈、盘亏，在报经有关领导审批前，应根据清查数字，编制记账凭证并登记有关账簿，使各项财产的账存数与实存数保持一致。第二步，经过审批后，根据发生差异的原因和批复意见，编制记账凭证，并据以登记入账，进行差异处理，调整账项。

【关键术语和概念】

财产清查　全面清查　局部清查　定期清查　不定期清查　未达账项　待处理财产损溢

【复习思考题】

1. 什么是财产清查？它有哪些作用？
2. 财产清查的种类有哪些？
3. 财产清查的程序是怎样的？
4. 简述银行存款的清查方法？
5. 什么是实地盘点法和技术推算法？
6. 财产清查结果的处理要求和程序是怎样的？

【练习题】

一、单项选择题

1. 现金应由出纳员每日清点核对一次，属于（　）。

A. 全面清查和定期清查　B. 全面清查和不定期清查

C. 局部清查和定期清查　D. 局部清查和不定期清查

2. 银行存款的清查方法是（　）。

A. 银行存款日记账与总账核对　B. 银行存款日记账与收付款凭证核对

C. 银行存款日记账与对账单核对　D. 银行总账与收付款凭证核对

3. 为记录、反映在财产清查过程中查明的各种财产的盈亏、盘亏及其报经批准后的转销数额，企业应设置（　）账户。

A. 待处理财产损溢　B. 待处理财产盘盈

C. 待处理财产盘亏　D. 其他应收款或其他应付款

4. 企业在编制年度财务报告前，应当进行（　），季末、月末进行（　）。

A. 全面清查　B. 局部清查　C. 实地盘点　D. 技术推算

5. 发现长款时，依据“库存现金盘点报告表”，进行账务调整的会计分录为：（　）。

A. 借：库存现金　贷：待处理财产损溢

B. 借：待处理财产损溢　贷：库存现金

C. 借：待处理财产损溢　贷：营业外收入

D. 借：待处理财产损溢　贷：营业外支出

二、多项选择题

1. 财产清查对于会计核算及企业管理的重要作用在于（　）。

A. 保证账实相符和会计信息的真实可靠

B. 保护各项财产物资的安全完整

C. 可以挖掘财产物资的潜力，促进财产物资的有效利用

D. 促使企业遵守财经纪律和结算制度

2. 企业在编制年度财务报告前，应当进行（　）。

A. 全面清查　　B. 局部全面清查

C. 定期清查　　D. 不定期清查

3. 会造成使企业银行存款日记账存款余额大于银行对账单存款余额情况为（　）。

A. 企业已收款记账，银行尚未收款入账

B. 企业已付款记账，银行尚未付款入账

C. 银行已收款记账，企业尚未收款入账

D. 银行已付款记账，企业尚未付款入账

4. 需要进行全面清查的情况主要有（　）。

A. 年终决算之前　　B. 企业股份制改制

C. 银行存款和借款核对　　D. 债权债务核对

5. 开展财产清查，应当由（　）等有关部门人员组成财产清查的专门组织。

A. 会计人员　　B. 业务人员　　C. 仓库保管人员　　D. 投资人

三、判断是非题

1. 财产清查，是指通过对货币资金、实物资产和往来账款的实地盘点和核对，确定其实存数，查明账存数与实存数是否相符，并据以调整账簿记录，保证账实相符的一种专门方法。（　）

2. 企业已付款记账，银行尚未付款入账，会使企业日记账存款余额大于

银行对账单存款余额。(　)

3. “银行存款余额调节表”的编制，应在企业银行存款日记账余额和银行对账单余额的基础上，分别加减未达账项，调整后的双方余额应该相符。(　)

4. 对于大量成堆、难以逐一清点的财产物资，适宜用实地盘点法清点实存数。(　)

5. “待处理财产损溢”账户，借方登记各项财产的盘亏或毁损数额和各项盘盈财产报经批准后的转销数。(　)

第十章　财务会计报告

【本章学习要点】

1. 掌握财务会计报告的概念、构成和编报要求，了解财务会计报告的分类。

2. 理解和掌握资产负债表的作用与结构，了解资产负债表编制方法及各表内项目的填列方法。

3. 理解和掌握利润表的作用与结构，了解利润表编制方法及各表内项目的填列方法。

4. 理解和掌握现金流量表的作用与结构，了解现金流量表的编制基础。

第一节　财务会计报告概述

一、财务会计报告的概念及作用

财务会计报告，是指企业对外提供的反映企业特定日期的财务状况和某一会计期间的经营成果和现金流量等会计信息的文件。

财务会计报告，是为满足会计信息使用者的需要，在日常会计核算的基础上，按照一定的表格形式编制会计报表，总括、综合地反映企业单位的经济活动过程和结果，为有关方面进行管理和决策提供科学、准确的会计信息。财务会计报告的作用具体表现为：

（1）向财务会计报告使用者提供真实、公允的信息。财务会计报告是企业对外提供的反映企业财务状况和经营成果的信息，能够满足投资人、债权人的经济决策信息需求。

（2）为政府宏观调控部门提供企业经营管理的各类信息，便于更好地发挥各类政府部门的经济监督和调控作用，有利于落实和考核企业领导人经济责任的履行情况。

（3）能够为企业内部各级管理人员全面了解企业经营状况、加强管理、提供经济效益提供可靠的资料。

二、财务会计报告的构成

财务会计报告包括由会计报表及附注和其他应当在财务会计报告中披露的相关信息和资料。企业对外提供的财务会计报告的内容、会计报表种类和格式、会计报表附注的主要内容等，均由会计准则做出规范。

（一）会计报表

会计报表，是企业根据日常的会计核算资料归集、加工和汇总后形成的，用以综合反映企业某一特定日期的财务状况和某一会计期间的经营成果和现金流量等情况的书面文件。它是会计核算的最终成果，是财务会计报告的主体。会计报表至少应当包括资产负债表、利润表、现金流量表、所有者权益变动表等报表。

（二）会计报表附注

会计报表附注是指对会计报表中列示项目所作的进一步说明，以及对未能在这些报表中列示项目的说明等。它主要是为了便于会计报表使用者理解会计报表的内容，而对会计报表的编制基础、编制依据、编制原则和方法及主要项目等所作的解释和补充说明。附注是会计报表的有机组成部分，由若干附表和对有关项目的文字性说明组成。

（三）其他应当披露的相关信息和资料

财务会计报告中应当披露的相关其他信息和资料，具体可以根据有关法律法规的规定和企业外部信息使用者的需求而定。如企业可以在财务报告中披露其承担的社会责任、可持续发展能力等信息。这些信息尽管属于非财务信息，无法包括在财务会计报表中，但对于使用者的决策也是有用的。

三、财务会计报告的分类

（一）按照企业财务报告所反映的资金运动形态分类，可分为静态报告和动态报告

（1）静态报告，是综合企业某一特定时期资产、负债和所有者权益状况的报告。如资产负债表，它是根据各有关科目的“期末余额”来填制的。

（2）动态报告，是综合反映企业一定会计期间的经营情况或现金流量情况的报告。如利润表和现金流量表。

（二）按照企业财务报告的编制时间分类，可以分为月度会计报告、季度会计报告、半年度会计报告和年度会计报告

其中，月度、季度和半年度会计报告统称为中期会计报告。

（三）按照财务报告编制的单位层次分类，可分为企业内部会计主体单位编制的分部报告和全企业法人单位编制的法人报告

（1）分部报告，是指各独立核算的会计主体单位，在自身会计核算的空间主体范围内，依据自身的核算资料加工而编制成的，反映会计主体单位财务状况和经营成果的报告。

（2）法人报告，是指各法人企业经过将企业内部各会计主体的分部报告进行逐级汇总后，最终在法人单位形成的，反映全企业财务状况和经营成果情况的报告。

（四）按照财务报告编制的报送对象分类，可分为外部报告和内部报告

（1）外部报告，是为满足企业外部投资人、债权人、宏观调控部门对会计信息的需要，按国家统一的会计准则制度要求编制的报告。

（2）内部报告，是为满足企业内部管理的会计要求而编制的，不需对外披露的报告。其报告的种类、格式、指标体系和编报要求，由企业自行规定。

四、财务会计报告的编报要求

财务会计报告，作为传递企业信息的基本形式，为确保其提供的信息能够准确、真实、及时地反映企业经营状况和经营成果，尽可能地满足有关方面经济决策需要，企业在编制财务报告时应满足“真实可靠、相关可比、全面完整、编报及时、便于理解”的基本要求。

（一）真实可靠

真实可靠，是对企业会计信息的最基本的质量要求。为了保证财务报告所提供的信息真实可靠，数据正确，在编制财务报告前，应对各种会计账簿、表册、财产等进行认真审核和清查，以保证账证相符、账账相符、账实相符。在此基础上根据登记完整、核对无误的会计账簿记录和其他相关资料编制会计报告，做到数字真实、计算准确、内容完整，保证财务报告所提供的信息真实、可靠。

（二）相关可比

财务会计报告所提供的信息必须与信息使用者决策需要的信息相关，同时要有助于使用者在不同企业之间及同一企业不同期间之间进行横向和纵向的比较分析。为此，企业在编制财务会计报告时，应当以持续经营为基础，根据实际发生的交易或事项，按照企业会计准则的规定进行确认和计量；报告项目的列报应当在各个会计期间保持一致，不得随意变更；当期财务报表的列报，至少应当提供所列报项目上一可比会计期间的比较数据，以及与理解当期财务报表相关的说明。

（三）全面完整

全面完整的财务报告，一方面要求按规定的项目和内容进行编报，另一方面要求能充分反映企业经营活动的全面整体情况。因此，各企业编制和报送的财务报告，应当按照规定的格式和内容进行编报，在编报的报告中，凡要求填报的指标和项目，不得漏填漏列，任意取舍。

在编报的形式上，企业对外提供的会计报告应当依次编定页数，加具封面、装订成册、加盖公章。封面上应当注明：企业名称、企业统一代码、组织形式、地址、报告所属年度或者月份、报出日期，并由企业负责人和主管会计工作的负责人、会计机构负责人（会计主管人员）签名并盖章；设置总会计师的企业，还应当由总会计师签名并盖章。

（四）编报及时

财务报告必须及时编报，才有利于财务报告的使用，达到编报的目的。不能及时传送给信息使用者，即便是最真实可靠和全面完整的财务报告，也没有实际的使用价值。企业应在保证质量的前提下，在规定的期限内编制完毕，并按规定时限进行保送。月度财务会计报告应当于月度终了后 6 天内（节假日顺延，下同）对外提供；季度财务会计报告应当于季度终了后 15 天内对外提供；半年度财务会计报告应当于年度中期结束后 60 天内（相当于两个连续的月度）对外提供；年度财务会计报告应当于年度终了后 4 个月内对外提供。

（五）便于理解

财务会计报告的编制还应当具有可理解性，便于普通的会计信息使用者理解使用。可理解性是所有信息为使用者所接受的前提，如果财务会计报告难以理解，则使用者不可能或很难从中获取有助于决策的信息。可理解性要求在编制财务会计报告时，应当按照国家统一规范的会计报表格式和项目内容，准确、明晰地列示相关数字；所编列的会计报表之间、会计报表各项目之间，凡具有对应关系的数字应当对应一致；会计报表中本期与上期的有关数字应当相互衔接；会计报表附注和其他需要说明的事项应当做出真实、完整、清楚的说明。

第二节　资产负债表

一、资产负债表的概念及作用

资产负债表，是反映企业某一特定日期财务状况的报表。资产负债表是根据“资产 = 负债 + 所有者权益”这一会计基本等式，按照一定的分类标准和顺序，将企业一定日期的资产、负债和所有者权益项目予以适当的排列编制而成。它由资产、负债、所有者权益三个会计要素及其数量关系构成，反映一个会计主体在某一特定时点的静态状况，主要提供有关企业财务状况方面的信息，它具有以下作用：

（1）披露企业某一特定日期的资产总额和构成情况。表明企业掌握的经济资源的数量及其分布情况，表明企业运用其经济资源的能力。

（2）披露企业某一特定日期的负债总额和构成情况。表明企业未来需要用多少资产或劳务清偿债务。

（3）披露企业某一特定日期的所有者权益总额和构成情况。表明企业所有者在资产中所占的份额，了解所有者权益的构成情况。

（4）能够通过对三个会计要素的构成及关系分析，便于分析检查企业资产、负债和所有者权益的构成是否合理；了解企业的偿债能力和支付能力；通过分析比较前后期项目变化，了解企业资金变化，资本的保值增值情况，了解企业财务状况的变动趋向等。

二、资产负债表的结构和内容

资产负债表的格式，目前国际上通常采用报告式和账户式两种。按照现行会计准则规定，企业资产负债表采用账户式格式，具体格式内容如表 10－1 所示。它是依照“资产＝负债＋所有者权益”这一会计恒等式各项目的方向和方位特征设计的。将资产项目列在左方，负债和权益项目列在右方，左右方项目的金额合计数相等。表中的具体项目是依据其经济性质及其流动性而设计的：资产按流动性排列，流动性大的在前，流动性小的在后，分为流动资产和非流动资产。权益分为负债和所有者权益两部分，按求偿权先后顺序排列。负债则按偿还期限长短排列，分为流动负债和非流动负债；而所有者权益则按永久程度的高低排列，永久程度高的在前，低的在后。

表 10－1　　　　　　　　　　**资产负债表**　　　　　　　　　　**会企 01 表**

编报单位：　　　　　　　　________年____月____日　　　　　　　　单位：元

资产	期末余额	年初余额	负债和所有者权益（或股东权益）	期末余额	年初余额
流动资产：			流动负债：		
货币资金			短期借款		
交易性金融资产			交易性金融负债		

（续上表）

资产	期末余额	年初余额	负债和所有者权益（或股东权益）	期末余额	年初余额
应收票据			应付票据		
应收账款			应付账款		
预付款项			预收款项		
应收利息			应付职工薪酬		
应收股利			应交税费		
其他应收款			应付利息		
存货			应付股利		
一年内到期的非流动资产			其他应付款		
其他流动资产			一年内到期的非流动负债		
流动资产合计			其他流动负债		
非流动资产：			流动负债合计		
可供出售金融资产			非流动负债：		
持有至到期投资			长期借款		
长期应收款			应付债券		
长期股权投资			长期应付款		
投资性房地产			专项应付款		
固定资产			预计负债		
在建工程			递延所得税负债		
工程物资			其他非流动负债		
固定资产清理			非流动负债合计		
生产性生物资产			负债合计		
油气资产			所有者权益（或股东权益）：		
无形资产			实收资本（或股本）		
开发支出			资本公积		

（续上表）

资产	期末余额	年初余额	负债和所有者权益（或股东权益）	期末余额	年初余额
商誉			减：库存股		
长期待摊费用			盈余公积		
递延所得税资产			未分配利润		
其他非流动资产			所有者权益（或股东权益）合计		
非流动资产合计					
资产合计			负债和所有者权益（或股东权益）总计		

三、资产负债表的编制

（一）资产负债表中的“年初数”和“期末数”

《企业财务会计报告条例》规定：年度、半年度会计报表至少应当反映两个年度或者相关两个期间的比较数据。为此，企业需要提供比较资产负债表，所以，资产负债表各项目需要分为“年初数”和“期末数”两栏分别填列。

具体填列时，资产负债表中，资产负债表根据试算平衡表或总账各科目及明细账余额分类归集编制。资产负债表各项目要按照年初数和期末数作两列数据列示，应在查对和分析资产、负债、所有者权益科目及有关明细账户的上期期末余额和本期期末余额，以及其他有关数据的基础上编制。

表中“年初数”栏内各项目数字，应根据上年年末资产负债表“期末数”栏内所列数字填列。如果本年度资产负债表规定的各个项目的名称和内容同上年度不相一致，应对上年年末资产负债表各项目的名称和数字按本年度的规定进行调整，按调整后的数字填入本表“年初数”栏内。

表中“期末数”是指某一会计期末的数字，即月末、季末、半年末和年末的数字。资产负债表各项目“期末数”栏内的数字可通过以下几种方式取得：

（1）根据总账余额直接填列。如“短期借款”、“应收股利”等项目。

（2）根据总账余额直接计算填列。如“货币资金”项目，需要根据“库存现金”、“银行存款”、“其他货币资金”账户的期末余额合计数填列。

（3）根据明细账余额计算填列。如“应付账款”项目，需要根据“应付账款”、“预付账款”账户所属相关明细账的期末贷方余额计算填列。

（4）根据总账和明细账余额分析计算填列。如“长期借款”项目，需要根据“长期借款”总账期末余额，扣除“长期借款”总账所属明细账中反映的、将于1年内到期的长期借款部分，分析计算填列。

（5）根据有关项目数字抵销计算填列，以反映其净额。如“固定资产”项目是用“固定资产”账户余额减去“累计折旧”和“固定资产减值准备”后的净额填列。

（二）资产负债表中各项目的填列方法

（1）“货币资金”项目，反映企业库存现金、银行存款、外埠存款、银行汇票存款、银行本票存款、信用证保证金存款等的合计数。本项目应根据“库存现金”、“银行存款”、“其他货币资金”账户的期末余额合计填列。

（2）“交易性金融资产”项目，反映企业购入的各种能随时变现、并准备随时变现的股票、债券和基金投资。本项目应根据“交易性金融资产”账户的期末余额填列。

（3）“应收票据”项目，反映企业收到的未到期也未向银行贴现的应收票据，包括商业承兑汇票和银行承兑汇票。本项目应根据“应收票据”账户的期末余额填列。

（4）“应收股利”项目，反映企业因股权投资而应收取的现金股利。企业应收其他单位的利润也包括在本项目内。本项目应根据“应收股利”账户的期末余额填列。

（5）“应收利息”反映企业因债权投资而应收取的利息。本项目应根据“应收利息”账户的期末余额填列。

（6）“应收账款”项目，反映企业因销售商品、产品和提供劳务等而应向购买单位收取的各种款项，减去已计提的坏账准备后的净额。本项目应根据“应收账款”账户所属各明细科目的期末借方余额合计，减去“坏账准备”账户中有关应收账款计提的坏账准备期末余额后的金额填列。如“应收账款”账户所属明细账期末有贷方余额，应在本表“预收款项”项目内填列。

（7）“其他应收款”项目，反映企业对其他单位和个人的应收和暂付的款项，减去已计提的坏账准备后的净额。本项目应根据“其他应收款”账户的期末余额，减去“坏账准备”账户中其他应收账款计提的坏账准备期末余额后的金额填列。

（8）“预付款项”项目，反映企业预付给供应单位的款项。本项目应根据“预付账款”账户所属各明细账的期末借方余额合计填列。如“预付账款”账户所属有关明细账期末有贷方余额的，应在本表“应付账款”项目内填列。

如“应付账款”账户所属明细账有借方余额的，也应包括在本项目内。

(9)“存货”项目，反映企业期末库存、在途和加工中的各项存货的价值，包括各种材料、商品、在产品、半成品、包装物、低值易耗品等。本项目应根据“在途物资”或“材料采购”、“原材料”、“低值易耗品”、“库存商品”、“包装物”、“委托加工物资”、“生产成本”等账户的期末余额合计，减去“存货跌价准备”账户期末余额后的金额填列。材料采用计划成本核算，以及库存商品采用计划成本核算的企业，还应按加或减材料成本差异后的金额填列。

(10)“其他流动资产”项目，反映企业除以上流动资产项目以外的其他流动资产，本项目应根据有关账户的期末余额填列。如其他流动资产价值较大的，应在会计报表附注中披露其内容和金额。

(11)“长期股权投资”项目，反映企业不准备在1年内（含1年）变现的各种股权性质的投资的可收回金额。本项目应根据“长期股权投资”账户的期末余额，减去“长期股权投资减值准备”账户余额后的金额填列。

(12)“固定资产”项目，反映企业的各种固定资产的净值，融资租入的固定资产，其原价及已提折旧也包括在内。融资租入的固定资产原价应在会计报表附注中另行反映。本项目应根据“固定资产”账户余额减去“累计折旧”账户和“固定资产减值准备”账户余额后的金额填列。

(13)“在建工程”项目，反映企业期末各项未完工程的实际支出，包括交付安装的设备价值，未完建筑安装工程已经耗用的材料、工资和费用支出，预付出包工程的价款，已经建筑安装完毕但尚未交付使用的工程等的可收回金额。本项目应根据“在建工程”账户的期末余额减去“在建工程减值准备”账户期末余额后的金额填列。

(14)“固定资产清理”项目，反映企业因出售、毁损、报废等原因转入清理但尚未清理完毕的固定资产的账面价值以及固定资产清理过程中所发生的清理费用和变价收入等各项金额的差额。本项目应根据“固定资产清理”账户的期末借方余额填列。如“固定资产清理”账户的期末为贷方余额应以“-”号填列。

(15)“无形资产”项目，反映企业各项无形资产的期末可收回金额。本项目应根据“无形资产”账户的期末余额减去“无形资产减值准备”账户期末余额后的金额填列。

(16)“开发支出”项目，反映企业自行研究开发无形资产在期末尚未完成开发阶段的无形资产的价值。本项目应根据“开发支出”账户的期末余额填列。

（17）“长期待摊费用”项目，反映企业尚未摊销的，摊销期限在1年以上（不含1年）的各种费用。如租入固定资产改良支出、摊销期限在1年以上（不含1年）的其他待摊费用。长期待摊费用中在1年以内（含1年）摊销的部分，应在本表“待摊费用”项目列报。本项目应根据“长期待摊费用”账户的期末余额减去1年内（含1年）应摊销的数额后的金额填列。

（18）“其他非流动资产”项目，反映企业除以上资产以外的其他长期资产。本项目应根据有关账户的期末余额填列。如其他长期资产价值较大的，应在会计报表附注中披露其内容和金额。

（19）“短期借款”项目，反映企业借入尚未归还的1年期以内（含1年）的借款。本项目应根据“短期借款”账户的期末余额填列。

（20）“应付票据”项目，反映企业为了抵付货款等而开出、承兑的尚未到期付款的应付票据，包括银行承兑汇票和商业承兑汇票。本项目应根据“应付票据”账户的期末余额填列。

（21）“应付账款”项目，反映企业购买原材料、商品和接受劳务供应等而应付给供应单位的款项。本项目应根据“应付账款”账户所属各有关明细账户的期末贷方余额合计填列。如“应付账款”账户所属各有关明细账户的期末有借方余额，应在本表“预付款项”项目内填列。

（22）“预收款项”项目，反映企业预收购买单位的账款。本项目应根据“预收款项”科目所属各有关明细科目的期末贷方余额合计填列。如“预收款项”科目所属有关明细科目有借方的，应在本表余额“应收账款”项目内填列。如“应收账款”科目所属明细科目有贷方余额的，也应包括在本项目内。

（23）“应付职工薪酬”项目，反映企业应付而未付的职工薪酬。应付职工薪酬包括应付职工的工资、奖金、津贴和补贴、职工福利费和医疗保险费、养老保险费等各种保险费以及住房公积金等。本项目应根据“应付职工薪酬”账户期末贷方余额填列。如“应付职工薪酬”账户期末有借方余额，以“-”号填列。

（24）“应付股利”项目，反映企业尚未支付的现金股利。本项目应根据“应付股利”账户的期末余额填列。

（25）“应交税费”项目，反映企业期末未交、多交或未抵扣的各种税费和其他费用。本项目应根据“应交税费”账户的期末贷方余额填列。如“应交税费”账户期末为借方余额，应以“-”号填列。

（26）“其他应付款”项目，反映企业所有应付和暂收其他单位和个人的款项。本项目应根据“其他应付款”账户的期末余额填列。

（27）“其他流动负债”项目，反映企业除以上流动负债以外的其他流动负债。本项目应根据有关账户的期末余额填列。如其他流动负债价格较大的，应在会计报表附注中披露其内容及金额。

（28）“长期借款”项目，反映企业借入尚未归还的1年期以上（不含1年）的借款本息。本项目应根据“长期借款”账户的期末余额填列。

（29）“应付债券”项目，反映企业发行的、尚未偿还的各种长期债券的本息。本项目应根据“应付债券”账户的期末余额填列。

（30）“预计负债”项目，反映企业预计负债的期末余额。本项目应根据“预计负债”账户的期末余额填列。

（31）“其他非流动负债”项目，反映企业除以上非流动负债项目以外的其他非流动负债。本项目应根据有关账户的期末余额填列。如其他非流动负债价值较大的，应在会计报表附注中披露其内容和金额。上述非流动负债各项目中将于1年内（含1年）到期的非流动负债，应在“1年内到期的非流动负债”项目内单独反映。上述非流动负债各项目均应根据有关科目期末余额减去将于1年内（含1年）到期的非流动负债后的金额填列。

（32）“实收资本（或股本）”项目，反映企业各投资者实际投入的资本（或股本）总额。本项目应根据“实收资本（或股本）”账户的期末余额填列。

（33）“资本公积”项目，反映企业资本公积的期末余额。本项目应根据“资本公积”账户的期末余额填列。

（34）“盈余公积”项目，反映企业盈余公积的期末余额。本项目应根据“盈余公积”账户的期末余额填列。

（35）“未分配利润”项目，反映企业尚未分配的利润。本项目应根据“本年利润”账户和“利润分配”账户的期末余额计算填列。未弥补的亏损，在本项目内以“－”号填列。

第三节　利润表

一、利润表意义和作用

利润表，是反映企业在一定会计期间经营成果的报表。经营成果，是指一个企业在一定时期的营业收入和营业费用以及经过配比而计算出来的净收益，它说明企业在某一时期的净收益数额及其形成情况，据以分析企业的经济效益及盈利能力，评价企业的经营管理绩效，判断资本保值、增值情况。利润表是根据收入确认原则和配比原则编制的。

编制利润表的作用主要表现在：其一，可以总括反映企业在一定会计期间的收入实现情况和费用耗费情况；其二，可以总括反映企业在一定会计期间的营业利润、利润总额和净利润的构成要素情况；其三，报表使用者可根据该表所提供的具体内容，分析评价企业的经营成果，考核利润计划的完成情况，评价投资者投资的价值和报酬；其四，为财务管理人员及领导者提供财务预测资料，可以对企业未来的经营状况、获利能力及潜力进行预测，了解企业在未来一定时期的盈利趋势。

二、利润表的格式和内容

利润表的基本结构是根据“收入 - 费用 = 利润”平衡公式设计的。按照利润表各具体项目内容的排列方式的不同，利润表的格式，国际上通常采用单步式和多步式两种。单步式利润表通常采用左右对照的账户式结构，即把表格分为左右两部分：左边反映企业各种收入及收益类项目，右边列示各种费用及支出类项目，左边总额减去右边总额即为企业利润数额。有时单步式利润表也可垂直式列示，即将收入及收益项目列在上半部分，费用及支出项目列在下半部分。多步式利润表一般采用上下加减的报告式结构，利润数额的计算采取多个步骤逐项列示。多步式利润表的优点是注意收入与费用支出配比的层次性，明确揭示了利润各构成要素之间的内在联系。因此，我国的会计准则规定，企业的利润表采用多步式的格式。

多步式利润表的具体内容与格式如表 10 - 2 所示：

表 10 - 2　　　　**利润表**　　　　**会企 02 表**

编报单位：　　　　____年____月　　　　单位：元

项目	本期金额	上期金额
一、营业收入		
减：营业成本		
营业税金及附加		
销售费用		
管理费用		
财务费用		
资产减值损失		
加：公允价值变动收益（损失以“ - ”号填列）		

（续上表）

项目	本期金额	上期金额
投资收益（损失以“－”号填列）		
其中：对联营企业和合营企业的投资收益		
二、营业利润（损失以“－”号填列）		
加：营业外收入		
减：营业外支出		
其中：非流动资产处置损失		
三、利润总额（损失总额以“－”号填列）		
减：所得税费用		
四、净利润（净亏损以“－”号填列）		
五、每股收益：		
（一）基本每股收益		
（二）稀释每股收益		

三、利润表的填制方法

（一）利润表中的“本月数”和“本年累计数”

《企业财务会计报告条例》规定：年度、半年度会计报表至少应当反映两个年度或者相关两个期间的比较数据。也就是说，企业需要提供比较利润表。所以，利润表各项目需要分为“本月数”和“本年累计数”两栏分别填列。

利润表中的“本月数”栏反映各项目的本月实际发生数。在编报中期财务会计报告时，填列上年同期累计实际发生数；在编报年度财务会计报告时，填列上年全年累计实际发生数。如果上年度利润表与本年度利润表的项目名称和内容不相一致，应对上年度利润表项目的名称和数字按本年度的规定进行调整，填入本表“上年数”栏。在中期和年度财务会计报告时，应将“本月数”栏改成“上年数”栏。

利润表中的“本年累计数”栏反映各项目自年初起至报告期末止的累计实际发生数。

（二）利润表中各项目的填列方法

利润表中各项目的金额，一般是根据有关账户的本期发生额来填列的。“本月数”栏内各项数字，根据以下方法填列：

（1）“营业收入”项目，反映企业经营业务所取得的收入总额。本项目应根据“主营业务收入”账户和“其他业务收入”账户的发生额合计填列。

（2）“营业成本”项目，反映企业经营业务发生的实际成本。本项目应根据“主营业务成本”账户和“其他业务成本”账户的发生额合计填列。

（3）“营业税金及附加”项目，反映企业经营业务应负担的营业税、消费税、城市维护建设税、资源税、土地增值税和教育附加等。本项目应根据“营业税金及附加”账户的发生额分析填列。

（4）“销售费用”项目，反映企业在销售商品和商品流通企业在购入商品等过程中发生的费用。本项目应根据“销售费用”账户的发生额分析填列。

（5）“管理费用”项目，反映企业发生的管理费用。本项目应根据“管理费用”账户的发生额分析填列。

（6）“财务费用”项目，反映企业发生的财务费用。本项目应根据“财务费用”账户的发生额分析填列。

（7）“资产减值损失”项目，反映企业因资产减值而发生的损失。本项目应根据“资产减值损失”账户的发生额分析填列。

（8）“公允价值变动净收益”项目，反映企业资产因公允价值变动而发生的收益。本项目应根据“公允价值变动损益”账户的发生额分析填列。

（9）“投资收益”项目，反映企业以各种方式对外投资所取得的收益。本项目应根据“投资收益”账户的发生额分析填列。如为投资损失，以“－”号填列。

（10）“营业外收入”项目，反映企业发生的与其经营活动无直接关系的各项收入。本项目应根据“营业外收入”账户的发生额分析填列。

（11）“营业外支出”项目，反映企业发生的与其经营活动无直接关系的各项支出。本项目应根据“营业外支出”账户的发生额分析填列。

（12）“所得税费用”项目，反映企业按规定从本期损益中减去的所得税。本项目应根据“所得税费用”账户的发生额分析填列。

（13）“净利润”项目，反映企业实现的净利润。如为净亏损，以“－”号填列。

（14）“基本每股收益”和“稀释每股收益”项目，反映企业根据每股收益准则计算的两种每股收益指标的金额。

第四节　现金流量表

一、现金流量表的意义和作用

现金流量表，是反映企业一定会计期间现金和现金等价物流入和流出的报表。现金流量表，是以现金为基础编制的财务状况变动表，它以现金的流入和流出反映企业在一定期间内的经营活动、投资活动和筹资活动的动态情况；反映企业现金流入和流出的全貌，表明企业获取现金和现金等价物的能力。

现金流量表对会计信息使用者的作用在于：其一，能说明企业一定期间内现金流入和流出的原因；其二，能说明和评价企业支付能力、偿债能力和周转能力；其三，能分析企业未来获取现金的能力；其四，能分析企业投资和理财活动对经营成果和财务状况的影响，可以从现金流量的角度了解净利润的质量，据以预测企业未来现金流量，为分析和判断企业的财务前景提供信息。

二、现金流量表的编制基础

编制现金流量表的基础是现金及现金等价物。按照收付实现制的原则编制，将权责发生制下的盈利信息调整为收付实现制下的现金流量信息。

现金是指企业库存现金以及可以随时用于支付的存款，主要包括库存现金、银行存款、其他货币资金。

现金等价物是指企业持有的期限短、流动性强、易于转换为已知金额的现金、价值变动风险很小的投资。现金等价物虽然不是现金，但其支付能力和变现能力与现金的差别不大，可视为现金。

现金流量表中所称的现金流量，是指某一时期内企业现金流入、流出的数量。现金流量从产生的原因上看，分为经营活动、投资活动和筹资活动引起的数量变化。

经营活动是指企业投资活动和筹资活动以外的所有交易和事项。各类企业由于行业特点不同，对经营活动的认定存在一定差异。工商企业经营活动主要包括销售商品、提供劳务、购买商品、接受劳务、支付税费等；银行类金融企业的经营活动主要包括吸收存款、发放贷款、同业存放、同业拆借等；证券类金融企业的经营活动主要包括自营证券、代理承销证券、代理兑付证券，代理买卖证券等。通过经营活动产生的现金流量，可以说明企业经营活动对现金流入和流出的影响程度，判断企业在不动用对外筹集的资金的情况下，是否能够维持生产经营、偿还债务、支付股利等。

投资活动是指企业长期资产的购建和不包括在现金等价物范围内的投资及其处理活动。投资活动既包括实物资产投资，也包括金融资产投资。企业长期资产是指固定资产、无形资产、在建工程、其他资产等持有期限在一年或一个经营周期以上的资产。投资活动具体包括取得或收回投资、购建和处置固定资产、无形资产和其他长期资产等。通过投资活动产生的现金流量，可以分析企业通过投资活动获得现金的能力，以及投资产生的现金流量对企业现金流量净额的影响程度。

筹资活动是指导致企业资本及债务规模和构成发生变化的活动。包括吸收投资、发行股票、分配利润、取得和偿还银行贷款、发行和偿还公司债券等。通过筹资活动产生的现金流量，可以分析企业通过筹资获取现金的能力，判断筹资活动对企业现金流量净额的影响程度。

三、现金流量表的格式和内容

通常情况下，现金流量表应当分别按照现金流入和现金流出项目总额列报，从而全面揭示企业现金流量的方向、规模和结构。按我国《企业会计准则——现金流量表》的规定，现行的现金流量表为报告式格式。其具体内容如表 10 - 3 所示：

表 10 - 3　　**现金流量表**

编制单位：　　______年____月　　单位：元

项目	本期金额	上期金额
一、经营活动产生的现金流量		
销售商品、提供劳务收到的现金		
收到的税费返还		
收到其他与经营活动有关的现金		
经营活动现金流入小计		
购买商品、接受劳务支付的现金		
支付给职工以及为职工支付的现金		
支付的各项税费		
支付其他与经营活动有关的现金		
经营活动现金流出小计		
经营活动产生的现金流量净额		

（续上表）

项目	本期金额	上期金额
二、投资活动产生的现金流量		
收回投资收到的现金		
取得投资收益收到的现金		
处置固定资产、无形资产和其他长期资产收回的现金净额		
处置子公司及其他营业单位收到的现金净额		
收到其他与投资活动有关的现金		
投资活动现金流入小计		
购建固定资产、无形资产和其他长期资产支付的现金		
投资支付的现金		
取得子公司及其他营业单位支付的现金净额		
支付其他与投资活动有关的现金		
投资活动现金流出小计		
投资活动产生的现金流量净额		
三、筹资活动产生的现金流量		
吸收投资收到的现金		
取得借款收到的现金		
收到其他与筹资活动有关的现金		
筹资活动现金流入小计		
偿还债务支付的现金		
分配股利、利润或偿付利息支付的现金		
支付其他与筹资活动有关的现金		
筹资活动现金流出小计		
筹资活动产生的现金流量净额		
四、汇率变动对现金及现金等价物的影响		
五、现金及现金等价物净增加额		
加：期初现金及现金等价物余额		
六、期末现金及现金等价物余额		

四、现金流量表的编制方法

（一）直接法和间接法

直接法，是指按现金收入和现金支出的主要类别直接反映企业经营活动产生的现金流量，如销售商品、提供劳务收到的现金，购买商品、接受劳务支付的现金等就是按现金收入和支出的类别直接反映的。在直接法下，一般是以利润表中的营业收入为起算点，调节与经营活动有关的项目增减变动，然后计算出经营活动产生的现金流量。

间接法，是指以净利润为起算点，调整不涉及现金的收入、费用、营业外收支等有关项目，剔除投资活动、筹资活动对现金流量的影响，据此计算出经营活动产生的现金流量。由于净利润是按照权责发生制原则确定的，且包括了与投资活动和筹资活动相关的收益和费用，将净利润调节为经营活动现金流量，实际上就是将按权责发生制原则确定的净利润调整为现金净流入，并剔除投资活动和筹资活动对现金流量的影响。

采用直接法编制现金流量表，便于分析企业经营活动产生的现金流量的来源和用途，预测企业现金流量的未来前景；采用间接法编制现金流量表，便于将净利润与经营活动所产生的现金流量净额进行比较，了解净利润与经营活动产生的现金流量差异的原因，从现金流量的角度分析净利润的质量。所以，现金流量表准则规定企业应当采用直接法编制现金流量表，同时，要求在附注中提供以净利润为基础调节到经营活动现金流量的信息。

（二）工作底稿法和“T”形账户法

工作底稿法编制现金流量表，是以工作底稿为手段，以资产负债表和利润表数据为基础，对每一项目进行分析并编制调整分录，从而编制现金流量表。其基本程序如下：

第一步，将资产负债表的期初数和期末数过入工作底稿的期初数和期末数栏。

第二步，对当期业务进行分析编制调整分录。编制调整分录时，要以利润表项目为基础，从“营业收入”开始，结合资产负债表项目逐一进行分析。在调整分录中，有关现金和现金等价物的事项，并不直接借记或贷记现金，而是分别记入“经营活动产生的现金流量”、“投资活动产生的现金流量”、“筹资活动产生的现金流量”有关项目。

第三步，将调整分录过入工作底稿中的相应部分。

第四步，核对调整分录，借方、贷方合计数均已经相等，资产负债表项目期初数加减调整分录中的借贷金额以后，也等于期末数。

第五步，根据工作底稿中的现金流量表项目部分，编制正式的现金流量表。

“T”形账户法编制现金流量表，是以“T”形账户为手段，以资产负债表和利润表数据为基础，对每一项目进行分析并编制调整分录，从而编制现金流量表。其基本程序如下：

第一步，为所有的非现金项目（包括资产负债表项目和利润表项目）分别开设“T”形账户，并将各自的期末期初变动数过入各相关账户。如果项目的期末数大于期初数，则将差额过入与项目余额相同的方向；反之，过入相反的方向。

第二步，开设一个大的“现金及现金等价物”“T”形账户，每边分为经营活动、投资活动和筹资活动三个部分，左边记现金流入，右边记现金流出。与其他账户一样，过入期末期初变动数。

第三步，以利润表项目为基础，结合资产负债表分析每一个非现金项目的增减变动，并据此编制调整分录。

第四步，将调整分录过入各“T”形账户，并进行核对，该账户借贷相抵后的余额与原先过入的期末期初变动数应当一致。

第五步，根据大的“现金及现金等价物”“T”形账户编制正式的现金流量表。

五、现金流量表附注

为了更全面地反映企业现金流量变动情况，还要求企业通过现金流量表附注披露现金流量的更详细的信息。现金流量表附注包括现金流量表补充资料披露、当期取得或处置子公司及其他营业单位的有关信息，以及企业还需披露的现金和现金等价物的相关信息等。

第五节　所有者权益变动表

一、所有者权益变动表的意义和作用

所有者权益变动表，又称股东权益变动表，是反映构成所有者权益各组成部分当期增减变动情况的报表。

编制所有者权益变动表的作用主要在于：其一，能够全面反映一定会计期间所有者权益变动的情况，不仅反映所有者权益总量的增减变动信息，还反映所有者权益增量变动的重要结构性信息，特别是能够反映直接计入所有者权益

的利得和损失；其二，所有者权益变动表在一定程度上体现了企业综合收益，便于报表使用者准确全面地了解一定时期所有者权益增减变动的根源。

二、所有者权益变动表的结构和内容

所有者权益变动表，一方面列示全面导致所有者权益变动的交易事项；另一方面按照所有者权益各组成部分及其总额列示交易或事项对所有者权益的影响。此外还需要提供比较所有者权益变动表，并按照“本年金额”和“上年金额”两栏分别填列。

所有者权益变动表至少应当单独列示反映如下信息项目：①净利润；②直接计入所有者权益的利得和损失项目及其总额；③会计政策变更和差错更正的累积影响金额；④所有者投入资本和向所有者分配利润等；⑤按规定提取的盈余公积；⑥实收资本（或股本）、资本公积、盈余公积、未分配利润的期初和期末余额及其调节情况。

第六节　会计报表附注

一、会计报表附注的意义及披露要求

会计报表附注是对在资产负债表、利润表、现金流量表和所有者权益变动表等报表中列示项目的文字描述或明细资料，以及对未能在这些报表中列示项目的说明等。

会计报表附注是财务报告不可或缺的组成部分。会计报表中的数字是经过分类与汇总后的结果，是对企业财务状况和经营成果的高度浓缩与简化的数字，如果没有形成这些数字的会计政策说明和理解这些数字的附注说明，财务报表就不可能发挥应有的作用。因此，报表使用者要读懂相关报表，了解企业财务状况、经营成果和现金流量，还必须阅读会计报表附注。

会计报表附注的披露要求应包括：①附注披露的信息应是定量、定性信息的结合，能从定量和定性两个角度完整地反映企业的经济业务，从而满足信息使用者的决策需求。②附注应当按照一定的结构进行系统、合理的排列和分类，有序地披露信息，以便使用者理解和掌握，更好地实现财务报表的可比性。③附注披露的相关信息应当与报表中列示的项目相互照应，以便使用者通过相互关联的信息，更好地从整体上理解财务报表。

二、会计报表附注的披露内容

（1）企业的基本情况。具体包括：①企业注册地、组织形式和总部地址；②企业的业务性质和主要经营活动；③母公司及集团最终母公司的名称；④财务报告批准报出者和财务报告批准报出日等。

（2）财务报表的编制基础。

（3）遵循企业会计准则的声明。

（4）重要会计政策的说明。包括财务报表项目的计量基础和会计政策的确定依据。

（5）重要会计估计的说明。包括下一会计期间内很可能导致资产、负债账面价值重大调整的会计估计等。

（6）会计政策和会计估计变更以及查错更正的说明。

（7）重要报表项目的进一步说明。

（8）其他需要说明的重要事项。

【本章小结】

本章分六节阐述了有关财务会计报告的概念、构成、编报要求等财务会计报告的一般知识，介绍了资产负债表、利润表、现金流量表、所有者权益变动表四大报表的作用、结构内容和编制原理。

财务会计报告，是指企业对外提供的反映企业特定日期的财务状况和某一会计期间的经营成果和现金流量等会计信息的文件。财务会计报告由会计报表、报表附注和其他应当在财务会计报告中披露的相关信息和资料三部分组成。编制财务报告时应满足“真实可靠、相关可比、全面完整、编报及时、便于理解”的基本要求。

资产负债表是反映企业某一特定日期财务状况的报表；利润表是反映企业在一定会计期间经营成果的报表；现金流量表是反映企业一定会计期间现金和现金等价物流入和流出的报表；所有者权益变动表是反映构成所有者权益各组成部分当期增减变动情况的报表。

【关键术语和概念】

财务会计报告　会计报表　会计报表附注　资产负债表　利润表
现金流量表　所有者权益变动表

【复习思考题】

1. 什么是财务会计报告？其构成内容如何？应如何进行分类？
2. 财务会计报告的编报要求有哪些？
3. 什么是资产负债表？其格式要素和编制方法如何？
4. 什么是利润表？其格式要素和编制方法如何？
5. 什么是现金流量表？其作用和编制基础如何？
6. 什么是所有者权益变动表？其结构及内容如何？

【练习题】

一、单项选择题

1. （　）是企业在编制财务会计报告时最基本的质量要求。
   A. 真实可靠　　B. 全面完整　　C. 编报及时　　D. 相关可比
2. 月度财务会计报告应当于月度终了后（　）内对外提供；季度财务会计报告应当于季度终了后（　）内对外提供。
   A. 5 天　　B. 6 天　　C. 10 天　　D. 15 天
3. 半年度财务会计报告应当于年度中期结束后（　）内对外提供；年度财务会计报告应当于年度终了后（　）内对外提供。
   A. 15 天　　B. 60 天　　C. 2 个月　　D. 4 个月
4. 资产负债表是根据（　）会计要素的平衡关系编制的。
   A. 资产、负债、所有者权益三个
   B. 收入、费用、利润三个
   C. 资产、负债、所有者权益、收入、费用五个
   D. 资产、负债、所有者权益、收入、费用、利润六个
5. 资产负债表内的相关项目是根据（　）排列，按（　）数填列的。
   A. 效益性　　B. 流动性　　C. 期初数　　D. 期末数
6. 资产负债表是把（　）项目列在左方，（　）项目列在右方，具体项目是按照（　）进行编排的。
   A. 资产　　B. 负债和所有者权益
   C. 效益性　　D. 流动性
7. 目前我国资产负债表一般采用（　）格式；利润表一般采用（　）。
   A. 报告式　　B. 账户式　　C. 单步式　　D. 多步式
8. 多步式利润表一般采用（　）结构，利润数额的计算采取多个步骤逐项列示。
   A. 左右对照的账户式　　B. 上下加减的报告式

C. 效益性多步式　　D. 流动性多步式

9. 现金流量表，是反映企业一定会计期间（　）流入和流出的报表。

A. 现金　　B. 现金和银行存款

C. 现金和现金等价物　　D. 现金等价物

10. 现金流量表中所指的现金是指（　）。

A. 库存现金　　B. 库存现金及可随时支用的存款

C. 库存现金和在中央银行存款　　D. 现金及全部存款

二、多项选择题

1. 财务会计报告由（　）三部分组成。

A. 会计报表

B. 报表附注

C. 财务状况说明书

D. 其他应当在财务会计报告中披露的相关信息和资料

2. 资产负债表属于（　）；利润表属于（　）。

A. 静态报表　B. 动态报表　C. 时点报表　D. 期间报表

3. 企业在编报财务会计报告时，应满足的基本要求包括（　）。

A. 真实可靠　B. 全面完整　C. 权责发生制　D. 相关可比

4. 资产负债表各项目“期末数”栏内的数字可以通过（　）取得。

A. 根据总账余额直接填列　　B. 根据总账余额直接计算填列

C. 根据明细账余额计算填列　　D. 根据登记账余额计算填列

5. 从现金流量产生的原因来看，可分为（　）产生的数量。

A. 经营活动　B. 投资活动　C. 筹资活动　D. 理财活动

三、判断是非题

1. 财务会计报告，是企业对外提供的会计信息的文件。（　）

2. 财务会计报告的组成部分必须包括财务状况说明书。（　）

3. 资产负债表是反映会计主体某一特定时点的静态报表。（　）

4. 资产负债表中的权益是按照求偿权的先后顺序排列的。（　）

5. 利润表是根据配比原则编制的。（　）

第十一章　会计工作组织管理

【本章学习要点】

1. 熟悉我国会计的法规体系，掌握会计法的基本内容，掌握会计准则体系的构成。

2. 了解我国会计的管理体制，掌握会计机构的设置要求和主要职责，掌握会计工作岗位责任制的基本要求。

3. 理解和掌握会计人员的任职条件，熟悉会计人员的职责和权限，熟悉会计人员的职业道德。

4. 掌握会计档案的内容、管理要求、保管期限；了解会计工作交接的要求和程序。

第一节　会计法规和会计准则

一、会计法规体系

会计法规，是国家立法机关及政府行政部门制定颁布的有关会计活动的法律、法规、准则和制度等规范性文件的统称。会计法规是以一定的会计理论为基础，根据国家的财经方针、政策，将会计工作所应坚持和遵循的各项原则和方法用法规形式确定下来。会计法规是从事会计工作的基本准绳，是组织会计工作的基本依据，它能保证会计工作有章可循，按既定的目标有组织、有秩序地进行。

会计法规体系是指由调节会计活动中所发生的社会关系的各种法律规范所构成的有机联系的统一整体。我国会计法规体系，按照《立法法》规定的法律层次可分为：会计法律、行政法规和部门规章三个层次。会计法律是由我国的立法机关——全国人民代表大会及其常务委员会制定的；行政法规是由我国的最高行政机关——国务院颁布的；部门规章主要是国务院财政部门根据法律法规的基本要求制定发布的指导会计工作的具体规范。

我国现行的会计法规体系，按照会计法规规范的内容可分为以下四类：

（1）有关会计核算方面的法规，主要包括会计准则和企业事业单位会计制度等。

（2）有关会计监督方面的法规，主要包括《企业内部控制基本规范》、《会计基础工作规范》等。

（3）有关会计机构和会计人员方面的法规，主要包括《会计从业资格管理办法》、《会计人员继续教育暂行规定》、《总会计师条例》等。

（4）有关会计工作管理法规，主要包括《会计档案管理办法》、《会计电算化管理办法》等。

二、会计法律

（一）《中华人民共和国会计法》

《中华人民共和国会计法》属于国家法律层次，处于会计规范的最高层面，是指导会计工作的基本大法，是制定其他会计法规的基本法律依据。

《中华人民共和国会计法》于1985年1月21日由第六届全国人民代表大会常务委员会第九次会议通过，1985年5月1日起实施；1993年12月29日，第八届全国人民代表大会常务委员会第五次会议对会计法进行了修订；1999年10月31日，第九届全国人民代表大会常务委员会第十二次会议对会计法进行了第二次修订，自2000年7月1日起施行。

现行的会计法共七章五十二条。主要包括以下内容：

（1）总则（第1—8条）。规定会计法的立法宗旨、适用范围、会计工作管理体制，会计机构、会计人员的基本职责，依法设账的基本要求，单位负责人的会计责任，对会计人员的法律保护和奖励，明确在我国实行国家统一的会计制度，国家统一的会计制度由国家财政部门制定并公布实施等内容。

（2）会计核算（第9—23条）。规定了会计核算的基本要求、会计核算内容、会计年度、记账本位币、会计处理方法、会计凭证、会计账簿、账目核对、财务会计报告、或有事项披露、会计记录文字以及会计档案管理等问题。

（3）公司、企业会计核算的特别规定（第24—26条）。主要针对公司、企业会计核算的特殊性和主要性，强调公司企业会计核算的特殊要求，明确了公司企业在会计要素的确认、计量、记录和报告中的基本要求和公司、企业会计核算的禁行性规定。

（4）会计监督（第27—35条）。主要规范了企业事业单位内部监督、国家监督和社会监督三位一体的监督体系，提出了构造三个监督体系的基本要求和目标。

（5）会计机构和会计人员（第36—41条）。主要规范了会计机构的设置、总会计师设置、会计机构内部稽核制度和内部牵制制度、会计人员从业资格、会计机构负责人的任职资格、会计人员培训、会计人员工作交接等要求。

（6）法律责任（第42—49条）。主要列举和界定了10种违法行为，规定对于各种违法行为应承担的法律责任，包括行政责任、民事责任和刑事责任。

（7）附则（第50—52条）。解释了“单位负责人”、“国家统一会计制度”用语的含义，明确了“个体工商户”会计管理的例外规定，规定了实施日期。

（二）《中华人民共和国注册会计师法》

为了发挥注册会计师在社会经济活动中的鉴证和服务作用，切实发挥保障会计信息质量的最后把关作用，加强对注册会计师的管理，维护社会公共利益和投资者的合法权益，促进社会主义市场经济的健康发展，我国于1993年10月由第八届全国人民代表大会常务委员会第四次会议通过，1994年1月1日实施了《中华人民共和国注册会计师法》。该法共七章四十六条，分别对注册会计师、注册会计师的考试与注册、会计师事务所及其业务范围与规则、注册会计师协会的性质及法律责任进行了规范。

三、会计行政法规

（一）《企业财务会计报告条例》

为规范企业财务报告，保证财务报告的真实、完整，根据《中华人民共和国会计法》，国务院于2000年6月21日颁布了《企业财务会计报告条例》。该条例共分六章四十六条。分别从财务会计报告的基本要求、财务会计报告的构成、财务会计报告的编制、财务报告的对外提供和法律责任等方面进行了规范。

（二）《总会计师条例》

为了确定总会计师的职权和地位，发挥总会计师在加强经济管理、提高经济效益中的作用，国务院于1990年12月颁布了《总会计师条例》。根据《中华人民共和国会计法》的要求，国有的和国有资产占控股地位或者主导地位的大、中型企业必需设置总会计师。该条例共五章二十三条。分别对总会计师的设置要求、总会计师的职责、权限、任免与奖惩等方面进行了规范。

四、会计准则

（一）会计准则的建设过程

会计准则，是有关会计要素的确认、计量与报告的基本规则，是进行会计核算工作的基本制度规范。在我国的会计法规体系中，会计准则属于部门规章和规范性文件，由财政部发布实施。

我国财政部于1992年11月颁布了《企业会计准则》，并于1993年7月1

日起施行；自 1997 年至 2002 年，财政部先后发布了 16 项企业会计的具体准则。在陆续推出企业会计准则的同时，财政部又于 1997 年 5 月 28 日发布了《事业单位会计准则（试行）》，自 1998 年 1 月 1 日起执行。

为顺应完善我国社会主义市场经济体制和经济全球化的需要。2006 年 2 月 15 日，财政部发布了包括《企业会计准则——基本准则》（以下简称基本准则）和 38 项具体准则，2011 年 10 月 18 日，财政部又发布《小企业会计准则》，至此构建了现行企业会计准则体系。根据现实经济形势发展的需要，对原有企业会计准则作了重大修订和完善，实现了我国会计准则与国际财务报告准则的实质性趋同，对于规范企业会计行为，提高会计信息质量，满足会计信息使用者的信息需求，完善资本市场和市场经济具有十分重要的意义。

（二）企业会计准则体系

1. 基本准则

按国际会计惯例，在其会计准则制定中，通常都制定有“财务会计概念框架”，作为制定国际财务报告准则的概念基础，也是会计准则制定应当遵循的基本法则。我国基本准则类似于国际会计准则理事会的《编报财务报表的框架》和美国财务会计准则委员会的《财务会计概念公告》，在企业会计准则体系建设中扮演着同样的角色。

我国现行的企业会计基本准则，由财政部于 2006 年 2 月 15 日颁布，并于 2007 年 1 月 1 日起施行。该基本准则共十一章五十条，其规范的主要内容包括：财务报告目标、会计基本假设、会计信息质量要求、会计要素的定义及其确认、计量原则、财务报告等会计核算的基本问题。

基本准则在会计准则体系中具有重要的地位和作用，主要表现在两个方面：①它是制定具体准则的基础，能统驭具体准则的制定。基本准则规范了会计确认、计量和报告等一般要求，是准则的准则，它对各具体准则的制定起着统驭作用，可以确保各具体准则的内在一致性。在企业会计准则体系建设中，各项具体准则必须严格按照基本准则的要求加以制定和完善。②它是为会计实务中出现的、具体准则尚未规范的新问题提供会计处理依据。基本准则为会计实务中出现的、具体准则尚未做出规范的新问题提供了会计处理依据，从而确保了企业会计准则体系对所有会计实务问题的规范作用。

2. 具体准则

具体准则是根据基本准则的要求，就会计核算中共性的经济业务或特殊行业、特殊业务等做出的关于会计确认、计量和报告的具体规定。具体会计准则属于财政部发布的规范性文件，财政部于 2006 年 2 月 15 日统一分布了 38 条具体会计准则。

具体准则按其内容可以分为：共性业务会计准则、特殊行业特殊业务会计准则和会计报告准则三类。

（1）共性业务会计准则，主要是对各行各业会计核算中共性的基本业务的会计处理做出规定。如存货、长期股权投资、固定资产、无形资产、资产减值、收入、所得税等准则。

（2）特殊行业、特殊业务会计准则，主要是针对一些特殊行业或特殊业务的基本会计业务所做出的规定。如投资性房地产、非货币性资产交换、金融工具的确认和计量、金融资产转移、债务重组、套期保值、原保险合同、再保险合同、石油天然气开采等准则。

（3）会计报告准则，主要就各种会计报告反映的内容、列示方法和报表格式等做出的规定。如财务报表列报、现金流量表、中期财务报告、合并财务报表等准则。

3. 应用指南

会计准则应用指南，是关于具体会计准则操作和应用方面的指导性文件。作为规范性文件，由财政部于2006年10月30日以文件印发。

应用指南主要包括对各条具体会计准则难点、疑点的解释和会计科目、主要账务处理等。应用指南主要是对具体准则相关条款的细化和对重点难点内容提供的操作性规定。现行的应用指南中还规定了156个会计科目及其主要账务处理，作为会计准则应用指南的附录。会计准则应用指南及其附录便于会计具体准则的操作和应用，有利于保证会计准则体系全面准确地贯彻实施。

4. 小企业会计准则

《小企业会计准则》，由财政部于2011年10月18日发布，该准则共十章九十条，2013年1月1日起在小企业范围内施行。

五、企业内部控制规范

（一）《企业内部控制基本规范》

为了加强和规范企业内部控制，提高企业经营管理水平和风险防范能力，促进企业可持续发展，维护社会主义市场经济秩序和社会公众利益，根据国家有关法律法规，我国财政部会同中国证监会、国家审计署、中国银监会、中国保监会于2008年6月28日共同发布了《企业内部控制基本规范》，自2009年7月1日起施行。

《企业内部控制基本规范》共七章五十条，分别为总则、内控环境、风险评估、控制活动、信息与沟通、内部监督和附则等内容。

该规范明确了内部控制的目标是：保证企业经营管理合法合规、资产安全、财务报告及相关信息真实完整，提高经营效率和效果，促进企业实现发展战略。

企业构建合理内部控制体系的原则在于：要求企业在建立和实施内部控制的全过程，必须贯彻全面性原则、重要性原则、制衡性原则、适应性原则和成本效益原则。

企业应该构建的内部控制的要素具体包括：内控环境、风险评估、控制活动、信息与沟通、内部监督五个方面。

（二）企业内部控制配套指引

1. 配套指引的发布实施

2010年4月26日，财政部会同证监会、审计署、国资委、银监会、保监会等部门发布了《企业内部控制配套指引》。自2011年1月1日起首先在境内外同时上市的公司施行，自2012年1月1日起扩大到在上海证券交易所、深圳证券交易所主板上市的公司施行；在此基础上，择机在中小板和创业板上市公司施行。同时，鼓励非上市大中型企业提前执行。

2. 配套指引的构成

配套指引由18项应用指引、《企业内部控制评价指引》和《企业内部控制审计指引》组成。

（1）应用指引，是对企业按照内控原则和内控“五要素”建立健全本企业内部控制所提供的指引，在配套指引乃至整个内部控制规范体系中占主体地位。应用指引可以划分为三类，即内部环境类指引、控制活动类指引、控制手段类指引。

内部环境类指引有5项，包括组织架构、发展战略、人力资源、企业文化和社会责任等指引。

控制活动类应用指引有9项，包括资金活动、采购业务、资产管理、销售业务、研究与开发、工程项目、担保业务、业务外包、财务报告等指引。

控制手段类指引有4项，包括全面预算、合同管理、内部信息传递和信息系统等指引。

（2）《企业内部控制评价指引》，是为企业管理层对本企业内部控制有效性进行自我评价提供的指引。

（3）《企业内部控制审计指引》，是为注册会计师和会计师事务所执行内部控制审计业务提供的执业准则。

第二节　管理体制和会计机构

一、会计工作的管理体制

（一）财政机关的会计管理职责

《中华人民共和国会计法》第七条规定："国务院财政部门主管全国的会计工作，县级以上地方各级人民政府的财政部门管理本行政区域内的会计工作。"从行政管理部门来看，我国财政部门是负责主管我国会计工作的国家权力机关。按照现行的行政体制，我国是在财政部设立会计司，在省级财政厅设立会计处，市县财政局设立会计科。按照"统一领导、分级负责"的体制负责对全国会计工作的领导和管理。各级财政部门对会计工作的管理职责：主要是拟定全国性的会计法规，颁发会计工作的各项规章制度，通过制定相应的会计规范制度实现对我国会计规范的指导；研究、制定改进会计工作的措施和总体规划；负责对企业、事业单位的会计机构和会计人员进行监督和管理，如对会计人员进行资格认证管理和后续教育、会计人员专业技术资格考试、会计工作达标升级、会计师事务所的监督管理、会计知识竞赛；管理报批外国会计公司在我国设立常驻代表机构等。

（二）各级政府主管部门的会计管理职责

在我国，基层企业、事业单位的会计工作，受财政部门和主管部门的双重领导。各级主管部门一般设置会计（财务）司、局、处等，主管本系统所属单位的会计工作。其主要职责是：根据财政部的统一会计法规、制度，制定适合本系统的会计规章制度；负责组织、领导和监督所属企业的会计工作；审核、分析、批复所属企业的财务会计报告，并编制本系统的汇总会计报表；了解和检查所属企业的会计工作情况；负责本系统会计人员的业务培训，以及会同有关部门评聘会计人员技术职称等。同时，各级企业单位的主管部门在会计业务上接受同级财政部门的指导和监督。

（三）会计信息的外部监管机构

会计信息的外部监管机构，主要包括证券监管部门的信息披露监管和会计师事务所的审计鉴证。

1. 证券监管部门的信息披露监管

为了规范上市公司财务会计信息披露，我国证监会不断完善规范相应的信息披露制度。2004 年 1 月，制定了《关于进一步提高上市公司财务信息披露质量的通知》。为真实、公允地反映上市公司的财务状况和经营成果，促进证券市场健康发展，就上市公司在各项损失准备计提、关联方交易及关联方交易价格的公允性、会计差错更正、审计范围受到限制、重大不确定性、资产评估事项等内容，提出了充分披露的要求。2007 年 12 月，修订并发布了《公开发行证券的公司信息披露内容与格式准则第 2 号（年度报告的内容与格式 2007 年修订）》。该准则就上市公司信息披露的内容与格式，包括董事会对财务报告真实性、准确性、完整性的承诺，对公司基本情况、公司会计数据和业务数据等内容做出了较为详细的规定。

2. 会计师事务所的审计鉴证

为了保护投资者的利益，要求企业的财务报告必须经过注册会计师的审计鉴证。审计是提高财务报告信息质量的一项重要制度安排。经过注册会计师审计后而签发的审计报告，由于注册会计师是以独立第三者身份对被审计单位财务报表的合法性、公允性发表意见，因此，审计报告具有鉴证作用，得到政府及其各部门和社会各界的普遍认可。为了规范注册会计师的执业行为，提高执业质量，维护社会公众利益，促进社会主义市场经济的健康发展，中国注册会计师协会拟定了全新的审计准则 48 条。由财政部于 2006 年 2 月 15 日批准发布，并自 2007 年 1 月 1 日起在所有会计师事务所施行。

二、会计机构设置

会计机构，是各企业、事业单位内部直接从事或组织领导会计工作的职能部门。建立和健全会计工作机构是做好会计工作的组织保证，是会计工作顺利进行，实现会计目标的重要条件。《中华人民共和国会计法》第三十六条规定："各单位应当根据会计业务的需要，设置会计机构，或者在有关机构中配备会计人员，并指定会计主管人员；不具备设置条件的，可以委托经批准设立从事会计代理记账业务的中介机构代理记账。"

各企业、事业单位一般应设置会计部（或会计处、科、股等）会计机构，在厂长、经理或单位行政主管领导的直接领导下，负责组织、领导和从事会计工作。规模太小或业务量过少的单位，可以不单独设置会计机构，在单位内部与财务会计工作比较接近的有关机构或综合部门，如计划、统计、办公室等部门，配备专职会计工作人员或指定专人负责会计工作。

在我国的实际工作中，由于会计工作与财务管理工作都是综合性的经济管理工作，二者存在密切的关联。因而，通常将处理财务与会计工作的职能机构合并为一个部门，设置财务会计部（处、科）。

企业会计机构的主要职责包括组织会计核算、进行会计监督、制定本单位的内部会计制度和会计政策、参与本单位各种计划的制订和考核、进行会计分析、实施会计控制。

三、企业会计的组织形式

（一）独立核算单位与非独立核算单位

企业内部会计机构，按是否具备会计主体资格的层次分类，一般分为独立核算单位和非独立核算单位两种。

1. 独立核算单位

独立核算单位，是指企业单位对其本身生产经营活动或业务活动过程及其结果，能够进行全面、系统、独立的记账、算账，定期编制会计报表，并对其经营活动进行分析检查等一系列工作。它通常拥有供生产、经营活动支配的财产物资，在银行中独立开设账户，并对外办理结算业务，具有完整的凭证、账簿系统，独立编制计划，独立核算，自负盈亏。

2. 非独立核算单位

非独立核算单位，是指企业单位向上级机构领取一定量的物资和备用金从事经营业务活动，平时只进行原始凭证的填制、整理、汇总以及现金、实物明细账的登记等一系列具体的会计工作，不实行独立核算，不具有会计主体资格的组织单位。它不能进行独立核算、自负盈亏，也不单独编制会计报表；它需定期将收入、支出向上级报销，并定期将有关核算资料报送上级机构，由上级机构汇总记账，生成会计报表。

（二）集中核算与非集中核算

企业内部会计机构，按其会计活动的组织流程形式，一般分为集中核算和非集中核算两种。

1. 集中核算

集中核算，就是把整个企业的主要会计工作集中在企业财务会计部门，企业内部的其他部门和下属单位只对其发生的经济业务填制原始凭证，定期将原始凭证或原始凭证汇总表送交会计部门，由会计部门审核，然后据以填制记账凭证，登记总分类账和明细分类账，编制会计报表。实行集中核算，会计部门可以集中掌握有关资料，便于了解企业全面经济活动情况，减少核算层次。

2. 非集中核算

非集中核算又称分散核算，是相对于集中核算而言的。单位内部会计部门以外的其他部门和下属单位，在会计部门的指导下，对其所发生的经济业务填制原始凭证或原始凭证汇总表，然后分别登记总分类账和明细分类账，编制会计报表，并进行其他会计工作。实行非集中核算，可以使各职能部门和车间随时了解本部门、车间的经济活动情况，及时分析问题和解决问题。

一个单位是采用集中核算还是采用非集中核算，主要取决于企业内部经营管理上的需要，取决于企业内部是否实行分级管理、分级核算。为了科学地组织会计工作，企业必须根据规模的大小、业务的繁简、企业内部其他职能机构的设置情况、企业会计网络信息化的利用程度等因素，来确定企业会计核算的组织形式。

四、会计工作岗位职责

会计岗位责任制，就是在会计机构内部按照会计工作的内容和会计人员的配备情况，进行合理分工，使每项会计工作都有专人负责，每一会计人员都能明确自己职责的一种管理制度。健全的会计岗位责任制度主要包含以下内容：会计人员的岗位设置；各会计工作岗位的职责和标准；各会计工作岗位的人员和具体分工；会计工作岗位轮换办法；对各会计工作岗位的考核办法等。

为了科学地组织会计工作，各企业单位的会计机构内部，要建立健全既相互协作配合、又相互控制监督的内部岗位责任制。将会计部门的工作划分为若干个工作岗位，并根据分工情况为每个岗位规定其各自的职责和要求。分工可以一岗一人、一岗多人，也可以一人多岗。各个岗位的会计人员，既要认真履行本岗位职责，又要相互协作、相互制约，共同做好会计工作。

不同的企业单位，可以根据自身组织形式和管理的需要，依据会计工作内容以及会计人员配备情况来确定各自的会计岗位分布。在规模较大的企业，一般可设置以下具体会计岗位：会计机构负责人岗、出纳岗、财产物资核算岗、职工薪酬核算岗、成本费用核算岗、财务成果核算岗、资金管理核算岗、预算管理岗、总账报表综合核算岗、稽核岗、档案管理岗等。

第三节　会计人员和职业道德

一、会计人员的基本条件

会计人员，是指具备一定的会计专业理论知识和业务技能，具体从事日常会计业务工作的专职人员。

各单位应根据规模的大小、业务的多少及会计机构岗位设置的要求，配置具备会计从业资格的会计人员。会计人员按在会计机构中的岗位职责可分为会计机构负责人和具体从事会计业务的会计核算人员和出纳人员等；按会计专业技术职务可分为会计员、助理会计师、会计师、高级会计师等。

《中华人民共和国会计法》第三十八条规定：“从事会计工作的人员，必须取得会计从业资格证书。担任会计机构负责人的，除取得会计从业资格证书外，还应当具备会计师以上专业技术职务资格或者从事会计工作三年以上经历。”会计人员应当具备必要的专业知识和专业技能，熟悉国家有关法律、法规、规章和国家统一会计准则制度，遵守职业道德。

会计从业资格证书的管理体制，主要实行属地原则，由县级以上财政部门会计管理机构按照属地原则进行所辖范围内的会计人员从业资格管理。对于符合条件取得会计从业资格的，由各级会计从业资格管理部门发放会计从业资格证书。会计从业资格证书，由财政部统一设计，各省、自治区、直辖市和中央主管部门负责编号、颁发和管理，并同时建立有关会计从业资格人员的各种资料和信息。

二、会计人员的职责和权限

（一）会计人员的主要职责

（1）进行会计核算。会计人员应按照会计准则制度的规定，根据实际发生的经济业务，客观地进行会计核算，切实做好记账、算账、报账工作，认真填制和审核会计凭证，登记会计账簿，正确计算各项收入、支出、成本、费用和财务成果；适时进行财产清查，按期编制财务会计报告。

（2）实行会计监督。在会计核算过程中，对本单位各项经济业务和会计手续的合法性、合理性、真实性、正确性进行监督。对不真实、不合法的原始凭证不予受理；对账簿记录与实物、款项不符的问题，应按有关规定进行处理或及时向本单位领导人报告；对违反国家统一财经制度、财务规定的收支不予办理。

（3）编制财务计划和财务预算，并考核、分析其执行情况。会计人员应根据会计资料和其他资料，按照国家各项政策和制度规定，认真编制并严格执行财务计划和财务预算，根据会计记录、财务报告，结合统计等其他有关信息，对财务计划、预算进行考核、分析，查明执行完成情况，发现问题，总结经验，提出改进建议和措施。

（4）制定本单位会计核算制度和管理制度。应根据国家的有关会计法规、准则及其他相关规定，结合本单位具体情况，制定本单位会计制度和会计事项的具体操作程序。拟订会计核算制度、制定会计人员岗位责任制度、钱账分管制度、内部稽核制度、财产清查制度、成本计算办法及会计档案的保管制度等。

（二）会计人员的权限

（1）会计人员有权要求本企业有关部门人员认真执行国家批准的计划、

预算，遵守国家财经纪律、会计准则和相应会计制度。如有违反规定的，会计人员有权拒绝付款、拒绝报销或拒绝执行，对于属于会计人员职权范围内的违规行为，在自己的职权范围内予以纠正，超出其职权范围的应及时向本单位领导或上级主管单位、财政部门、审计机关报告。

（2）会计人员有权参与企业单位的经营管理。有权参与企业单位本企业计划及预算的编制、定额的制定、经济合同的签订；参加有关生产、经营管理会议，并以会计人员特有的专业地位就有关财务收支和经营决策事项提出建议和意见。

（3）有权监督、检查本单位有关部门的财务收支和财产保管、收发、计量等情况。有关部门、人员要积极配合会计人员的工作，如实提供同财务会计工作有关的情况和资料。

三、总会计师的设置

《中华人民共和国会计法》第三十六条明确指出："国有的和国有资产占控股地位或者主导地位的大、中型企业必须设置总会计师。总会计师的任职资格、任免程序、职责权限由国务院规定。"1990 年 12 月 31 日，国务院发布了《总会计师条例》，确定了总会计师的职权和地位，使总会计师在加强经济管理、提高经济效益中充分发挥其作用。

为了更好地领导和组织企业的各项会计工作，大中型企业应设置总会计师职务。总会计师不是一种专业技术职务，也不是会计机构的负责人或会计主管人员，而是一种行政领导职务。总会计师作为单位行政领导成员，协助单位主要行政领导人工作，并直接对单位主要行政领导人负责。凡设置总会计师的单位，在单位行政领导成员中不再设与总会计师职权重叠的副职。总会计师作为单位财务会计工作的主要负责人，全面负责本单位的财务会计管理和经济核算，参与本单位的重大经营决策活动，是单位负责人的参谋和助手。

四、会计人员职业道德

会计人员职业道德，是指在会计职业活动中应当遵循的、体现会计职业特征的、调整会计职业行为的道德标准与基本准则。建立会计人员职业道德规范，既是对会计人员强化道德约束，防止和杜绝会计人员在工作中出现不道德行为的措施，又是会计工作应对社会所承担的责任与义务。

会计人员职业道德主要包括以下几个方面的内容：

（1）爱岗敬业。要求会计人员：热爱本职工作，敬重会计职业；忠于职守，忠实于服务主体，忠实于社会公众，忠实于国家；安心本职岗位，任劳任怨；专心致志地对待会计事业，严肃认真，一丝不苟，尽心尽力，尽职尽责。

（2）诚实守信。要求会计人员：做老实人，说老实话，办老实事，不弄虚作假；实事求是，如实反映，不欺上瞒下，表里如一；保守秘密，不为利益所惑；执业谨慎，信誉至上、诚实守信，维护职业信誉及客户和社会公众的合法权益。

（3）廉洁自律。要求会计人员：树立正确的人生观和价值观，自觉抵制贪欲；公私分明、不贪不占，不利用职务之便损公肥私、谋取私利；遵纪守法、清正廉洁，珍惜自己的岗位和声誉。

（4）客观公正。要求会计人员：在处理经济业务时必须以实际发生的交易或事项为依据，如实反映企业的财务状况和经营成果情况；端正态度，依法照章办事，实事求是，不偏不倚地对待有关各方的经济利益；保持应有的独立性，对会计政策和方法的选择保持独立的职业判断。

（5）坚持准则。要求会计人员：熟悉国家会计法律法规、会计准则、会计制度，提高遵守准则能力；始终坚持按法律、法规和国家统一的会计准则制度的要求进行会计核算，依法实施会计监督。

（6）提高技能。要求会计人员：增强提高专业技能的自觉性和紧迫感；勤学苦练，刻苦钻研，不断提高业务技能；开拓进取，用科学的会计理论、高超的操作技术武装自己，不断提高业务水平。

（7）参与管理。要求会计人员：树立参与管理的意识，积极主动地当好参谋；在做好本职工作时努力钻研相关业务，全面熟悉本单位经营活动和业务流程；主动提出合理化建议，协助领导决策，积极参与管理。

（8）强化服务。要求会计人员：树立服务意识，提高服务质量；努力维护和提升会计职业的良好社会形象；应致力于运用掌握的会计信息和会计方法，为改善单位内部管理、提高经济效益做好服务工作。

第四节　会计档案和会计交接

一、会计档案的内容

会计档案，是指会计凭证、会计账簿、财务会计报告等会计核算的专业资料。它是记录和反映经济业务事项的重要历史资料和证据，是国家经济档案的重要组成部分。

会计档案一般分为以下几类：

（1）会计凭证类。包括原始凭证、记账凭证、汇总凭证、其他会计凭证等。

（2）会计账簿类。包括总账、明细账、日记账、固定资产卡片账、辅助账簿、其他会计账簿等。

（3）财务会计报告类。包括月度、季度、半年度、年度会计报告，包括会计报表、附表、附注及相关文字分析说明材料等。

（4）其他会计资料类。包括银行存款余额调节表、银行对账单、其他应当保存的会计核算专业资料、会计档案移交清册、会计档案保管清册、会计档案销毁清册等。

二、会计档案管理的基本要求

各单位必须加强对会计档案的管理工作，建立会计档案的立卷、归档、保管、查阅和销毁等管理制度，保证会计档案按期保管、有序存放、方便查阅，严防毁损、散失和泄密。

（一）会计档案的整理、归档

1. 会计档案的整理

日常会计核算形成的会计档案资料数量较多，必须经过挑选后进行集中保存，才能便于保管和利用。这就需要将会计档案分门别类、按序存放，这就是会计档案的整理工作。整理内容包括会计凭证、会计账簿、会计报告及其他会计资料（如年季度成本、利润计划、月度财务收支计划、经济活动分析报告、工资计算表及一些重要的经济合同等）。会计档案的整理要规范化，封面、档案盒、档案袋要按统一的尺寸、规格制作，卷脊、封面的内容要按统一的项目印制、填写。做到收集按范围，装订按标准，整理按规范。

2. 会计档案的归档

各单位当年形成的会计档案，在会计年度终了后，在财务会计部门整理立卷或装订成册，可暂由本单位财会部门保管一年。期满后，原则上应由财务会计部门编造清册，移交本单位的档案部门保管。档案部门接收保管的会计档案，原则上应当保持原卷册的封袋，个别需要拆封重新整理的，应当会同原财会部门和经办人共同拆封整理，以分清责任。未设档案部门的，应由会计机构内部指定专人保管。

（二）会计档案的保管和利用

1. 会计档案的保管要求

会计档案的保管首先要严格执行安全和保密制度。安全是指档案完好无缺，做到不丢失、不破损、不霉烂、不被虫咬等；保密是指会计档案的信息不能超过规定传递的范围；会计档案的保管同时要严格执行检查、保管制度。要有专人负责保管，有关单位、人员要定期地检查会计档案的保存情况，要严格按规定的程序、技术方法处理档案保管中的问题。

利用计算机进行会计核算的会计资料，应当保存打印出的纸质的会计档案。基本采用磁带、磁盘、光盘、微缩胶片等磁性介质保存会计档案条件的，由国务院主管部门统一规定，并报财政部、国家档案局备案。

单位之间交接会计档案的，交接双方应当办理会计档案的交接手续，并由交接双方的负责人负责监交。

2. 会计档案的保管期限

各种会计档案的保管期限，根据其重要程度特点，分为永久保管和定期保管两类。

永久性保管的会计档案包括年度财务报告（包括文字说明分析）、会计档案保管清册、会计档案销毁清册。

定期保管期限分为 3 年、5 年、10 年、15 年、25 年 5 种。其中，保管期限为 3 年的会计档案包括月度、季度财务报告（包括文字说明分析）；保管期限为 5 年的会计档案包括固定资产卡（在固定资产报废清理后）、银行存款调节表、银行对账单；保管期限为 15 年的会计档案包括原始凭证、记账凭证、汇总凭证、总账、明细账、日记账、辅助账簿、会计移交清册；保管期限为 25 年的会计档案包括库存现金和银行存款日记账。

各类会计档案的具体保管期限按照《会计档案管理办法》的规定执行。会计档案的保管期限，从会计年度终了后的第一天算起。

3. 会计档案的利用

各单位应当建立健全会计档案调阅、复制登记制度。调阅会计档案应履行登记手续，一般应在档案室查阅。查阅会计档案人员，不许在会计档案上做任何记录、涂划和涂改，更不得拆封、抽撤、抽换单据，违者应视情节轻重进行严肃处理。

各单位保存的会计档案，原则上不得出借。如确有特殊需要，经本位负责人批准，可以提供查阅或复制，并办理登记手续。

（三）会计档案的销毁

会计档案的保管期满，需要销毁时，由本单位档案部门提出销毁意见，会同财务会计部门共同鉴定，严格审查，编制会计档案销毁清册。

会计档案销毁清册，是销毁会计档案的记录和报批文件，一般应包括：会计档案的名称、卷号、册数、起止年度和档案编号、应保管期限、已保管期限、销毁日期等。单位负责人应当在会计档案销毁清册上签署意见。

对于保管期满但未了结的债权、债务以及涉及其他未了事项的原始凭证不得销毁，应单独抽出另行立卷，由档案部门保管到结清债权、债务时为止。建设单位在建设期间的会计档案，不得销毁。单独抽出立卷的会计档案，应在会计档案销毁清册和会计档案保管清册中列明。

各单位按规定销毁会计档案时，应由档案部门和财务会计部门共同派员监督销毁。销毁人在销毁会计档案以前，应当按照会计档案销毁清册所列内容认真清点核对，销毁后，应当在销毁清册上签名盖章，并将销毁情况报告本单位负责人。国家机关销毁会计档案时，还应有同级财政部门、审计部门派员参加监销；各级财政部门在销毁会计档案时，由同级审计机关参加监销。

三、会计工作交接

（一）会计工作交接的要求

会计人员调动工作或者离职，必须与接管人员办清交接手续。办好会计工作交接，可以使会计工作前后紧密衔接，有利于保持会计工作的连续性，明确分清移交人员和接替人员的责任。

（1）会计人员工作调动或因故离职，必须与接替人员办理交接手续，并将本人所经管的会计工作，在规定期限内移交清楚。会计人员临时离职或因事、因病不能到职工作的，会计机构负责人、会计主管人员或单位领导必须指定人员接替或代理。没有办清交接手续的，不得调动或者离职。

（2）接替人员应认真接管移交的工作，并继续办理移交的未了事项。接交后，如果发现原经管的会计业务有违反财会制度和财经纪律等问题，仍由原移交人负责；接替的会计人员应继续使用移交的账簿，不得自行另立新账，以保持会计记录的连续性。

（3）单位撤销时，必须留有必要的会计人员，会同有关人员办理清理工作，编制决算，未移交前，不得离职。接收单位和移交日期由主管部门确定。

（二）会计工作交接的程序

1. 移交前的准备

会计人员办理移交手续前，必须做好以下各项准备工作：①对已经受理的经济业务应全都填制会计凭证。②尚未登记的账目应登记完毕，并在最后一笔余额后加盖经办人员印章。③整理应移交的各项资料，对未了事项写出书面材料。④编制移交清册，列明移交的凭证、账表、公章、库存现金、有价证券、支票簿、发票、文件、其他会计资料和物品等内容。

2. 移交手续

办理移交手续，要由移交人员按移交清册逐项移交，接替人员逐项核对点收。具体内容包括：①库存现金、有价证券等要根据账簿余额进行点交。库存现金、有价证券必须与账簿余额一致，不一致时，移交人应在规定期限内负责查清处理。②会计凭证、账簿、报表和其他会计资料必须完整无缺，不得遗漏；如果有短缺，要查明原因，并在移交清册中注明，由移交人负责。银行存款账户余额要与银行对账单核对相符；各种财产和债权、债务的明细账余额，要与总账有关账户的余额核对相符，必要时，可抽查个别账户余额，与实物核对相符或与往来单位、个人核对清楚。③移交人经管的公章和其他实物也必须交接清楚。④会计机构负责人、会计主管人员移交时，除按移交清册逐项移交外，还应将全部财务会计工作、重大的财务收支和会计人员的情况等向接管人员详细介绍，并对需要移交的遗留问题写出书面材料。⑤对于实施会计电算化工作的，要对有关电子数据在实际操作状态下进行交接。

3. 监交工作

会计人员办理交接手续，必须有监交人负责监交。其中，一般会计人员办理交接手续，由会计机构负责人（会计主管人员）监交；会计机构负责人（会计主管人员）办理交接手续，由单位负责人监交，必要时主管单位可以派人会同监交。移交清册应当经过监交人员审查和签名、盖章，作为交接双方明确责任的证据。

4. 交接完毕后的工作

会计工作交接完毕后，交接双方和监交人要在移交清册上签名或者盖章，并应在移交清册上注明单位名称、交接日期、交接双方以及监交人的职务和姓名，移交清册页数，以及需要说明的问题和意见等。移交清册一般应填制一式三份，交接双方各执一份，存档一份。交接工作完成后，移交人员应当对所移交的会计资料的真实性、完整性负责。

【本章小结】

本章分四节阐述了会计法规、会计准则，管理体制和会计机构，会计人员及职业道德，会计档案和会计交接等有关会计工作组织管理方面的基础知识。

我国会计法规体系按法律层次可分为会计法律、行政法规和部门规章三个层次；按规范的内容可分为会计核算、会计监督、会计机构和会计人员及工作管理四类。

会计准则，是有关会计要素的确认、计量与报告的基本规则，进行会计核算工作的基本制度规范。会计准则体系由 1 条基本准则、38 条具体准则和小企业会计准则构成。

企业内部控制规范体系，由《企业内部控制基本规范》、18 项应用指引、《企业内部控制评价指引》和《企业内部控制审计指引》组成。

企业内部会计机构，按是否具备会计主体资格，一般分为独立核算单位和非独立核算单位；按会计活动的组织流程形式，一般分为集中核算和非集中核算。会计机构内部要有健全的岗位责任制。

会计人员应具有基本规定的任职条件，具有会计核算、会计监督等职权，具备“爱岗敬业、诚实守信、廉洁自律、客观公正、坚持准则、提高技能、参与管理、强化服务”等体现会计职业特征的职业道德。

会计档案包括会计凭证、账簿、报告等会计核算的专业资料。会计档案要按期保管、有序存放、方便查阅，严防毁损、散失和泄密。会计人员调动工作或者离职，必须与接管人员按要求办清交接手续。

【关键术语和概念】

会计法规　会计准则　基本准则　具体准则　会计机构
独立核算　非独立核算　集中核算　非集中核算　会计岗位
会计职业道德　会计档案

【复习思考题】

1. 我国会计法规体系的构成内容如何？
2. 会计法主要规范哪些内容？
3. 什么是会计准则？我国会计准则体系是如何构成的？
4. 我国会计工作的管理体制如何？
5. 会计机构应如何设置？其基本职责有哪些？
6. 会计岗位责任制的基本内容有哪些？企业一般设置哪些会计岗位？
7. 会计人员的任职条件如何？其主要职责和权限有哪些？
8. 会计职业道德包括哪些主要内容？
9. 会计档案是如何构成的？其保管期限是如何规定的？
10. 会计工作交接的基本要求和程序如何？

【练习题】

一、单项选择题

1. 按法律层次，会计准则属于（　）。

A. 会计法律　B. 行政法规　C. 部门规章　D. 规范文件

2. 按会计法规规范的内容可分为，会计准则属于（　）；《企业内部控制基本规范》属于（　）；《会计从业资格管理办法》属于（　）；《会计电算化管理办法》属于（　）。

A. 会计核算法规 B. 会计监督法规

C. 会计机构和会计人员法规 D. 会计工作管理法规

3. 我国现行的《中华人民共和国会计法》是从（ ）年开始实施的。

A. 1985 B. 1993 C. 2000 D. 2006

4. 我国现行的《中华人民共和国会计法》分（ ）。

A. 七章五十二条 B. 七章四十六条

C. 六章四十六条 D. 十一章五十条

5. 我国现行的《中华人民共和国会计法》第六章中，主要列举和界定了（ ）违法行为。

A. 5 种 B. 8 种 C. 10 种 D. 20 种

6.《中华人民共和国会计法》第七条规定，“（ ）主管全国的会计工作”。

A. 国务院财政部门 B. 政府主管部门

C. 证券监管部门 D. 审计署

7.《会计法》第三十六条明确规定：“（ ）必须设置总会计师。”

A. 国有的和国有资产占控股地位或者主导地位的大、中型企业

B. 股份制企业

C. 外资企业

D. 大、中型企业

8. 大、中型企业设置的总会计师属于（ ）。

A. 专业技术职务 B. 会计机构负责人

C. 会计主管 D. 财会工作的行政主管

9. 年度财务报告的保管期限为（ ）。

A. 3 年 B. 5 年 C. 10 年 D. 永久保管

10. 会计档案的保管期限，从（ ）算起。

A. 归档的当天 B. 归档后的第一天

C. 归档后一年 D. 会计年度终了后的第一天

二、多项选择题

1. 下列各项中，属于会计工作职责的有（ ）。

A. 进行会计核算 B. 实行会计监督

C. 编制业务计划 D. 制定会计制度

2. 会计人员按专业技术职务可分为（ ）等。

A. 助理会计师 B. 会计师

C. 高级会计师　　D. 总会计师

3. 按会计法规规范的内容可知会计法规具体包括（ ）。

A. 会计核算法规　　B. 会计监督法规

C. 会计机构和会计人员法规　　D. 会计工作管理法规

4. 下列法规规范属于会计行政法规层次的有（ ）。

A. 《企业财务会计报告条例》　　B. 《总会计师条例》

C. 《企业会计准则——基本准则》　　D. 《企业内部控制基本规范》

5. 基本准则在会计准则体系中的地位和作用主要表现为（ ）。

A. 是制定具体准则的基础，统驭具体准则的制定

B. 为会计实务中出现的、具体准则尚未规范的新问题提供会计处理依据

C. 明确财务会计目标

D. 明确财务会计报告的编制要求

6. 具体会计准则按其内容可以分为（ ）三类。

A. 资产类会计准则　　B. 共性业务会计准则

C. 特殊行业特殊业务会计准则　　D. 会计报告准则

7. 企业构建合理内部控制体系的原则包括（ ）。

A. 全面性原则　　B. 重要性原则

C. 制衡性原则　　D. 适应性原则

E. 成本效益原则　　F. 风险评估原则

8. 企业应该构建的内部控制的要素具体包括（ ）。

A. 合法合规　　B. 内控环境

C. 风险评估　　D. 控制活动

E. 信息与沟通　　F. 内部监督

9. 企业内部会计机构，按其会计活动的组织流程形式，一般分为（ ）两种。

A. 独立核算　　B. 非独立核算

C. 集中核算　　D. 非集中核算

10. 下列会计档案中，保管期限为 15 年的包括（ ）。

A. 记账凭证　　B. 总账

C. 年度财务报告　　D. 库存现金和银行存款日记账

三、判断是非题

1. 国家统一的会计制度由国家财政部门制定。（ ）

2. 我国企业会计的具体准则最早是在 1997 年推出的。( )
3. 非独立核算单位不能单独编制对外会计报表。( )
4. 月度、季度财务报告属于保管期限为 5 年的会计档案。( )
5. 一般会计人员办理交接手续，应由单位负责人监交。( )

参考文献

1. 会计法及其配套规定．北京：中国法制出版社，2003
2. 中华人民共和国财政部．企业会计准则．北京：经济科学出版社，2006
3. 中华人民共和国财政部．企业会计准则——应用指南．北京：中国财政经济出版社，2006
4. 中华人民共和国财政部会计司编写组．企业会计准则讲解（2008）．北京：人民出版社，2008
5. 朱小平，徐泓．初级会计学．北京：中国人民大学出版社，2005
6. 赵德武．会计学原理．大连：东北财经大学出版社，2005
7. 陈炳辉，肖光红．会计学原理教程．北京：中国金融出版社，2007
8. 牟小容，王玉蓉．会计学原理．广州：暨南大学出版社，2007
9. 姚旭．会计基础．北京：清华大学出版社，2007
10. 郭惠云．基础会计．大连：东北财经大学出版社，2007
11. 王觉．基础会计．大连：东北财经大学出版社，2008
12. 陈国辉，迟旭升．基础会计．大连：东北财经大学出版社，2008
13. 袁明哲．会计学教程．大连：东北财经大学出版社，2008
14. 雷光勇．基础会计学．大连：东北财经大学出版社，2009